Edmund Wetter

Schlag auf, schau nach!

Wörterbuch für die Grundschule

in 11 Teilen

Mildenberger

Inhaltsverzeichnis

1
- Hinweise zum ersten Teil des Wörterbuches — S. 5
- Arbeitsaufgaben für den ersten Teil des Wörterbuches — S. 6
- Wörterverzeichnis für das 1. Schuljahr — S. 8

2
- Hinweise zum zweiten Teil des Wörterbuches — S. 34
- Arbeitsaufgaben zum zweiten Teil des Wörterbuches — S. 36
- Wörterverzeichnis für das 2. Schuljahr — S. 39

3
- Hinweise zum dritten Teil des Wörterbuches — S. 79
- Arbeitsaufgaben zum dritten Teil des Wörterbuches — S. 82
- Wörterverzeichnis für das 3./4. Schuljahr — S. 89
- Hinweise zur Zusammenstellung von Wörtern aus anderen Sprachen — S. 231
- Wörterverzeichnis von Wörtern aus anderen Sprachen — S. 232

4
- Regeln und Übungen für das richtige Schreiben — S. 234
- Wie kann ein Wort getrennt werden? — S. 244
- Lösungen für die Übungen zum richtigen Schreiben — S. 247
- Lösungen: Wie kann ein Wort getrennt werden? — S. 249
- Anredefürwörter — S. 250
- Zeichensetzung — S. 251

5
- Hinweise zu den Wortfamilien — S. 256
- Wortfamilien — S. 257

1 ackern	S. 257	11 liegen	S. 259
2 bauen	S. 257	12 nehmen	S. 259
3 binden	S. 257	13 sagen	S. 259
4 brechen	S. 257	14 schlafen	S. 259
5 fahren	S. 257	15 schreiben	S. 259
6 fallen	S. 258	16 setzen	S. 259
7 fliegen	S. 258	17 spielen	S. 260
8 kaufen	S. 258	18 sprechen	S. 260
9 lehren	S. 258	19 Wasser	S. 260
10 lesen	S. 258	20 zählen	S. 260

6
- Hinweise zu den Wortfeldern — S. 261
- Wortfelder: Tunwörter, Wiewörter, Satzanfänge — S. 262

21 ablehnen	S. 262	30 zerstören	S. 266
22 arbeiten	S. 262	31 zustimmen	S. 266
23 essen, trinken	S. 262	32 komisch	S. 266
24 gehen	S. 263	33 laut, leise	S. 266
25 lachen	S. 263	34 schnell, langsam	S. 267
26 sagen	S. 264	35 schwer, leicht	S. 267
27 sehen	S. 264	36 plötzlich	S. 268
28 streiten	S. 265	37 sofort	S. 268
29 weinen	S. 265		

Inhaltsverzeichnis

7
Hinweise für die Wörtersammlungen zu sachkundlichen Themen — S. 269
Wörter zu sachkundlichen Themen: — S. 270

38 Arbeit	S. 270	46 Nahrung	S. 278
39 Familie	S. 271	47 Post	S. 279
40 Fußgänger, Fahrradfahrer	S. 272	48 Schule	S. 280
41 Kleidung	S. 273	49 Straße	S. 281
42 Körper	S. 274	50 Wasser	S. 282
43 Krankenhaus	S. 275	51 Wetter	S. 283
44 Medien	S. 276	52 wohnen	S. 285
45 Müll	S. 277		

8
Hinweise für die Sammlung von Wörtern mit zwei Bedeutungen — S. 286
Wortbedeutungen unterscheiden 53 — S. 287

9
Besondere Rechtschreibschwierigkeiten — S. 291

Dienstag	S. 291	erste	S. 292
Morgen	S. 291	gleich	S. 293
rot	S. 291	selbst	S. 293
Mal	S. 291	neu	S. 293
Anredefürwörter	S. 292		

10
Grundformen und Bewegungsabläufe der Druckschrift — S. 294
Verbundene Schrift — S. 295

11
Wir sind Kinder Europas — S. 298
Wörtersammlung Deutsch – Englisch — S. 299
Wörtersammlung Deutsch – Französisch — S. 313
Das Euro-Geld für Deutschland — S. 327

Bestell-Nr. 1401-80 · ISBN 3-619-14180-0
ISBN 978-3-619-14180-7 (ab 01.01.2007)

Auflage Druck 5 4 3 2
Jahr   2009 2008 2007 2006

© 2006 Mildenberger Verlag GmbH, Offenburg
www.mildenberger-verlag.de
E-Mail: info@mildenberger-verlag.de

Das Werk und seine Teile sind urheberrechtlich geschützt. Jede Nutzung in anderen als den gesetzlich zugelassenen Fällen bedarf der vorherigen schriftlichen Einwilligung des Verlages. Hinweis zu § 52a UrhG: Weder das Werk noch seine Teile dürfen ohne eine solche Einwilligung eingescannt und in ein Netzwerk eingestellt werden. Dies gilt auch für Intranets von Schulen und sonstigen Bildungseinrichtungen!

Grafische Gestaltung: Klaus Hermann, 59427 Unna
Druck: B & K Offsetdruck GmbH, 77833 Ottersweier
Gedruckt auf umweltfreundlichem Papier

Hinweise zum ersten Teil des Wörterbuches

Dieses Wörterbuch soll dir helfen die Wörter richtig zu schreiben.
Du kannst in dem Buch nachschlagen, wenn du wissen willst, wie ein Wort geschrieben werden muss.
Im Wörterverzeichnis mit dem roten Rand findest du die Wörter mit dem dazu gehörenden Bild.
Du musst wissen, mit welchem Buchstaben das Wort beginnt.

Für jeden Buchstaben aus dem ABC findest du eine ganze Seite. Alle Wörter auf einer Seite beginnen mit dem gleichen Buchstaben.

Im roten Wörterteil kannst du sehen, ob **der**, **die** oder **das** vor dem Namenwort stehen muss.

der Baum

bei
bin
bis
blau
bist
böse
braun

In dem Kasten auf jeder Seite stehen die häufig gebrauchten Wörter, die man nicht zeichnen kann.

Arbeitsaufgaben für den ersten Teil des Wörterbuches

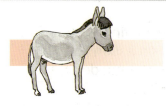

Esel

1. Schau dir ein Bild an.
   Sprich das Wort und höre auf den Anlaut.
   Das Wort steht in Druckschrift unter dem Bild.

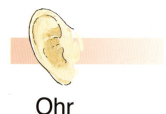

Ohr

2. Sprich alle Wörter laut, die auf einer Seite stehen.
   Du kannst den Anfangsbuchstaben hören und dir merken.
   Sprich ein Wort langsam und gedehnt, damit du die einzelnen Laute heraushören kannst.
   So lernst du die Wörter richtig zu schreiben.

Tafel

3. Schreibe die Wörter von der Seite T/t in der Druckschrift und Schreibschrift.

Hut

4. Auf welchen Seiten findest du Sachen, die man anziehen kann?
   Schreibe die Wörter mit den Seitenzahlen in dein Heft.
   Beispiel: Hut, Hemd, Hose – Seite 15

Igel

5. Auf welchen Seiten findest du Namen für Tiere?
   Schreibe die Wörter mit den Seitenzahlen in dein Heft.
   Beispiel: Igel – Seite 16

Arbeitsaufgaben für den ersten Teil des Wörterbuches

Kuchen

6. Auf welchen Seiten findest du Namen für Dinge, die man essen kann? Schreibe die Wörter mit den Seitenzahlen in dein Heft.
Beispiel: Kuchen – Seite 18

Apfel

7. Auf welchen Seiten findest du Namen für Obst? Schreibe die Wörter mit den Seitenzahlen in dein Heft.
Beispiel: Apfel, Ananas – Seite 8

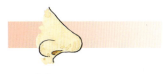

Nase

8. Auf welchen Seiten findest du Namen für Körperteile? Schreibe die Wörter mit den Seitenzahlen in dein Heft.
Beispiel: Nase – Seite 21

Lösungen:

4. Aufgabe: Jacke – Seite 17, Hut, Hemd, Hose – Seite 15, Kleid – Seite 18, Mantel – Seite 20, Rock – Seite 25, Schuh – Seite 26

5. Aufgabe: Affe – Seite 8, Biene – Seite 9, Dinosaurier – Seite 11, Elefant, Ente, Esel, Eule – Seite 12, Fisch, Frosch, Fuchs – Seite 13, Gans – Seite 14, Hahn, Hase, Hund – Seite 17, Igel – Seite 16, Katze, Käfer, Kuh – Seite 18, Lama, Löwe – Seite 19, Maus – Seite 20, Papagei, Pferd – Seite 23, Qualle – Seite 24, Raupe, Reh – Seite 25, Schmetterling – Seite 26, Uhu – Seite 28, Vogel – Seite 29, Wolf – Seite 30, Zebra – Seite 33

6. Aufgabe: Apfel, Ananas – Seite 8, Banane, Birne, Brot – Seite 9, Eis, Ei – Seite 12, Fisch – Seite 13, Gemüse, Gurke – Seite 14, Kuchen – Seite 18, Nudel – Seite 21, Obst – Seite 22, Pilz, Pizza, Pommes – Seite 23, Quark – Seite 24, Salat, Spagetti – Seite 26, Tomate – Seite 27, Wurst – Seite 30, Zitrone, Zwiebel – Seite 33

7. Aufgabe: Apfel, Ananas – Seite 8, Banane, Birne – Seite 9, Zitrone – Seite 33

8. Aufgabe: Bein – Seite 9, Daumen. – Seite 11, Finger, Fuß – Seite 13, Hand – Seite 15, Mund – Seite 20, Nase – Seite 21, Ohr – Seite 22, Zahn – Seite 33

A a

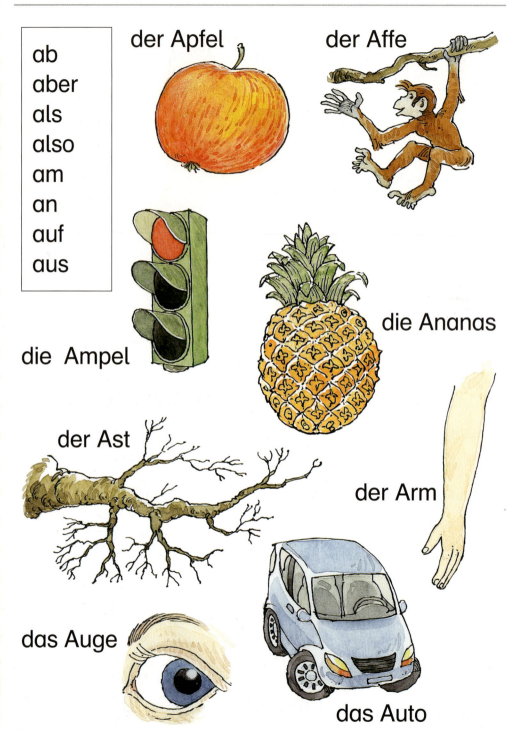

B b

bei
bin
bis
bist
blau
böse
braun

das Buch
der Ball
der Brief
die Birne
das Bein
das Brot
das Baby
die Banane
das Blatt
die Bank
das Bild
der Baum
die Biene
die Blume

C c

der Cowboy

der Computer

der Cent

der Christbaum

der Clown

D d

das Dach
der Drachen
der Deckel
der Daumen
die Dose
der Dinosaurier
das Dorf

da
dann
das
dein
deine
deiner
den
denn
der
des
dich
die
dies
diese
dieser
dir
drei

der Dienstag
der Dezember

der Donnerstag
der Dezember

E e

ein
eine
einer
eins
er
es
euch
eure

die Eltern

der Elefant

der Esel

die Erde

die Ente

das Eis

die Eule

das Ei

der Euro

F f

der Fisch
der Fuchs

fein
finden
fünf
für

der Finger

der Freitag
der Februar

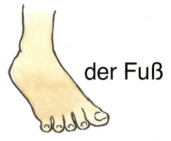
der Fuß

der Flügel

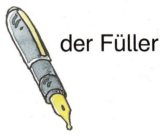
der Füller

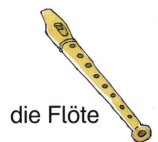
die Flöte

das Fenster

der Frosch

G g

ganz
ganze
ganzer
gelb
groß
grün
gut

die Gans

das Gras

das Gemüse

die Gabel

das Glas

die Gurke

das Geld

der Garten

H h

das Haus
die Hexe
das Hemd
der Hut
der Hund
die Hand
der Hahn
die Hose
der Hase

haben
halten
hart
hat
heiß
her
hier
hin
hinten
hinter
hören

I i

ich
ihm
ihn
ihnen
ihr
ihre
im
immer
in
ins
ist

die Insel

der Igel

der Indianer

K k

kein
keine
keiner
klein
kurz

der Kamm

die Katze

das Kind

die Kuh

der Käfig

die Kirche

der Kuchen

die Kerze

der Käfer

das Kleid

der Kalender

L l

lang
laufen
laut
leicht
leise
lieb

die Laterne

der Löwe

der Löffel

das Laub

das Lama

die Lampe

die Leiter

die Lippe

die Lokomotive

M m

man
machen
mein
meine
meiner
mich
mir
mit

die Maus

das Messer

der Mond

der Mann

die Mutter

der Montag
der März

das Mädchen

der Mantel

der Mittwoch
der Mai

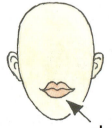
der Mund

N n

das Nest

die Nacht

nach
nein
neu
neun
nicht
nichts
nie
nun
nur

der Nagel

die Nadel

die Nase

die Nuss

die Nudel

der Nikolaus

der November

O o

ob
oder
oft

der Opa

die Orgel

die Oma

das Obst

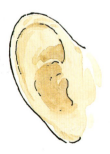
das Ohr

der Ofen

der Oktober

P p

Q q

quaken
quer

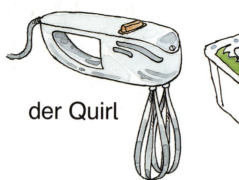
der Quirl

der Quark

der Qualm

die Qualle

die Quelle

das Quadrat

R r

das Rad

der Regen

reden
reich
rot
rufen

die Raupe

die Rakete

der Rock

der Ring

der Roller

die Rose

das Reh

S s

sagen
schon
schwarz
sechs
sehr
sein
seine
seiner
seit
sich
sie
sieben
sind
so
sollen

die Sonne

der Salat

die Seife

die Schule

der Sand

die Schere

die Spagetti

der Schmetterling

der Schuh

das Sofa

T t

das Telefon
die Tomate

tragen
trinken
turnen

die Tanne
die Tasse
die Tafel

die Tür
das Thermometer

der Turm
der Teddy
die Tasche

U u

über
um
und
uns
unser
unsere
unten
unter

der Uhu

der Unfall

der Urwald

die Uhr

V v

viel
vier
vom
von
vor

der Vater

das Veilchen

die Vase

der Vogel

der Vulkan

W w

wann
war
was
weil
weinen
weiß
weiter
welche
welcher
wem
wen
wenig
wenn
wer
wie
wieder
wir
wo

die Wurst
die Wolke
die Wurzel
der Weg
der Wagen
die Wolle
die Wiese

der Wald

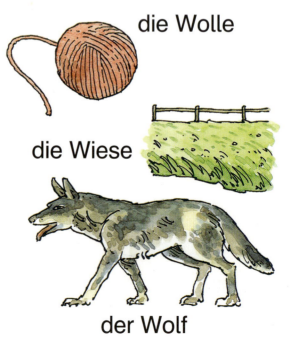

der Wolf

X x

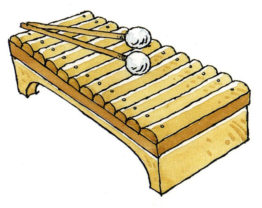

das Xylofon
das Xylophon

Y y

die Yacht
die Jacht

Z z

das Zelt

die Zitrone

zehn
zu
zum
zur
zusammen
zwei
zwölf

die Zwiebel

der Zaun

das Zebra

der Zug

der Zoo

der Zahn

Hinweise zum zweiten Teil des Wörterbuches

Wie kannst du mit dem zweiten Teil des Wörterbuches arbeiten?

Von Seite 39 bis Seite 78 findest du alle Wörter, die im ersten und zweiten Schuljahr eingeübt werden sollen. Wie kannst du ein Wort finden, das du anschauen und richtig schreiben möchtest?

die Stange, die Stangen
der Stängel, die Stängel
stark, stärker,
am stärksten

Alle Wörter in diesem Wörterverzeichnis sind nach dem **ABC** geordnet.
Die Buchstaben für die Laute **ä, ö, ü** und **äu** sind unter **a, o, u** oder **au** eingeordnet.

Am Rand einer jeden Seite ist das ABC untereinander angeordnet.
Wenn du zum Beispiel ein Wort mit dem Anfangsbuchstaben **H** suchst, blättere die Seiten so lange um, bis du den dunkel gefärbten Buchstaben **H** siehst. Nun kannst du auf den Seiten mit **H** dein Wort finden.

Oben auf den Seiten findest du immer den ersten Buchstaben deines Wortes als großen Druckbuchstaben.
Dabei sind auch ein Gegenstand oder ein Tier abgebildet, die mit dem Anfangsbuchstaben für alle Wörter auf dieser Seite beginnen.

Ha das **Ha**ar, die **Ha**are
   haben, sie **ha**t,
   du **ha**st
ihr **ha**bt (Glück)
der **Ha**hn, die Hähne

Der erste und der zweite Buchstabe stehen immer vor der Wortgruppe, die mit diesen beiden Buchstaben beginnt.

Hinweise zum zweiten Teil des Wörterbuches

Schm schmecken,
es schmeckt
der Schmetterling,
die Schmetterlinge

Manchmal stehen auch die ersten drei oder vier Buchstaben vor einer Wortgruppe.

der Hahn, die Hähne

Die Einzahl und die Mehrzahl der **Namenwörter** stehen nebeneinander. Der Begleiter steht vor jedem Namenwort.

halten, er hält
heben, sie hebt
heißen, sie heißt
helfen, er hilft

Tunwörter stehen in der Grundform als Hauptstichwort in Fettdruck.
Tunwörter verändern ihre Form, wenn du sie zum Beispiel mit er, sie oder es verbindest.
Eine dieser veränderten Formen steht immer hinter der Grundform.

hielt → halten
hob (auf) → heben
hieß → heißen

Für einige **Tunwörter** ist die Vergangenheitsform im Alphabet eingeordnet, wenn es sich um eine schwierige Form handelt.
Dann wird mit einem Pfeil auf die Grundform des verwandten Tunwortes hingewiesen.

hart, härter, am härtesten
heiß, heißer, am heißesten
hell, heller, am hellsten
hoch, höher, am höchsten

Bei den **Wiewörtern** findest du die drei Formen der Steigerung. Sie stehen hinter dem Wiewort.

Arbeitsaufgaben zum zweiten Teil des Wörterbuches

Wir lernen das Nachschlagen

ABC-Gedicht

Lerne das ABC-Gedicht auswendig. Dann fällt dir das Suchen nach einem Buchstaben leichter.

A B C — Die Katze lief im Schnee.
D E F — Dort ist auch Mäusetreff.
G H I — Das glaub' ich nie.
J K L — Die Mäuse laufen schnell.
M N O — Da bin ich froh.
P Q R — Die Katze rennt umher.
S T U — Die Katz' gibt keine Ruh'.
V W X — Die Mäuslein laufen fix.
Y Z — Das finde ich nett.

2. Auf welchen Seiten findest du die Wörter, die mit den Buchstaben H, B, N, … anfangen? Schreibe in dein Heft.
Beispiel: B – Seite 41 bis 42, …

Wortanfänge:

Bu	Ho	St	Er	Mu
Wu	Fu	Sa	Zi	Da

3. Auf welchen Seiten findest du die Wörter, die mit den Buchstaben Bu, Ho, St, … anfangen? Schreibe in dein Heft.
Beispiel: Bu – Seite 42, …

Arbeitsaufgaben zum zweiten Teil des Wörterbuches

Monatsnamen suchen:

Ja, Fe, Mä, Ap, Ma, Ju, Ju, Au, Se, Ok, No, De

4. Auf welchen Seiten findest du die Namen für die Monate?
   Schreibe in dein Heft.
   Beispiel: Januar – Seite 55, …

Einzahl suchen:

Füße, Gänse, Höfe, Lichter, Münder, Röcke, Quellen, Seen, Wälder, Zähne

5. Auf welchen Seiten findest du die Wörter, die links stehen?
   Schreibe die Einzahl und die Mehrzahl in dein Heft.
   Beispiel: die Füße, der Fuß – Seite 49, …

Wird das Wort am Wortanfang groß- oder kleingeschrieben?

TANTE; TANZEN; TOLL; KOMMEN; KNOPF; KALT; WATTE; WEICH; WEINEN; GLATT; GEHEN; GLAS

6. Auf welchen Seiten findest du die Wörter, die links stehen?
   Schreibe sie in dein Heft und achte auf den Anfangsbuchstaben, der bei einigen Wörtern großgeschrieben werden muss.
   Beispiel: die Tante – Seite 70, …

Grundform des Tunwortes suchen:

isst, frisst, fällt, gräbt, hält, liest, läuft, trifft, wächst

7. Auf welchen Seiten findest du die Grundform der Tunwörter, die links stehen?
   Schreibe in dein Heft.
   Beispiel: essen, er isst – Seite 46, …

Wiewörter steigern:

alt, arm, brav, dicht, dünn, groß, gut, hart, heiß, hoch, teuer, kalt, kurz, lang, rau, sauer, spät, stark, warm, wild

8. Auf welchen Seiten findest du die Wiewörter, die links stehen?
   Schreibe sie mit den beiden Steigerungsformen in dein Heft.
   Beispiel: alt, älter, am ältesten – Seite 39, …

Arbeitsaufgaben zum zweiten Teil des Wörterbuches

Lösungen:

2. Aufgabe: B – Seite 41 bis 42, E – Seite 46 bis 47, F – Seite 48 bis 49, H – Seite 52 bis 53, N – Seite 61, R – Seite 65, U – Seite 72.

3. Aufgabe: Bu – Seite 42, Da – Seite 44, Er – Seite 46, Fu – Seite 49, Ho – Seite 52, Mu – Seite 60, Sa – Seite 66, St – Seite 69, Wu – Seite 75, Zi – Seite 78.

4. Aufgabe: Januar – Seite 55, Februar – Seite 48, März – Seite 59, April – Seite 39, Mai – Seite 59, Juni – Seite 55, Juli – Seite 55, August – Seite 39, September – Seite 68, Oktober – Seite 62, November – Seite 61, Dezember – Seite 44.

5. Aufgabe: die Füße, der Fuß – Seite 49, die Gänse, die Gans – Seite 50, die Höfe, der Hof – Seite 52, die Lichter, das Licht – Seite 58, die Münder, der Mund – Seite 60, die Röcke, der Rock – Seite 65, die Quellen, die Quelle – Seite 64, die Seen, der See – Seite 68, die Wälder, der Wald – Seite 74, die Zähne, der Zahn – Seite 78.

6. Aufgabe: die Tante – Seite 70, tanzen – Seite 70, toll – Seite 70, kommen – Seite 56, der Knopf – Seite 56, kalt – Seite 56, die Watte – Seite 74, weich – Seite 74, weinen – Seite 74, glatt – Seite 50, gehen – Seite 50, das Glas – Seite 50.

7. Aufgabe: essen, er isst – Seite 46, fressen, er frisst – Seite 49, fallen, er fällt – Seite 48, graben, sie gräbt – Seite 51, halten, er hält – Seite 52, lesen, sie liest – Seite 58, laufen, er läuft – Seite 58, treffen, er trifft – Seite 70, wachsen, er wächst – Seite 74.

8. Aufgabe: alt, älter, am ältesten – Seite 39, arm, ärmer, am ärmsten – Seite 39, brav, braver, am bravsten – Seite 42, dicht, dichter, am dichtesten – Seite 44, dünn, dünner, am dünnsten – Seite 45, groß, größer, am größten – Seite 51, gut, besser, am besten – Seite 51, hart, härter, am härtesten – Seite 52, heiß, heißer, am heißesten – Seite 52, hoch, höher, am höchsten – Seite 52, teuer, teurer, am teuersten – Seite 70, kalt, kälter, am kältesten – Seite 56, kurz, kürzer, am kürzesten – Seite 57, lang, länger, am längsten – Seite 58, rau, rauer, am rausten – Seite 65, sauer, saurer, am sauersten – Seite 66, spät, später, am spätesten – Seite 68, stark, stärker, am stärksten – Seite 69, warm, wärmer, am wärmsten – Seite 74, wild, wilder, am wildesten – Seite 75.

A a

Ab	ab			die Ant|wor|ten
	der **Abend**,			ant|wor|ten,
	die Aben|de			sie ant|wor|tet
	abends			die **An|zei|ge**,
	aber			die An|zei|gen
Ac	**acht**		sich	**an|zie|hen**,
	acht|zehn			sie zieht sich an
	acht|zig	**Ap**	der	**Ap|fel**, die Äp|fel
	der **Acker**, die Äcker		die	**Ap|fel|si|ne**,
Ad	der **Ad|vent**			die Ap|fel|si|nen
	der **Ad|vents|kranz**		der	**Ap|ril**
	der **Ad|vents|sonn|tag**	**Ar**	die	**Ar|beit**, die Ar|bei|ten
Af	der **Af|fe**, die Af|fen			**ar|bei|ten**,
Al	**al|le**, al|les			er ar|bei|tet
	al|lein		der	**Ar|bei|ter**,
	als			die Ar|bei|ter
	al|so		die	**Ar|bei|te|rin**,
	alt, äl|ter,			die Ar|bei|te|rin|nen
	am äl|tes|ten			**arm**, är|mer,
Am	**am**			am ärms|ten
	die **Amei|se**,		der	**Arm**, die Ar|me
	die Amei|sen		der	**Arzt**, die Ärz|te
	die **Am|pel**, die Am|peln		die	**Ärz|tin**,
	die **Am|sel**, die Am|seln			die Ärz|tin|nen
An	**an**	**As**	sie	**aß** → es|sen
	an|de|re		der	**Ast**, die Äs|te
	än|dern, er än|dert	**At**		**at|men**, er at|met
	der **An|fang**	**Au**		**auch**
	an|fan|gen,			(wir wollen auch)
	er fängt an			**auf** (der Mauer)
	an|fas|sen,		die	**Auf|ga|be**,
	er fasst an			die Auf|ga|ben
	die **Angst**, die Ängs|te			**auf|merk|sam**
	an|ru|fen, sie ruft an		das	**Au|ge**, die Au|gen,
	die **Ant|wort**,		das	**Äug|lein**
			der	**Au|gust**

A a

aus
au|ßen

das **Au|to,** die Au|tos
die **Axt**, die Äx|te

B b

Ba
- das **Ba|by**, die Ba|bys
- der **Bach**, die Bä|che
- **ba|cken**, sie bäckt, sie backt
- der **Bä|cker**, die Bä|cker
- das **Bad**, die Bä|der
- **ba|den**, sie ba|det
- der **Bag|ger**, die Bag|ger
- die **Bahn**, die Bah|nen
- **bald**
- der **Ball**, die Bäl|le
- die **Ba|na|ne**, die Ba|na|nen
- die **Bank**, die Bän|ke
- der **Bär**, die Bä|ren
- der **Bauch**, die Bäu|che
- **bau|en**, er baut, das Ge|bäu|de
- der **Bau|er**, die Bau|ern
- die **Bäu|e|rin**, die Bäu|e|rin|nen
- der **Baum**, die Bäu|me

Be
- die **Bee|re**, die Bee|ren
- es **be|gann** → be|gin|nen
- **be|gin|nen**, er be|ginnt
- **bei**
- **bei|de**
- **beim** (Essen)
- das **Bein**, die Bei|ne
- das **Bei|spiel**, die Bei|spie|le
- **bei|ßen**, er beißt
- sie **be|kam** → be|kom|men
- **be|kom|men**, sie be|kommt
- **bel|len**, er bellt
- der **Berg**, die Ber|ge
- **be|son|ders**
- **bes|ser** → gut
- **be|stimmt**
- **be|ten**, sie be|tet
- das **Bett**, die Bet|ten
- **be|we|gen**, sie be|wegt (sich)
- **be|zah|len**, sie be|zahlt

Bi
- die **Bi|bel**, die Bi|beln
- die **Bie|ne**, die Bie|nen
- das **Bike** (Fahr|rad), die Bikes
- das **Bild**, die Bil|der
- **bil|lig**, bil|li|ger, am bil|ligs|ten
- ich **bin** → sein
- **bin|den**, er bin|det
- die **Bir|ne**, die Bir|nen
- **bis** (morgen)
- er **biss** (mich) → bei|ßen
- ein **biss|chen**
- du **bist** (da) → sein
- **bit|te** (komm)
- **bit|ten**, er bit|tet

Bl
- **bla|sen**, sie bläst
- **blass**, blas|ser, am blas|ses|ten
- das **Blatt**, die Blät|ter
- **blau**

41

B b

        blei|ben,
sie bleibt
der **Blei|stift**,
die Blei|stif|te
sie **blieb** → blei|ben
blind
der **Blitz**, die Blit|ze
blit|zen, es blitzt
blü|hen, sie blüht
die **Blu|me**, die Blu|men
blu|ten, sie blu|tet
die **Blü|te**, die Blü|ten

Bo der **Bock**, die Bö|cke
der **Bo|den**, die Bö|den
der **Bo|gen**, die Bö|gen
die **Boh|ne**, die Boh|nen
boh|ren, er bohrt
das/ **Bon|bon**, die
der Bon|bons
das **Boot,** die Boo|te
bö|se, bö|ser,
am bö|ses|ten
bo|xen, er boxt

Br er **brach** (ab)
→ bre|chen
sie **brach|te** → brin|gen
der **Brand**, die Brän|de
es **brann|te** → bren|nen
der **Bra|ten**, die Bra|ten

brau|chen,
er braucht
braun
die **Braut**, die Bräu|te
der **Bräu|ti|gam**
brav, bra|ver,
am bravs|ten
bre|chen, es bricht
bren|nen, es brennt
das **Brett**, die Bret|ter
der **Brief**, die Brie|fe
die **Bril|le**, die Bril|len
brin|gen, sie bringt
das **Brot**, die Bro|te
das **Bröt|chen**,
die Bröt|chen
die **Brü|cke**,
die Brü|cken
der **Bru|der**, die Brü|der
brum|men,
er brummt

Bu das **Buch**, die Bü|cher
bü|cken,
er bückt (sich)
bunt
die **Bürs|te**, die Bürs|ten
der **Bus**, die Bus|se
der **Busch**, die Bü|sche
die **But|ter**

C c

Ce der **Cent**,
die Cents

Ch der **Chor**,
die Chö|re
der **Christ**, die Chris|ten
die **Chris|tin**,
die Chris|tin|nen
der **Christ|baum**,
die Christ|bäu|me
das **Christ|kind**

Cl der **Clown**, die Clowns

Co der **Com|pu|ter**,
die Com|pu|ter
der **Cow|boy**,
die Cow|boys

D d

Da da
da|bei
das **Dach**,
die Dä|cher
ich **dach|te** → den|ken
da|für
da|mals
da|mit
der **Dampf**, die Dämp|fe
dan|ken, sie dankt
dann
da|ran
da|rauf
da|raus
da|rin
da|rüber
da|rum
das
dass
der **Dau|men**,
die Dau|men
da|von
da|zu
da|zwi|schen

De die **De|cke**, die De|cken
der **De|ckel**, die De|ckel
de|cken,
er deckt (den Tisch)
dein, dei|ne, dei|ner
dem
gib **den** (Ap|fel)
gib **dei|nen** (nichts)
den|ken, er denkt
wo **denn**
der
des
deutsch

Deutsch|land
der **De|zem|ber**

Di **dich**
dicht, dich|ter,
am dich|tes|ten
dick, di|cker,
am dicks|ten
die
der **Dieb**, die Die|be
die|nen, er dient
der **Diens|tag**,
die Diens|ta|ge
dies, die|ser, die|ses
das **Ding**, die Din|ge
der **Di|no|sau|ri|er**,
die Di|no|sau|ri|er
dir

Do **doch**
don|nern,
es don|nert
der **Don|ners|tag**,
die Don|ners|ta|ge
das **Dorf**, die Dör|fer
dort
die **Do|se**, die Do|sen

Dr der **Dra|che**,
die Dra|chen
der **Dra|chen**,
die Dra|chen
drau|ßen
dre|hen,
sie dreht (sich)
drei
das **Drei|eck**,
die Drei|ecke
drei|ßig

D d

drei|zehn
dro|hen,
er droht (mir)
drü|cken,
sie drückt (sich)

Du **du**
der **Duft**, die Düf|te
dumm, düm|mer,
am dümms|ten
dun|kel, dunk|ler,
am dun|kels|ten
dünn, dün|ner,
am dünns|ten

durch
dür|fen, er darf
ich **durf|te** → dür|fen
der **Durst**
durs|tig, durs|ti|ger,
am durs|tigs|ten
die **Du|sche**,
die Du|schen

E e

Eb   eben
       ebenso

Ec   echt
    die **Ecke**, die Ecken

Eh   die **Ehe**, die Ehen
       eher
       ehrlich

Ei   das **Ei**, die Eier
       eigene
       eigentlich
       eilen,
       sie eilt (davon)
    der **Eimer**, die Eimer
       ein
       eine, einer, eines
    in **einem** (Haus)
    für **einen** (Strauß)
    in **einer** (Dose)
       eines (Tages)
       einfach, einfacher,
       am einfachsten
       einige
       einkaufen,
       er kauft ein
       einmaleins
       eins
    das **Eis**
    die **Eisenbahn**,
       die Eisenbahnen
       eiskalt

El   der **Elefant**,
       die Elefanten
       elf
    die **Eltern**

Em   empfindlich,
       empfindlicher,
       am empfindlichsten

En   das **Ende**, die Enden
       endlich
       eng, enger,
       am engsten
    der **Engel**, die Engel
    die **Ente**, die Enten
       entschuldigen,
       er entschuldigt
       (sich)
       entzwei

Er   er (ist → sein)
    die **Erde**, die Erden
       erfrieren,
       sie erfriert
       erinnern,
       sie erinnert (sich)
       erklären,
       sie erklärt
       erlauben,
       er erlaubt
    der **Ernst**
    sie **erschrak**
       → erschrecken
       erschrecken,
       sie erschrickt
       erst
       erste
       erzählen,
       er erzählt

Es   es
    der **Esel**, die Esel
    das **Essen** (ist fertig)
       essen, er isst

E e

Et	et|wa		die	**Eu|le**, die Eu|len
	et|was			eu|re
Eu	euch		der	**Eu|ro**, die Eu|ros
	eu|er		**Ew**	ewig

F f

Fa der **Fal|den**,
die Fäl|den
die **Fah|ne**,
die Fah|nen
fah|ren, er fährt
das **Fahr|rad**,
die Fahr|rä|der
fahrt (los)!
die **Fahrt**, die Fahr|ten
fal|len, er fällt
falsch, fal|scher,
am fal|sches|ten
die **Fa|mi|lie**,
die Fa|mi|li|en
ich **fand** (etwas)
→ fin|den
fan|gen, er fängt
die **Far|be**, die Far|ben
fas|sen, er fasst
er **fass|te** (an)
→ an|fas|sen
fast (acht Uhr)
die **Faust**, die Fäus|te

Fe der **Fe|bru|ar**
die **Fel|der**, die Fel|dern
feh|len, er fehlt
der **Feh|ler**, die Feh|ler
fei|ern, er fei|ert
fein, fei|ner,
am feins|ten
der **Feind**, die Fein|de
das **Feld**, die Fel|der
das **Fens|ter**,
die Fens|ter
die **Fe|ri|en**
fern, fer|ner,
am fern|sten
fern|se|hen,
sie sieht fern
der **Fern|se|her**,
die Fern|se|her
fer|tig
fest, fes|ter,
am fes|tes|ten
das **Fest**, die Fes|te
fett, fet|ter,
am fet|tes|ten
das **Feu|er**, die Feu|er
die **Feu|er|wehr**,
die Feu|er|weh|ren

Fi die **Fi|bel**, die Fi|beln
das **Fie|ber**
er **fiel** → fal|len
der **Film**, die Fil|me
fin|den, sie fin|det
er **fing** → fan|gen
der **Fin|ger**, die Fin|ger
der **Fisch**, die Fi|sche

Fl die **Fla|sche**,
die Fla|schen
die **Flie|ge**, die Flie|gen
flie|gen, sie fliegt
flie|hen, sie flieht
flie|ßen, es fließt
er **flog** → flie|gen
er **floh** → flie|hen
der **Floh**, die Flö|he
das **Floß**, die Flö|ße
es **floss** → flie|ßen
die **Flö|te**, die Flö|ten
der **Flü|gel**, die Flü|gel
das **Flug|zeug**,
die Flug|zeu|ge

F f

der **Fluss,** die Flüs|se
flüs|sig,
flüs|si|ger,
am flüs|sigs|ten

Fo **fol|gen,** er folgt
fort
das **Fo|to,** die Fo|tos

Fr die **Fra|ge,** die Fra|gen
fra|gen, sie fragt
er **fraß** → fres|sen
die **Frau,** die Frau|en
frech, fre|cher,
am frechs|ten
frei, frei|er,
am freis|ten
der **Frei|tag,**
die Frei|ta|ge
fremd, frem|der,
am frem|des|ten
der **Frem|de,**
die Frem|de,
die Frem|den
fres|sen, er frisst
die **Freu|de,**
die Freu|den
sich **freu|en,** sie freut sich
der **Freund,** die Freun|de
die **Freun|din,**
die Freun|din|nen
freund|lich,
freund|li|cher,
am freund|lichs|ten

der **Frie|de,** auch:
der Frie|den
fried|lich,
fried|li|cher,
am fried|lichs|ten
frisch, fri|scher,
am fri|sches|ten
froh, fro|her,
am frohs|ten
der **Frosch,** die Frö|sche
die **Frucht,** die Früch|te
früh, frü|her,
am frühs|ten, auch:
am frü|hes|ten
der **Früh|ling**

Fu der **Fuchs,** die Füch|se
füh|len, sie fühlt
sie **fuhr** → fah|ren
füh|ren, er führt
fül|len, sie füllt
der **Fül|ler,** die Fül|ler
fünf
fünf|zehn
fünf|zig
für
der **Fuß,** die Fü|ße
das **Fut|ter**
füt|tern, er füt|tert
(den Hamster)

G g

Ga	sie	**gab** (mir) → geben	**Gen**		ge|nau
	die	**Ga|bel**,			ge|nug
		die Ga|beln	**Ger**		ge|ra|de
	die	**Gans**,		das	**Ge|räusch**,
		die Gän|se			die Ge|räu|sche
		ganz, gan|ze, gan|zer			**gern**, auch: ger|ne, lie|ber, am liebs|ten
		gar, gar nicht	**Ges**	das	**Ge|schäft**,
	der	**Gar|ten**, die Gär|ten			die Ge|schäf|te
Geb		**ge|ben**, sie gibt		das	**Ge|schenk**,
		ge|brau|chen, er ge|braucht (etwas)			die Ge|schen|ke
	die	**Ge|burt**,		die	**Ge|schich|te**, die Ge|schich|ten
		die Ge|bur|ten		das	**Ge|sicht**,
	der	**Ge|burts|tag**, die Ge|burts|ta|ge			die Ge|sich|ter
Gef	die	**Ge|fahr**,		das	**Ge|spenst**, die Ge|spens|ter
		die Ge|fah|ren			**ges|tern**
		ge|fähr|lich, ge|fähr|li|cher, am ge|fähr|lichs|ten			**ge|sund**, ge|sün|der, am ge|sün|des|ten
		ge|fal|len, es ge|fällt (mir)			**ge|sun|de**
		ge|fiel (mir) → ge|fal|len		die	**Ge|sund|heit**
Geg		**gei|gen**	**Gew**	er	**ge|wann** → ge|win|nen
Geh		**ge|hen**, er geht			**ge|win|nen**, er ge|winnt
	der	**Geh|weg**, die Geh|we|ge		das	**Ge|wit|ter**, die Ge|wit|ter
Gei	die	**Gei|ge**, die Gei|gen	**Gi**		**gie|ßen**, es gießt
Gel		**gelb**, gel|be, gel|ber, gel|bes			**gif|tig** (Pilz)
				sie	**ging** → ge|hen
	das	**Geld**, die Gel|der	**Gl**	das	**Glas**, die Glä|ser
Gem		**ge|mein**, ge|mei|ner, am ge|meins|ten			**glatt**, glat|ter, am glat|tes|ten
	das	**Ge|mü|se**			**glau|ben**, er glaubt
					gleich

G g

die	**Glo|cke**, die Glo|cken
das	**Glück**
	glück|lich, glück|li|cher, am glück|lichs|ten

Go
es **goss** → gie|ßen
der **Gott**, die Göt|ter

Gr
gra|ben, sie gräbt
das **Gras**, die Grä|ser
grau
grei|fen, sie greift
die **Gren|ze**, die Gren|zen

sie **griff** → grei|fen
grob, grö|ber, am gröbs|ten
groß, grö|ßer, am größ|ten
er **grub** → gra|ben
grün
der **Grund**, die Grün|de
der **Gruß**, die Grü|ße
die **Gur|ke**, die Gur|ken

Gu
der **Gür|tel**, die Gür|tel
gut, bes|ser, am bes|ten

H h

Ha das **Haar**,
　　　die Haa|re
　　　ha|ben, sie hat,
　　　du hast
　　ihr **habt** (Glück)
　　der **Hahn**, die Häh|ne
　　　halb
　　die **Hälf|te**, die Hälf|ten
　　der **Hals**, die Häl|se
　　　hal|ten, er hält
　　die **Hand**, die Hän|de
　　　han|deln,
　　　sie han|delt
　　der **Hang**, die Hän|ge
　　　hän|gen, es hängt
　　　hart, här|ter,
　　　am här|tes|ten
　　der **Ha|se**, die Ha|sen
　　du **hast** (Glück)
　　　→ ha|ben
　　er **hat|te** → ha|ben
　　er **hät|te** (gern)
　　das **Haus**, die Häu|ser,
　　　das Ge|häu|se
　　die **Haut**, die Häu|te

He die **He|cke**, die He|cken
　　　he|ben, er hebt
　　das **Heft**, die Hef|te
　　　heil
　　　heiß, hei|ßer,
　　　am hei|ßes|ten
　　　hei|ßen, sie heißt
　　　hel|fen, er hilft
　　　hell, hel|ler,
　　　am hells|ten
　　das **Hemd**, die Hem|den
　　　her

　　　her|ab
　　　her|aus
　　der **Herbst**
　　　her|ein
　　der **Herr**, die Her|ren
　　　her|un|ter
　　das **Herz**, die Her|zen
　　　heu|te
　　die **He|xe**, die He|xen

Hi sie **hielt** → hal|ten
　　　hier
　　sie **hieß** → hei|ßen
　　die **Hil|fe**, die Hil|fen
　　der **Him|mel**,
　　　die Him|mel
　　　hin
　　　hin|aus
　　　hin|ein
　　　hin|ten
　　　hin|ter
　　　hin|un|ter

Ho sie **hob** (auf) → he|ben
　　　hoch, hö|her,
　　　am höchs|ten
　　der **Hof**, die Hö|fe
　　　hof|fen, er hofft
　　　hof|fent|lich
　　　ho|len, er holt
　　das **Holz**, die Höl|zer
　　　hö|ren, sie hört
　　der **Hö|rer**, die Hö|rer
　　der **Hort**, die Hor|te
　　die **Ho|se**, die Ho|sen

Hu das **Huhn**, die Hüh|ner
　　der **Hund**, die Hun|de
　　　hun|dert

H h

der **Hun|ger**
hung|rig
hüp|fen, sie hüpft

hus|ten, sie hus|tet
der **Hut**, die Hü|te

I i

Ic		ich
Ig	der	**Igel**, die Igel
Ih	gib	**ihm** (etwas)
	sieh	**ihn** (an)
	mit	**ih‌nen** (gemeinsam)
	in	**ihr** (Zimmer),
		ih‌re (Uhr)
Im		**im** (Zimmer)
		im‌mer (wieder)
		imp‌fen, er impft
In		**in** (der Tasche)
	der	**In‌di‌a‌ner**,
		die In‌di‌a‌ner
	die	**In‌di‌a‌ne‌rin**,
		die In‌di‌a‌ne‌rin‌nen
		ins (Haus)
	die	**In‌sel**, die In‌seln
Ir		**ir‌gend**
	sich	**ir‌ren**, er irrt sich
Is	es	**ist** (Zeit) → sein
	er	**isst** (den Apfel)
		→ es‌sen

J j

Ja	**ja**
	die **Ja|cke**, die Ja|cken
	ja|gen, er jagt
	der **Jä|ger**, die Jä|ger
	das **Jahr**, die Jah|re
	jam|mern, er jam|mert
	der **Ja|nu|ar**
Je	**je|de**
	je|der
	je|des

je\|**mand**, je\|man\|den
Je\|sus
jetzt

Ju der **Ju\|li**
jung, jün\|ger, am jüngs\|ten
der **Jun\|ge**, die Jun\|gen
der **Ju\|ni**

K k

Ka
- der **Kä|fer**, die Kä|fer
- der **Kä|fig**, die Kä|fi|ge
- der **Ka|len|der**, die Ka|len|der
- **kalt**, käl|ter, am käl|tes|ten
- die **Käl|te**
- er **kam** → kom|men
- der **Kamm**, die Käm|me
- du **kannst** → kön|nen
- sie **kann|te** → ken|nen
- die **Kan|ne**, die Kan|nen
- **ka|putt**
- die **Kar|te**, die Kar|ten
- die **Kar|tof|fel**, die Kar|tof|feln
- der **Kä|se**
- die **Kas|se**, die Kas|sen
- der **Kas|ten**, die Käs|ten
- die **Kat|ze**, die Kat|zen
- **kau|fen**, sie kauft

Ke
- **kein**, kei|ne, kei|ner
- **ken|nen**, er kennt
- die **Ker|ze**, die Ker|zen
- die **Ket|te**, die Ket|ten

Ki
- das **Kind**, die Kin|der
- das **Ki|no**, die Ki|nos
- die **Kir|che**, die Kir|chen
- die **Kir|sche**, die Kir|schen

Kl
- **kla|gen**, er klagt
- **klap|pen**, es klappt
- **klar**, kla|rer, am klars|ten
- die **Klas|se**, die Klas|sen
- **kle|ben**, er klebt
- das **Kleid**, die Klei|der
- **klein**, klei|ner, am kleins|ten
- **klet|tern**, er klet|tert
- **klin|gen**, es klingt
- **klop|fen**, es klopft
- **klug**, klü|ger, am klügs|ten

Kn
- **knal|len**, es knallt
- das **Knie**, die Knie
- der **Knopf**, die Knöp|fe
- **knur|ren**, er knurrt

Ko
- der **Koch**, die Kö|che
- **ko|chen**, sie kocht
- der **Kof|fer**, die Kof|fer
- **kom|men**, sie kommt
- der **Kö|nig**, die Kö|ni|ge
- die **Kö|ni|gin**, die Kö|ni|gin|nen
- **kön|nen**, er kann
- er **konn|te** → kön|nen
- der **Kon|sum**
- der **Kopf**, die Köp|fe
- der **Korb**, die Kör|be
- der **Kör|per**, die Kör|per
- **kos|ten**, es kos|tet

Kr
- der **Krach**, die Krä|che
- **kra|chen**, es kracht
- **krank**, krän|ker, am kränks|ten
- die **Krank|heit**, die Krank|hei|ten
- der **Kranz**, die Krän|ze
- das **Kraut**, die Kräu|ter

K k

die **Krei|de**,
die Krei|den
krie|gen,
er kriegt
krumm, krum|mer,
am krumms|ten

Ku die **Kü|che**, die Kü|chen
der **Ku|chen**,
die Ku|chen

die **Ku|gel**, die Ku|geln
die **Kuh**, die Kü|he
die **Kur|ve**, die Kur|ven
kurz, kür|zer,
am kür|zes|ten
der **Kuss**, die Küs|se
küs|sen, sie küsst

L l

La		lä|cheln, er lä|chelt
		la|chen, sie lacht
	der	**La|den**, die Lä|den
	er	**lag** → lie|gen
	die	**Lam|pe**, die Lam|pen
	das	**Land**, die Län|der
		lang, län|ger, am längs|ten
		lan|ge
		lang|sam, lang|sa|mer, am lang|sams|ten
	sie	**las** → le|sen
		lass (das) → las|sen
		las|sen, er lässt
	die	**La|ter|ne**, die La|ter|nen
	das	**Laub**
		lau|fen, du läufst, er läuft
		laut, lau|ter, am lau|tes|ten
Le	das	**Le|ben**
		le|ben, sie lebt
		le|ben|dig
		leer
		le|gen, er legt
	der	**Leh|rer**, die Leh|rer
	die	**Leh|re|rin**, die Leh|re|rin|nen
		leicht, leich|ter, am leich|tes|ten
	das	**Leid**, leidtun
		lei|den, sie lei|det
		lei|se, lei|ser, am lei|ses|ten
	die	**Lei|ter**, die Lei|tern
		ler|nen, er lernt
		le|sen, sie liest
		leuch|ten, es leuch|tet
	die	**Leu|te**
	das	**Le|xi|kon**, die Le|xi|ka
Li	das	**Licht**, die Lich|ter
		lieb, lie|ber, am liebs|ten
		lie|ben, er liebt
	das	**Lied**, die Lie|der
	er	**lief** → lau|fen
		lie|gen, er liegt
	er	**ließ** → las|sen
	sie	**liest** (einen Brief) → le|sen
	das	**Li|ne|al**, die Li|ne|ale
		lin|ke, lin|ker, lin|kes
		links
	die	**Lip|pe**, die Lip|pen
	er	**litt** → lei|den
Lo	das	**Loch**, die Lö|cher
	der	**Löf|fel**, die Löf|fel
	die	**Lo|ko|mo|ti|ve**, die Lo|ko|mo|ti|ven
	das	**Los**, die Lo|se
	der	**Lö|we**, die Lö|wen
Lu	die	**Luft**, die Lüf|te
		lü|gen, er lügt
		lus|tig, lus|ti|ger, am lus|tigs|ten

M m

Ma
- ma|chen, sie macht
- das **Mäd|chen**, die Mäd|chen
- der **Mai**
- der **Mai|kä|fer**, die Mai|kä|fer
- **ma|len**, sie malt (Bilder)
- die **Ma|ma**
- **man**
- **man|che**
- **manch|mal**
- der **Mann**, die Män|ner
- der **Man|tel**, die Män|tel
- das **Mär|chen**, die Mär|chen
- die **Mark**
- die **Mar|ke**, die Mar|ken
- die **Mar|ki|se**, die Mar|ki|sen
- der **März**
- das **Maß**, die Ma|ße
- die **Mau|er**, die Mau|ern
- die **Maus**, die Mäu|se

Me
- das **Meer**, die Mee|re
- **mehr**
- **mein**
- **mei|ne**, mei|ner
- **mei|nen**, sie meint
- **meist**
- am **meis|ten**
- **mel|den**, er mel|det (sich)
- die **Me|lo|ne**, die Me|lo|nen
- die **Men|ge**, die Men|gen
- der **Mensch**, die Men|schen
- **mer|ken**, sie merkt
- **mes|sen**, er misst
- das **Mes|ser**, die Mes|ser
- der/das **Me|ter**, die Me|ter

Mi
- **mich**
- die **Milch**
- **mild**, mil|der, am mil|des|ten
- die **Mi|nu|te**, die Mi|nu|ten
- **mir**
- **mit**
- der **Mit|tag**, die Mit|ta|ge
- die **Mit|te**
- der **Mitt|woch**, die Mitt|wo|che

Mo
- **möch|ten**, er möch|te
- **mö|gen**, er mag
- die **Möh|re**, die Möh|ren
- der **Mo|nat**, die Mo|na|te
- der **Mond**, die Mon|de
- das **Mons|ter**, die Mons|ter
- der **Mon|tag**, die Mon|ta|ge
- das **Moor**, die Moo|re
- der **Mor|gen**
- **mor|gen** Abend
- heute **Mor|gen**
- bis **mor|gen**
- **mor|gens**

M m

Mu die **Mü|cke**,
     die Mü|cken
     mü|de, mü|der,
     am mü|des|ten
die **Mü|he**, die Mü|hen
der **Müll**
der **Mund**, die Mün|der
     mur|ren, sie murrt
die **Mu|sik**

müs|sen, sie muss
er **muss|te** → müs|sen
der **Mut**
     mu|tig, mu|ti|ger,
     am mu|tigs|ten
die **Mut|ter**, die Müt|ter
die **Müt|ze**, die Müt|zen

N n

Na   **nach**
     der   **Nach|bar**,
               die Nach|barn
     die   **Nach|ba|rin**,
               die Nach|ba|rin|nen
     der   **Nach|mit|tag**,
               die Nach|mit|ta|ge
     heute **Nach|mit|tag**
            nächs|ten → nah
     die   **Nacht**,
               die Näch|te
     heute **Nacht**
     die   **Na|del**,
               die Na|deln
     der   **Na|gel**, die Nä|gel
           nah, nä|her,
               am nächs|ten
     er   **nahm** → neh|men
     der   **Na|me**, die Na|men
            näm|lich
     sie   **nann|te** → nen|nen
            na|schen,
               sie nascht
     die   **Na|se**, die Na|sen
            nass, nas|ser,
               am nas|ses|ten,
               auch: näs|ses|ten
     die   **Na|tur**
            na|tür|lich,
               na|tür|li|cher,
               am na|tür|lichs|ten

Ne   der   **Ne|bel**, die Ne|bel
            ne|ben

            neh|men,
               sie nimmt
            nein
            nen|nen, er nennt
     das   **Nest**, die Nes|ter
     das   **Netz**, die Net|ze
            neu
            neun
            neun|zehn
            neun|zig

Ni   **nicht**
            nichts
            nie
            nie|mand
     der   **Ni|ko|laus**,
               die Ni|ko|lau|se,
               auch: die
               Ni|ko|läu|se
     das   **Nil|pferd**,
               die Nil|pfer|de

No   **noch**
     die   **Not**, die Nö|te
            nö|tig, nö|ti|ger,
               am nö|tigs|ten
     der   **No|vem|ber**

Nu   die   **Nu|del**, die Nu|deln
            null
            nun
            nur
     die   **Nuss**, die Nüs|se

61

O o

Ob		**ob**	**On**	der **On|kel**, die On|kel,
		oben		auch: die On|kels
	das	**Obst**	**Op**	der **Opa**, die Opas
		ob|wohl	**Or**	**or|dent|lich,**
Od		**oder**		or|dent|li|cher,
Of	der	**Ofen**, die Öfen		am or|dent|lichs|ten
		of|fen		**ord|nen**, er ord|net
		öff|nen, er öff|net	die	**Ord|nung**,
		oft		die Ord|nun|gen
		öf|ter	der	**Ort**, die Or|te
Oh		**oh|ne**	**Os**	der **Os|ten**
	das	**Ohr**, die Oh|ren		**Os|tern**
Ok	der	**Ok|to|ber**	das	**Os|ter|fest**,
Ol	das	**Öl**		die Os|ter|fes|te
		ölig	der	**Os|ter|ha|se**,
Om	die	**Oma**, die Omas		die Os|ter|ha|sen
	der	**Om|ni|bus**,		
		die Om|ni|bus|se		

P p

Pa   **paar** (Sachen)
     das   **Paar**, die Paa|re
            pa|cken, er packt
     das   **Pa|ket**, die Pa|ke|te
     die   **Pal|me**, die Pal|men
     der   **Pa|pa**, die Pa|pas
     der   **Pa|pa|gei**, die Pa|pa|gei|en
     das   **Pa|pier**, die Pa|pie|re
     die   **Pap|pe**, die Pap|pen
            par|ken, er parkt
            pas|sen, es passt
     die   **Pau|se**, die Pau|sen

Pe   der   **Pelz**, die Pel|ze

Pf   die   **Pfei|fe**, die Pfei|fen
     das   **Pferd**, die Pfer|de
     die   **Pflan|ze**, die Pflan|zen
            pflan|zen, sie pflanzt
            pfle|gen, sie pflegt
     die   **Pfo|te**, die Pfo|ten

Pi   der   **Pilz**, die Pil|ze
     der   **Pin|sel**, die Pin|sel
     die   **Piz|za**, die Piz|zas, auch: die Piz|zen

Pl   der   **Plan**, die Plä|ne
     der   **Platz**, die Plät|ze
            plötz|lich

Po   der   **Po|li|zist**, die Po|li|zis|ten
     die   **Po|li|zis|tin**, die Po|li|zis|tin|nen
     die   **Pom|mes**
     das   **Po|ny**, die Po|nys
     die   **Post**

Pr   der   **Preis**, die Prei|se
     der   **Prinz**, die Prin|zen
     die   **Pro|be**, die Pro|ben
            prü|fen, er prüft

Pu   der   **Pu|del**, die Pu|del
     der   **Pul|lo|ver**, die Pul|lo|ver
     der   **Punkt**, die Punk|te
     die   **Pup|pe**, die Pup|pen
            put|zen, er putzt

Q q

Qua das **Quad|rat**,
die Quad|ra|te
qua|ken,
er quakt
die **Qual**,
die Qua|len
quä|len, sie quält
die **Qual|le**, die Qual|len
der **Qualm**
qual|men, es qualmt
der **Quark**
der **Quatsch**

Que die **Quel|le**, die Quel|len
quer
quet|schen,
er quetscht

Qui **quiet|schen**,
es quietscht
der **Quirl**, die Quir|le

R r

Ra das **Rad**, die Rä|der,
Rad fah|ren,
er fährt Rad
der **Ra|dier|gum|mi**,
die Ra|dier|gum|mis
das **Ra|dio**, die Ra|di|os
die **Ra|ke|te**,
die Ra|ke|ten
der **Rand**, die Rän|der
er **rann|te** → ren|nen
rasch, ra|scher,
am ra|sches|ten
ra|sen, er rast
ra|ten, sie rät
das **Rät|sel**, die Rät|sel
rau (nicht glatt),
rau|er, am raus|ten
der **Rauch**
der **Raum**, die Räu|me
die **Rau|pe**, die Rau|pen

Re **rech|nen**, er rech|net
rech|te, rech|ter,
rech|tes
rechts
re|den, sie re|det
der **Re|gen**
reg|nen, es reg|net
das **Reh**, die Re|he
reich, rei|cher,
am reichs|ten
reif, rei|fer,
am reifs|ten
die **Rei|he**, die Rei|hen
der **Reim**, die Rei|me

die **Rei|se**, die Rei|sen
rei|sen, er reist
(mit der Bahn)
rei|ßen, er reißt
(entzwei)
ren|nen, sie rennt
der **Rest**, die Res|te
ret|ten, sie ret|tet

Ri **rich|tig**
rie|chen, es riecht
er **rief** → ru|fen
sie **riet** (mir) → ra|ten
der **Ring**, die Rin|ge
es **riss** → rei|ßen
der **Riss**, die Ris|se

Ro es **roch** (gut) → rie|chen
der **Rock**, die Rö|cke
roh
rol|len, sie rollt
der **Rol|ler**, die Rol|ler
die **Ro|se**, die Ro|sen
rot

Ru der **Rü|cken**,
die Rü|cken
ru|fen, er ruft
ru|hen, er ruht
rüh|ren, sie rührt
rund
die **Ru|te**, die Ru|ten
die **Rut|sche**,
die Rut|schen
rut|schen,
sie rutscht

S s

Sa
- der **Saal**, die Sä|le
- die **Saat**, die Saa|ten
- die **Sa|che**, die Sa|chen
- der **Sack**, die Sä|cke
- **sä|en**, er sät
- der **Saft**, die Säf|te
- **sa|gen**, sie sagt
- er **sah** → se|hen
- der **Sa|lat**, die Sa|la|te
- das **Salz**, die Sal|ze
- der **Sa|men**, die Sa|men
- der **Sams|tag**, die Sams|ta|ge
- der **Sand**, die San|de
- **san|dig**, san|di|ger, am san|digs|ten
- sie **sang** (ein Lied) → sin|gen
- es **sank** (unter) → sin|ken
- er **saß** → sit|zen
- **satt**
- der **Satz**, die Sät|ze
- **sau|ber**, sau|be|rer, am sau|bers|ten
- **sau|er**, sau|rer, am sau|ers|ten
- **sau|sen**, er saust

Scha
- das **Schaf**, die Scha|fe
- die **Scha|le**, die Scha|len
- **scharf**, schär|fer, am schärfs|ten
- der **Schat|ten**, die Schat|ten
- **schau|en**, sie schaut
- die **Schau|kel**, die Schau|keln

Sche
- die **Schei|be**, die Schei|ben
- **schei|nen**, sie scheint
- **schen|ken**, sie schenkt
- die **Sche|re**, die Sche|ren
- die **Scheu|ne**, die Scheu|nen

Schi
- **schi|cken**, sie schickt
- **schie|ben**, er schiebt
- **schief**, schie|fer, am schiefs|ten
- sie **schien** → schei|nen
- das **Schiff**, die Schif|fe
- das **Schild**, die Schil|der
- der **Schirm**, die Schir|me

Schl
- **schla|fen**, er schläft
- **schla|gen**, sie schlägt
- **schlau**, schlau|er, am schlaus|ten
- der **Schlauch**, die Schläu|che
- **schlecht**, schlech|ter, am schlech|tes|ten
- die **Schlei|fe**, die Schlei|fen
- **schlief** → schla|fen
- **schlie|ßen**, er schließt

S s

der **Schlit|ten**,
die Schlit|ten
das **Schloss**,
die Schlös|ser
er **schloss** (auf)
→ schlie|ßen
er **schlug** (zu)
→ schla|gen
der **Schluss**,
die Schlüs|se
der **Schlüs|sel**,
die Schlüs|sel

Schm **schme|cken**,
es schmeckt
der **Schmet|ter|ling**,
die Schmet|ter|lin|ge
schmü|cken,
sie schmückt
schmut|zig,
schmut|zi|ger,
am schmut|zigs|ten

Schn **schnap|pen**,
er schnappt
die **Schnau|ze**,
die Schnau|zen
die **Schne|cke**,
die Schne|cken
der **Schnee**
schnei|den,
er schnei|det
er **schnitt** → schnei|den
schnei|en,
es schneit
schnell, schnel|ler,
am schnells|ten

Scho die **Scho|ko|la|de**,
die Scho|ko|la|den

schon
schön, schö|ner,
am schöns|ten
er **schoss** → schie|ßen
Schr der **Schrank**,
die Schrän|ke
schrei|ben,
sie schreibt
schrei|en, er schreit
er **schrie** → schrei|en
sie **schrieb**
→ schrei|ben
die **Schrif**t, die Schrif|ten
schrill, schril|ler,
am schrills|ten
der **Schritt**, die Schrit|te
Schu der **Schuh**, die Schu|he
die **Schu|le**,
die Schu|len
der **Schü|ler**,
die Schü|ler
die **Schü|le|rin**,
die Schü|le|rin|nen
die **Schüs|sel**,
die Schüs|seln
schüt|zen,
sie schützt
Schw **schwach**,
schwä|cher,
am schwächs|ten
der **Schwamm**,
die Schwäm|me
der **Schwanz**,
die Schwän|ze
schwarz
das **Schwein**,
die Schwei|ne

S s

	schwer, **schwe**|**rer**, am schwers|ten
die	**Schwes**|**ter**, die Schwes|tern
	schwim|**men**, es schwimmt

Se
    sechs
    sech|**zehn**
    sech|**zig**
der **See**, die Se|en
se|**hen**, sie sieht
sehr
ihr **seid** → sein
die **Sei**|**fe**, die Sei|fen
das **Seil**, die Sei|le
seit (seit gestern)
sein, sei|ne, sei|ner
sein, ich bin, du bist, er ist, wir sind, ihr seid, sie sind
die **Sei**|**te**, die Sei|ten
die **Se**|**kun**|**de**, die Se|kun|den
sel|**ber**
selbst
sel|**ten**
sen|**den**, er sen|det
der **Sep**|**tem**|**ber**
set|**zen**, sie setzt (sich)

Si
    sich
    si|**cher**
    sie
    sie|**ben**, er siebt
    sie|**ben** (Zahl)
    sieb|**zehn**
    sieb|**zig**

sie|**gen**, er siegt
sie **sind** → sein
sin|**gen**, sie singt (ein Lied)
sin|**ken**, es sinkt (unter)
sit|**zen**, er sitzt

So
    so
das **So**|**fa**, die So|fas
so|**fort**
so|**gar**
der **Sohn**, die Söh|ne
der **Sol**|**dat**, die Sol|da|ten
die **Sol**|**da**|**tin**, die Sol|da|tin|nen
sol|**len**, er soll
der **Som**|**mer**, die Som|mer
son|**dern**
der **Sonn**|**abend**, die Sonn|aben|de
die **Son**|**ne**, die Son|nen
der **Sonn**|**tag**, die Sonn|ta|ge
sonst

Sp
die **Spa**|**get**|**ti**
spa|**ren**, sie spart
der **Spaß**, die Spä|ße
spät, spä|ter, am spä|tes|ten
sper|**ren**, sie sperrt
der **Spie**|**gel**, die Spie|gel
das **Spiel**, die Spie|le
spie|**len**, er spielt
spitz, spit|zer,

S s

am spit|zes|ten
der **Sport**
sie **sprach**
→ spre|chen
die **Spra|che**,
die Spra|chen
er **sprang** → sprin|gen
spre|chen,
sie spricht
sprin|gen, er springt

St
der **Staat**, die Staa|ten
die **Stadt**, die Städ|te
der **Stall**, die Stäl|le
sie **stand** → ste|hen
die **Stan|ge**,
die Stan|gen
der **Stän|gel**,
die Stän|gel
stark, stär|ker,
am stärks|ten
ste|cken, er steckt
ste|hen, er steht
stei|gen,
sie steigt (hinauf)
der **Stein**, die Stei|ne
die **Stel|le**, die Stel|len
stel|len, er stellt
der **Stern**, die Ster|ne
ich **stieg** → stei|gen
er **stieß** → sto|ßen

der **Stift**, die Stif|te
still, stil|ler,
am stills|ten
sei **still!**
die **Stim|me**,
die Stim|men
die **Stirn**, auch: die
Stir|ne, die Stir|nen
der **Stock**, die Stö|cke
der **Stoff**, die Stof|fe
stolz, stol|zer,
am stol|zes|ten
sto|ßen, er stößt (an)
die **Straße**, die Stra|ßen
der **Strauch**,
die Sträu|cher
der **Streit**
sich **strei|ten**,
sie strei|tet sich
der **Strich**, die Stri|che
das **Stück**, die Stü|cke
der **Stuhl**, die Stüh|le
die **Stun|de**,
die Stun|den
der **Sturm**, die Stür|me

Su
su|chen, sie sucht
sum|men, sie summt
die **Sup|pe**, die Sup|pen
süß, sü|ßer,
am sü|ßes|ten

T t

Ta
- die **Ta|fel**, die Ta|feln
- der **Tag**, die Ta|ge
- das **Tal**, die Tä|ler
- die **Tan|ne**, die Tan|nen
- die **Tan|te**, die Tan|ten
- **tan|zen**, sie tanzt
- die **Ta|sche**, die Ta|schen
- die **Tas|se**, die Tas|sen
- es **tat** (weh) → tun
- **tau|chen**, er taucht
- **tau|send**

Te
- der **Ted|dy**, die Ted|dys
- der **Tee**, die Tees
- der/das **Teil**, die Tei|le
- **tei|len**, sie teilt
- das **Te|le|fon**, die Te|le|fo|ne
- **te|le|fo|nie|ren**, er te|le|fo|niert
- der **Tel|ler**, die Tel|ler
- die **Tem|pe|ra|tur**, die Tem|pe|ra|tu|ren
- **teu|er**, teu|rer, am teu|ers|ten
- der **Teu|fel**, die Teu|fel
- der **Text**, die Tex|te

Th
- das **Ther|mo|me|ter**, die Ther|mo|me|ter

Ti
- **tief**, tie|fer, am tiefs|ten
- das **Tier**, die Tie|re
- der **Ti|ger**, die Ti|ger
- die **Tin|te**, die Tin|ten
- der **Tisch**, die Ti|sche

To
- die **Toch|ter**, die Töch|ter
- **toll**, tol|ler, am tolls|ten
- die **To|ma|te**, die To|ma|ten
- der **Ton**, die Tö|ne
- der **Topf**, die Töp|fe
- das **Tor**, die To|re
- die **Tor|te**, die Tor|ten
- **tot** (umfallen)

Tr
- sie **traf** → tref|fen
- **tra|gen**, er trägt
- die **Trä|ne**, die Trä|nen
- sie **trank** → trin|ken
- er **trat** (mich) → tre|ten
- die **Trau|be**, die Trau|ben, das Träub|chen
- der **Traum**, die Träu|me
- der **Träu|mer**, die Träu|mer
- **trau|rig**, trau|ri|ger, am trau|rigs|ten
- **tref|fen**, er trifft
- **trei|ben**, sie treibt
- **tren|nen**, er trennt
- die **Trep|pe**, die Trep|pen
- **tre|ten**, er tritt
- **treu**, treu|er, am treus|ten, auch: am treu|es|ten
- sie **trieb** → trei|ben
- **trin|ken**, sie trinkt
- **tro|cken**, trock|ner, am tro|ckens|ten

T t

trotz|dem
sie **trug** → tra|gen
Tu das **Tuch**, die Tü|cher
tun, er tut
die **Tür**, die Tü|ren

der **Turm**, die Tür|me
tur|nen, er turnt
die **Tü|te**, die Tü|ten

U u

Üb **üben**, sie übt
über
über|all
über|ein|an|der
über|haupt
über|ho|len,
er über|holt
über|le|gen,
sie über|legt
über|ra|schen,
sie über|rascht
die **Über|schrift**,
die Über|schrif|ten
üb|rig
die **Übung**,
die Übun|gen

Uh die **Uhr**, die Uh|ren
der **Uhu**, die Uhus

Um **um**
um|gra|ben,
er gräbt um
um|sonst
der **Um|weg**,
die Um|we|ge
der **Um|zug**,
die Um|zü|ge

Un **und**
der **Un|fall**, die Un|fäl|le
un|ge|fähr
das **Un|glück**,
die Un|glü|cke
un|ru|hig,
un|ru|hi|ger,
am un|ru|higs|ten
uns
un|ser
un|se|re
un|ten
un|ter
der **Un|ter|richt**
un|ter|wegs
das **Un|wet|ter**,
die Un|wet|ter

Ur der **Ur|laub**
der **Ur|wald**,
die Ur|wäl|der

V v

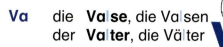

Va die **Va|se**, die Va|sen
der **Va|ter**, die Vä|ter

Ve das **Veil|chen**, die Veil|chen
der **Ver|band**, die Ver|bän|de
ver|bie|ten, er ver|bie|tet
ver|bren|nen, es ver|brennt (Papier)
ver|fol|gen, er ver|folgt
sie **ver|gaß** → ver|ges|sen
ver|ges|sen, er ver|gisst
ver|hun|gern, er ver|hun|gert
ver|kau|fen, sie ver|kauft
der **Ver|kehr**
ver|let|zen, er ver|letzt
ver|lie|ren, sie ver|liert
sie **ver|lor** → ver|lie|ren
ver|ra|ten, er ver|rät
er **ver|riet** → ver|ra|ten
ver|schen|ken, sie ver|schenkt
sie **ver|stand** (es) → ver|ste|hen
ver|ste|hen, sie ver|steht
ver|su|chen, er ver|sucht
ver|tei|len, er ver|teilt
ver|zei|hen, sie ver|zeiht

Vi **viel** (Zeit)
vie|le
viel|leicht
vier
das **Vier|eck**, die Vier|ecke
vier|zehn
vier|zig

Vo der **Vo|gel**, die Vö|gel
das **Volk**, die Völ|ker
voll
vom
von
vor
vor|bei
vor|her
vor|le|sen, er liest vor
der **Vor|mit|tag**, die Vor|mit|tage, heute Vor|mit|tag
vorn
der **Vor|na|me**, die Vor|na|men
die **Vor|sicht**
vor|sich|tig, vor|sich|ti|ger, am vor|sich|tigs|ten

Vu der **Vul|kan**, die Vul|ka|ne

W w

Wa die **Waa|ge**,
die Waa|gen
wach,
wa|cher,
am wachs|ten
wa|chen, sie wacht
wach|sen, er wächst
der **Wa|gen**,
die Wa|gen
wahr, die Wahr|heit
wäh|rend
die **Wahr|heit**
der **Wald**, die Wäl|der
die **Wand**, die Wän|de
wann (und wo)
er **war**, ihr wart
es **wä|re** (schön)
sie **warf** → wer|fen
warm, wär|mer,
am wärms|ten
die **Wär|me**
wär|men,
er wärmt (sich)
war|nen, sie warnt
war|ten, sie war|tet
wa|rum
was
die **Wä|sche**
wa|schen,
sie wäscht (sich)
das **Was|ser**,
die Was|ser
die **Wat|te**

We der **We|cker**, die We|cker
geh **weg**!
der **Weg**, die We|ge
we|gen

weh, wehtun
weich, wei|cher,
am weichs|ten
die **Wei|de**, die Wei|den
die **Weih|nacht**
das **Weih|nachts|fest**
weil
wei|nen, er weint
ich **weiß** (es genau)
→ wis|sen
weiß (und schwarz)
weit (und breit)
weit, wei|ter,
am wei|tes|ten
wel|che, wel|cher,
wel|ches
die **Wel|le**, die Wel|len
der **Wel|len|sit|tich**,
die Wel|len|sit|ti|che
die **Welt**, die Wel|ten
wem (gehört das?)
wen (sehe ich?)
we|nig
wenn (das geschieht)
wer (folgt ihm?)
wer|den,
er wird (sehen)
wer|fen, er wirft
wet|ten, er wet|tet
das **Wet|ter**

Wi **wich|tig**, wich|ti|ger,
am wich|tigs|ten
wie
nie **wie|der**
die **Wie|ge**,
die Wie|gen

W w

die **Wie|se**,
die Wie|sen
wie viel
wild, wil|der,
am wil|des|ten
der **Wind**, die Win|de
win|ken, er winkt
der **Win|ter**, die Win|ter
win|zig, win|zi|ger,
am win|zigs|ten
wir
wirk|lich
du **wirst** (gesund)
wis|sen, er weiß

Wo
wo
die **Wo|che**, die Wo|chen
der **Wo|chen|tag**,
die Wo|chen|ta|ge
wo|her
wo|hin
wohl, woh|ler,
am wohls|ten
woh|nen, sie wohnt
die **Woh|nung**,
die Woh|nun|gen
der **Wolf**, die Wöl|fe
die **Wol|ke**, die Wol|ken
die **Wol|le**
wol|len, du willst,
er will

er **woll|te** →wol|len
wo|mit
wo|ran
das **Wort**, die Wör|ter
wo|von
wo|vor
wo|zu

Wu sie **wuchs** (sehr schnell)
→ wach|sen
wund, wun|der,
am wun|des|ten
die **Wun|de**,
die Wun|den
der **Wunsch**,
die Wün|sche
wün|schen,
er wünscht (sich)
es **wur|de** (hell)
→ wer|den
der **Wür|fel**, die Wür|fel
der **Wurm**, die Wür|mer
die **Wurst**, die Würs|te
die **Wur|zel**,
die Wur|zeln
sie **wuss|te** → wis|sen
wü|tend, wü|ten|der,
am wü|tends|ten

X x

x **Xan|ten**
(Römerstadt am Niederrhein)
Xe|nia (Vorname)
die **X-Bei|ne**
das **Xy|lo|fon**, auch:
das Xy|lo|phon,
die Xy|lo|fo|ne,
auch: die Xy|lo|pho|ne

Y y

Y   das **Yak**, die Yaks,
           auch: der Jak
      die **Yacht**, auch:
           die Jacht,
           die Yach|ten,
           auch: die Jach|ten
      das **Yp|si|lon**

Z z

Za	die	**Zahl**, die Zah|len
		zah|len, er zahlt
		zäh|len, er zählt
	der	**Zahn**, die Zäh|ne
	der	**Zahn|arzt**, die Zahn|ärz|te
	die	**Zahn|ärz|tin**, die Zahn|ärz|tin|nen
	die	**Zan|ge**, die Zan|gen
	der	**Zaun**, die Zäu|ne
Ze	das	**Ze|bra**, die Ze|bras
	der	**Zeh**, auch: die Ze|he, die Ze|hen
		zehn
		zeich|nen, sie zeich|net
		zei|gen, er zeigt
	die	**Zeit**, die Zei|ten
	die	**Zei|tung**, die Zei|tun|gen
	das	**Zelt**, die Zel|te
	der	**Zet|tel**, die Zet|tel
	das	**Zeug|nis**, die Zeug|nis|se
Zi	die	**Zie|ge**, die Zie|gen
		zie|hen, er zieht
	das	**Ziel**, die Zie|le
		ziem|lich
	das	**Zim|mer**, die Zim|mer
	der	**Zir|kus**, die Zir|kus|se
	die	**Zi|tro|ne**, die Zi|tro|nen
Zo	er	**zog** → zie|hen
	der	**Zoo**, die Zoos
	der	**Zopf**, die Zöp|fe
		zor|nig, zor|ni|ger, am zor|nigs|ten
Zu		**zu**
	der	**Zu|cker**
		zu|erst
		zu|frie|den, zu|frie|de|ner, am zu|frie|dens|ten
	der	**Zug**, die Zü|ge
		zu|letzt
		zum
	die	**Zun|ge**, die Zun|gen
		zur (Schule)
		zu|rück
		zu|sam|men
	der	**Zu|schau|er**, die Zu|schau|er
Zw		**zwan|zig**
		zwar
		zwei
	der	**Zweig**, die Zwei|ge
	der	**Zwerg**, die Zwer|ge
	die	**Zwie|bel**, die Zwie|beln
		zwi|schen
		zwölf

Hinweise zum dritten Teil des Wörterbuches

Auch die Wörter im dritten Teil des Wörterbuches sind nach dem ABC geordnet.

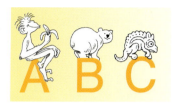

Jeder Buchstabe aus dem ABC steht als großer Druckbuchstabe über den Wörtern, die mit diesem Buchstaben beginnen.
Das Bild eines Tieres verdeutlicht den ersten Buchstaben des Wortes.

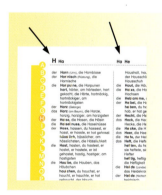

Die Buchstaben auf dem gelben Randstreifen führen dich zum Wort.

Auf dem gelben Randstreifen ist das ABC untereinander angeordnet.
Wenn du ein Wort nachschlagen willst, blättere weiter, bis du den Anfangsbuchstaben des gesuchten Wortes siehst.
Achte dabei auf den dunklen Kreis, in dem der Buchstabe dunkel unterlegt ist.

Über den Spalten stehen die ersten beiden Buchstaben des ersten fett gedruckten Wortes. Wenn sich in der Spalte der zweite Buchstabe ändert, werden auch diese ersten beiden Buchstaben über der Spalte fett gedruckt hervorgehoben.
Damit hast du eine Nachschlaghilfe, denn für jeden Anfangsbuchstaben gibt es eine umfangreiche Wortsammlung.
Wenn du zum Beispiel das Wort „Heft" suchst, musst du die Seite mit dem Anfangsbuchstaben **H** aufschlagen und kannst nun unter **He** dein Wort finden.

Wenn du das Wort „Häuser" finden willst, musst du das Wort „Haus" suchen. Die Mehrzahl steht hinter der Einzahl.

Die Einzahl des Wortes wird zuerst genannt.

Hinweise zum dritten Teil des Wörterbuches

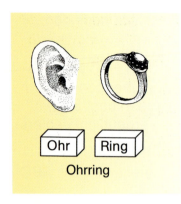

Es gibt viele **zusammengesetzte Wörter**. Nicht alle diese Wörter stehen in dem Wörterbuch. Dann musst du die zusammengesetzten Wörter wieder zerlegen und jeden Teil für sich nachschlagen. Das Wort „Ohrring" zum Beispiel ist aus den beiden Namenwörtern „Ohr" und „Ring" zusammengesetzt.

Das Wort „Nähnadel" ist aus dem Tunwort „nähen" und dem Namenwort „Nadel" zusammengesetzt. Du musst die Wörter „nähen" und „Nadel" nachschlagen.

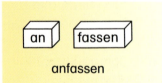

Viele Wörter haben eine Vorsilbe. Manche dieser Wörter findest du im Wörterbuch. Andere aber musst du ohne Vorsilbe nachschlagen.

werfen, du wirfst, er wirft, er warf, er hat geworfen

laufen, du läufst, sie läuft, sie lief, sie ist gelaufen

bringen, du bringst, es bringt, es brachte, es hat gebracht

Du kannst das **Tunwort** „warf" nicht unter den Hauptstichwörtern finden. Deshalb musst du bei der Grundform „werfen" nachschauen. Dort findest du die Vergangenheitsform „warf".
Die Tunwörter werden in der Grundform, der 2. Person Gegenwart, der 3. Person Gegenwart und in den 1. und 2. Vergangenheitsformen angegeben.

Hinweise zum dritten Teil des Wörterbuches

Wortfamilien
lesen, du liest, sie liest, sie las, sie hat gelesen, lesbar, das Lesebuch, lesenswert, lesenswerter, am lesenswertesten, leserlich, der Leser, die Leserin, die Leseratte

Die **Hauptstichwörter** sind fett gedruckt. Hinter ihnen stehen die verwandten Wörter. Beim Nachschlagen musst du also auch auf verwandte Wörter achten. Du kannst zum Beispiel das Wort „Lesebuch" unter dem Hauptstichwort „lesen" finden. **Verwandte Wörter** haben den gleichen Wortstamm und gehören deshalb zu einer **Wortfamilie**.

der **Aufwand**, aufwendig, auch: aufwändig

Nach dem Wörtchen „**auch**" findest du eine andere gültige Schreibweise.

ansässig (ständig dort wohnen)

Hinter schwierigen Wörtern steht in Klammern eine Worterklärung.

da|raus
(dar|aus)

Worttrennungen sind durch einen senkrechten, orangenen Strich angegeben. Manchmal kann ein Wort auf unterschiedliche Weise getrennt werden. Die andere Möglichkeit ein Wort zu trennen steht oft in Klammern hinter dem Stichwort.

sehen [27], du siehst, er sieht, er sah, er hat gesehen, sehenswert, die Sehenswürdigkeit

Hinter manchen Wörtern steht eine Zahl in einem Kästchen. Du kannst diese Zahl im vierten Teil des Wörterbuches nachsehen. Dort erfährst du noch mehr über das Wort.

Arbeitsaufgaben zum dritten Teil des Wörterbuches

Die Bilder sollen dich an die Lösungshilfen bei den Hinweisen erinnern.

1. Ordne die folgenden Wörter nach dem ABC:
   der Mantel, das Gras, der Affe, das Dorf, der Ball, der Hut, die Wiege, das Poster, der Urwald, der Rock, der Zoo, die Sonne.
   Schreibe die Wörter mit den Seitenzahlen in dein Heft.
   Beispiel: der Affe – Seite 90, …

Die Buchstaben auf dem orangenen Randstreifen führen dich zum Wort.

2. Wie heißt das erste fett gedruckte Wort mit den folgenden Anfangsbuchstaben: **A, B, E, J, M, O, P, U.** Achte beim Blättern auf den gelben Randstreifen, damit du den Anfangsbuchstaben rasch findest.
   Schreibe die Wörter mit den Seitenzahlen in dein Heft.
   Beispiel: der Aal – Seite 89, …

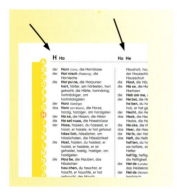

3. Wie heißen die beiden ersten fett gedruckten Wörter unter **He, Hi, Ho, De, Do, Gi, Gl, Go, Ka, Ke, Kl, Kn, Me, Mo, Pf**?
   Schreibe die Wörter mit den Seitenzahlen in dein Heft.
   Beispiel: Hebamme, der Hebel – Seite 132, …

Arbeitsaufgaben zum dritten Teil des Wörterbuches

Die Einzahl des Wortes wird zuerst genannt.

4. Suche zu den folgenden Wörtern die Mehrzahl:
   das Haus, der Käfer, der Kaktus, der Kamin, der Kamm, der Kampf, das Licht, der Markt, das Maul, der Mund, der Pfahl, der Pirat, das Rad, das Rätsel, der Saal, der Schal, der Schatz, die Stirn, die Tochter, der Zahn.
   Schreibe die Wörter in der Einzahl und in der Mehrzahl mit Seitenzahlen in dein Heft.
   Beispiel: das Haus – die Häuser – Seite 132, …

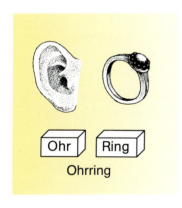

Ohrring

5. Suche folgende Wörter, nachdem du sie in zwei Namenwörter zerlegt hast:
   die Abendsonne, der Sonnenstrahl, die Waldwiese, die Wiesenblume, die Straßenlaterne, der Straßenräuber, das Reklameschild, der Vogelkäfig, der Mantelkragen, das Kerngehäuse.
   Schreibe die Wörter, wie das Beispiel zeigt, mit den Seitenzahlen in dein Heft.
   Beispiel: der Ohrring: das Ohr – Seite 163, der Ring – Seite 176, …

Arbeitsaufgaben zum dritten Teil des Wörterbuches

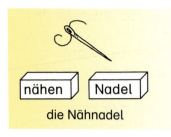

die Nähnadel

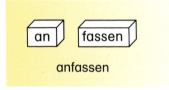

anfassen

werfen, du wirfst, er wirft, er warf, er hat geworfen

laufen, du läufst, sie läuft, sie lief, sie ist gelaufen

bringen, du bringst, es bringt, es brachte, es hat gebracht

6. Suche folgende Wörter, nachdem du sie in ein Tunwort und ein Namenwort zerlegt hast:
die Drehtür, der Schmierfleck, die Nähmaschine, der Klappstuhl, der Kippschalter, das Fließband, der Fressnapf, der Esslöffel, der Kochtopf, die Fahrschule.
Schreibe die Wörter wie bei dem Beispiel mit den Seitenzahlen in dein Heft.
Beispiel: die Nähnadel: nähen – Seite 160, die Nadel – Seite 160, ...

7. Suche folgende Wörter, nachdem du die Vorsilbe weggelassen hast: **anhalten, abholen, niedersetzen, herunterfallen, hervorkommen, zusammenhalten, abziehen, vorbeigehen, fortlaufen, aufsammeln.**
Schreibe die Wörter wie bei dem Beispiel mit den Seitenzahlen in dein Heft.
Beispiel: anfassen – fassen – Seite 117, ...

8. Suche die folgenden Tunwörter, indem du die Grundform nachschlägst: **fand, flog, fraß, gab, gefiel, gewann, hielt, kroch, litt, schrie, schritt, schwamm.**
Schreibe die Wörter wie bei dem Beispiel mit den Seitenzahlen in dein Heft.
Beispiel: warf – werfen – Seite 222, ...

Suche die Vergangenheitsform in der 3. Person Einzahl von folgenden Tunwörtern: **streiten, pfeifen, greifen, befehlen, beginnen, begraben, bitten, danken, entlassen, fahren.**
Schreibe die Wörter wie bei dem Beispiel mit den Seitenzahlen in dein Heft.
Beispiel: laufen – er lief – Seite 149, ...

Arbeitsaufgaben zum dritten Teil des Wörterbuches

Wortfamilien

lesen, du liest, sie liest, sie las, sie hat gelesen, lesbar, das Lesebuch, lesenswert, lesenswerter, am lesenswertesten, leserlich, der Leser, die Leserin, die Leseratte

9. Schreibe zu folgenden Wörtern eine Wortfamilie: **der Abend, das Auge, das Bad, der Berg, die Braut, bügeln, die Butter, finden, fließen, glauben.**
Schlage die Wörter im Wörterbuch nach. Dort findest du die Wortfamilien. Schreibe die Wortfamilien mit den Seitenzahlen in dein Heft.

Wie heißen die Hauptstichwörter zu folgenden Wörtern:
das Waisenhaus, vorbildlich, die Weintraube, versuchen, unschuldig, das Fensterbrett, die Teerpappe, der Südwind.
Schreibe die Wörter wie bei dem Beispiel mit den Seitenzahlen in dein Heft.
Beispiel: leserlich – lesen – Seite 151, …

der **Aufwand**, aufwendig, auch: aufwändig

10. Für manche Wörter gibt es zwei Schreibweisen. Suche folgende Wörter im Wörterbuch: **das Xylophon, hügelig, der Klub, die Kusine, das Photo, die Phantasie, planschen, er webte, der Joghurt, die Yacht.**
Schreibe die Wörter in den zwei Schreibweisen in dein Heft.
Schreibe auch die Seitenzahlen dazu.
Beispiel: aufwendig, auch: aufwändig – Seite 94, …

Arbeitsaufgaben zum dritten Teil des Wörterbuches

ansässig (ständig dort wohnen)

11. Schlage die folgenden Wörter im Wörterbuch nach: **abschüssig, der Abwasch, ansässig, das Dessert, die Diskette, die Gruft, das Pech, parieren, der Schrubber, spärlich, der Virus.**
Du findest im Wörterverzeichnis eine Worterklärung. Schreibe die Wörter wie bei dem Beispiel mit Seitenzahlen in dein Heft.
Beispiel: aktiv (tätig sein) – Seite 90, …

an|ein|an|der

12. Schlage folgende Wörter im Wörterbuch nach:
Zucker, Schwester, Theater, Katze, Woche, Wäsche, Tischler, Tochter, Apotheke.
Trenne die Wörter. Schreibe die Wörter wie bei dem Beispiel mit Seitenzahlen in dein Heft.
Beispiel: Fenster – Fens-ter – Seite 118, …

sehen [27], du siehst, er sieht, er sah, er hat gesehen, sehenswert, die Sehenswürdigkeit

13. Suche folgende Wörter im Wörterbuch: **fliegen, zählen, sehen, arbeiten, plötzlich, Müll, Wetter, Löffel, Raupe.**
Welche Zahlen stehen hinter den Wörtern?
Schreibe die Wörter mit den Nummern und den Seitenzahlen in dein Heft. Unter welchen Überschriften kannst du mehr über diese Wörter erfahren. Schreibe wie bei dem Beispiel.
Beispiel: sehen [27] – Seite 190
→ Wortfelder – Seite 264, …

Arbeitsaufgaben zum dritten Teil des Wörterbuches

Lösungen:

1. Aufgabe: der Affe – Seite 90, der Ball – Seite 95, das Dorf – Seite 108, das Gras – Seite 128, der Hut – Seite 135, der Mantel – Seite 154, das Poster – Seite 169, der Rock – Seite 176, die Sonne – Seite 192, der Urwald –Seite 211, die Wiege – Seite 222, der Zoo – Seite 227.

2. Aufgabe: der Aal – Seite 89, das Baby – Seite 95, die Ebbe – Seite 110, ja – Seite 137, machen – Seite 153, die Oase – Seite 163, ein paar Äpfel – Seite 164, die U-Bahn – Seite 207.

3. Aufgabe: die Hebamme, der Hebel – Seite 132, der Hieb, hier – Seite 133, das Hobby, der Hobel – Seite 134, das Deck, die Decke – Seite 106, doch, der Docht – Seite 108, der Giebel, die Gier – Seite 127, glänzen, das Glas – Seite 127, der Gockel, das Gold – Seite 128, das Kabel, die Kabine – Seite 138, keck, der Kegel – Seite 140, kläffen, klagen – Seite 142, knabbern, der Knabe – Seite 143, der Mechaniker, meckern – Seite 155, das Möbel, die Mode – Seite 157, der Pfad, der Pfahl – Seite 166.

4. Aufgabe: das Haus, die Häuser – Seite 132, der Käfer, die Käfer – Seite 138, der Kaktus, die Kakteen – Seite 138, der Kamin, die Kamine – Seite 139, der Kamm, die Kämme – Seite 138, der Kampf, die Kämpfe – Seite 139, das Licht, die Lichter – Seite 151, der Markt, die Märkte – Seite 154, das Maul, die Mäuler – Seite 155, der Mund, die Münder – Seite 158, der Pfahl, die Pfähle – Seite 166, der Pirat, die Piraten – Seite 168, das Rad, die Räder – Seite 172, das Rätsel, die Rätsel – Seite 173, der Saal, die Säle – Seite 178, der Schal, die Schals – Seite 180, der Schatz, die Schätze – Seite 180, die Stirn, die Stirnen – Seite 198, die Tochter, die Töchter – Seite 204, der Zahn, die Zähne – Seite 225.

5. Aufgabe: die Abendsonne: der Abend – Seite 89, die Sonne – Seite 192, der Sonnenstrahl: die Sonne – Seite 192, der Strahl – Seite 198, die Waldwiese: der Wald – Seite 219, die Wiese – Seite 222, die Wiesenblume: die Wiese – Seite 222, die Blume – Seite 102, die Straßenlaterne: die Straße – Seite 199, die Laterne – Seite 149, der Straßenräuber: die Straße – Seite 199, der Räuber – Seite 173, das Reklameschild: die Reklame – Seite 175, das Schild – Seite 182, der Vogelkäfig: der Vogel – Seite 217, der Käfig – Seite 138, der Mantelkragen: der Mantel – Seite 154, der Kragen – Seite 146, das Kerngehäuse: der Kern – Seite 140, das Gehäuse – Seite 124.

6. Aufgabe: die Drehtür: drehen – Seite 109, die Tür – Seite 207, der Schmierfleck: schmieren – Seite 185, der Fleck – Seite 119, die Nähmaschine: nähen – Seite 160, die Maschine – Seite 154, der Klappstuhl: klappen – Seite 141, der Stuhl – Seite 200, der Kippschalter: kippen – Seite 141, der Schalter – Seite 180, das Fließband: fließen – Seite 119, das Band – Seite 96, der Fressnapf: fressen – Seite 121, der Napf – Seite 160, der Esslöffel: essen – Seite 116, der Löffel – Seite 152, der Kochtopf: kochen – Seite 144, der Topf – Seite 204, die Fahrschule: fahren – Seite 116, die Schule – Seite 187.

Arbeitsaufgaben zum dritten Teil des Wörterbuches

7. Aufgabe: anhalten – halten – Seite 131, abholen – holen – Seite 134, niedersetzen – setzen – Seite 191, herunterfallen – fallen – Seite 117, hervorkommen – kommen – Seite 144, zusammenhalten – halten – Seite 131, abziehen – ziehen – Seite 227, vorbeigehen – gehen – Seite 124, fortlaufen – laufen – Seite 149, aufsammeln – sammeln – Seite 179.

8. Aufgabe: fand – finden – Seite 119, flog – fliegen – Seite 119, fraß – fressen – Seite 121, gab – geben – Seite 123, gefiel – gefallen – Seite 124, gewann – gewinnen – Seite 127, hielt – halten – Seite 131, kroch – kriechen – Seite 146, litt – leiden – Seite 150, schrie – schreien – Seite 187, schritt – schreiten – Seite 187, schwamm – schwimmen – Seite 189, streiten – er stritt – Seite 199, pfeifen – er pfiff – Seite 166, greifen – er griff – Seite 129, befehlen – sie befahl – Seite 97, beginnen – sie begann – Seite 97, begraben – sie begrub – Seite 97, bitten – er bat – Seite 101, danken – er dankte – Seite 106, entlassen – er entließ – Seite 113, fahren – er fuhr – Seite 116.

9. Aufgabe: Wortfamilien → der Abend – Seite 89, das Auge – Seite 94, das Bad – Seite 95, der Berg – Seite 99, die Braut – Seite 103, bügeln – Seite 104, die Butter – Seite 104, finden – Seite 119, fließen – Seite 119, glauben – Seite 128.
das Waisenhaus – die Waise – Seite 219, vorbildlich – das Vorbild – Seite 218, die Weintraube – der Wein – Seite 221, versuchen – der Versuch – Seite 216, unschuldig – die Unschuld – Seite 210, das Fensterbrett – das Fenster – Seite 118, die Teerpappe – der Teer – Seite 203, der Südwind – der Süden – Seite 200.

10. Aufgabe: das Xylophon, auch Xylofon – Seite 225, hügelig, auch: hüglig – Seite 135, der Klub, auch: Club – Seite 142/105, die Kusine, auch: Cousine – Seite 148/105, das Photo, auch: Foto – Seite 167/121, die Phantasie, auch: Fantasie – Seite 117/167, planschen, auch: plantschen – Seite 168, er webte, auch: er wob – Seite 221, der Joghurt, auch: Jogurt – Seite 138, die Yacht, auch: Jacht – Seite 225/137.

11. Aufgabe: abschüssig (steil abfallend) – Seite 89, der Abwasch (Geschirr spülen) – Seite 89, ansässig (ständig dort wohnen) – Seite 92, das Dessert (Nachspeise) – Seite 107, die Diskette (Datenspeicher) – Seite 108, die Gruft (Grab) – Seite 128, das Pech (Unglück) – Seite 166, parieren (gehorchen) – Seite 165, der Schrubber (Scheuerbürste mit langem Stiel) – Seite 187, spärlich (dürftig) – Seite 193, der Virus (Krankheitserreger) – Seite 217.

12. Aufgabe: Zucker – Zu-cker – Seite 227, Schwester – Schwes-ter – Seite 189, Theater – The-a-ter – Seite 203, Katze – Kat-ze – Seite 140, Woche – Wo-che – Seite 223, Wäsche – Wä-sche – Seite 220, Tischler – Tisch-ler – Seite 204, Tochter – Toch-ter – Seite 204, Apotheke – Apo-the-ke – Seite 93.

13. Aufgabe: fliegen [7] – Seite 119 → Wortfamilien – Seite 258, zählen [20] – Seite 225 → Wortfamilien – Seite 260, sehen [27] – Seite 190 → Wortfelder – Seite 264, arbeiten [22] – Seite 93 → Wortfelder – Seite 262, plötzlich [36] – Seite 168 → Wortfelder – Seite 268, Müll [45] – Seite 158 → sachkundliche Themen – Seite 277, Wetter [51] – Seite 222 → sachkundliche Themen – Seite 282/283, Löffel [53] – Seite 152 → Wörter mit zwei Bedeutungen – Seite 289, Raupe [53] – Seite 173 → Wörter mit zwei Bedeutungen – Seite 289.

A Aa Ab

der **Aal,** die Aale
das **Aas**
ab, ab und zu, ab morgen
ab|blen|den, du blendest ab, er blendet ab, er blendete ab, er hat abgeblendet, das Abblendlicht
das **Abc**
der **Abend**, die Abende, am Abend, eines Abends, morgen Abend, abends, das Abendessen, das Abendmahl
das **Aben|teu|er,** die Abenteuer, abenteuerlich, der Abenteurer
aber
der **Aber|glau|be,** abergläubisch
aber|mals
ab|fah|ren → fahren, die Abfahrt
der **Ab|fall,** die Abfälle
das **Ab|gas,** die Abgase
der/die **Ab|ge|ord|ne|te** die Abgeordneten
ab|ge|spannt (müde), abgespannter, am abgespanntesten
der **Ab|grund,** die Abgründe, abgrundtief (sehr tief)
der **Ab|hang,** die Abhänge
ab|hau|en → hauen, er haute ab
ab|ho|len → holen, sie holte ab
das **Abi|tur**
ab|kür|zen → kürzen, sie kürzte ab, die Abkürzung
ab|leh|nen 21 → lehnen, sie lehnte ab, die Ablehnung
ab|len|ken → lenken, die Ablenkung
ab|ma|chen → machen, die Abmachung
ab|mel|den → melden, die Abmeldung

Ab

ab|nüt|zen → nützen, die Abnützung
abon|nie|ren, er abonnierte, das Abonnement
ab|rech|nen → rechnen, die Abrechnung
ab|rei|sen → reisen, die Abreise
der **Ab|satz,** die Absätze 53
der **Ab|schied,** Abschied nehmen, verabschieden
ab|schlie|ßen → schließen, der Abschluss, die Abschlüsse
ab|schnei|den → schneiden, der Abschnitt
ab|schrei|ben → schreiben, die Abschrift
ab|schüs|sig (steil abfallend), abschüssiger, am abschüssigsten
ab|seits, der Spieler stand abseits, er stand **im** Abseits, abseitsstehen
ab|sen|den → senden, der Absender
die **Ab|sicht,** die Absichten, absichtlich
ab|stam|men, du stammst ab, er stammt ab, er stammte ab, die Abstammung
der **Ab|stand,** die Abstände
ab|stim|men, du stimmst ab, er stimmt ab, er stimmte ab, er hat abgestimmt, die Abstimmung
ab|stür|zen → stürzen, der Absturz
das **Ab|teil,** die Abteile
die **Ab|tei|lung,** die Abteilungen
ab|trock|nen → trocknen
ab|wärts, abwärtsgehen
der **Ab|wasch** (Geschirr spülen), abwaschen → waschen, abwaschbar
ab|wech|seln → wechseln,

89

A Ab Ac Ad   Ad Af Ag Ah Ai Ak Al

    abwechselnd, die Abwechslung
    ab|weh|ren → wehren,
    die Abwehr
    ab|we|send, die Abwesenheit
das **Ab|zei|chen,** die Abzeichen
der **Ab|zug,** die Abzüge
    ab|zwei|gen, du zweigst ab, er
    zweigt ab, er zweigte ab, er hat
    abgezweigt, die Abzweigung
die **Ach|se,** die Achsen
die **Ach|sel,** die Achseln
    acht, achtzehn, achtzig,
    achtmal, ein Achtel
    ach|ten, du achtest, er achtet,
    er achtete, sie hat geachtet,
    er achtete auf den Verkehr,
    außer Acht lassen, sich in Acht
    nehmen, gib Acht!, achtlos,
    sehr achtgeben, aber:
    allergrößte Acht geben,
    achthaben, auch: Acht haben
    äch|zen, du ächzt, sie ächzt,
    sie ächzte, sie hat geächzt
der **Acker,** die Äcker,
    Ackerbau treiben
    ackern ☐, du ackerst,
    er ackert, er ackerte,
    sie hat geackert
die **Action** (lebhaftes Handeln),
    der Actionfilm (ein spannender Film)
    ad|die|ren, du addierst,
    sie addiert, sie addierte,
    sie hat addiert, die Addition
    Ade sagen, auch: ade sagen
die **Ader,** die Adern
das **Ad|jek|tiv** (Eigenschaftswort),
    die Adjektive
der **Ad|ler,** die Adler
    adop|tie|ren, du adoptierst,
    er adoptiert, er adoptierte,
    er hat/ist adoptiert, die Adoption
die **Ad|res|se,** die Adressen,
    das Adressbuch, adressieren

der **Ad|vent,** der Adventskalender,
    der Adventskranz
das **Ad|verb,** die Adverbien
    (Umstandswort des Ortes, der Zeit usw.)
der **Af|fe,** die Affen
    Af|ri|ka, der Afrikaner,
    die Afrikanerin, afrikanisch
die **AG** (Arbeitsgemeinschaft)
    ah|nen, du ahnst, er ahnt,
    er ahnte, er hat geahnt,
    die Ahnung, ahnungslos,
    ahnungsloser,
    am ahnungslosesten
    ähn|lich, ähnlicher,
    am ähnlichsten, die Ähnlichkeit,
    Ähnliches (u. Ä.)
der **Ahorn,** die Ahorne
die **Äh|re,** die Ähren
das **Aids** (Krankheit)
der **Air|bag,** die Airbags (Luftkissen im
    Auto, das sich bei einem Aufprall
    automatisch aufbläst)
die **Air|con|di|ti|on** (Klimaanlage)
der **Air|port** (Flughafen)
    ak|ku|rat (genau), akkurater,
    am akkuratesten
der **Ak|ku|sa|tiv** (4. Fall, Wenfall),
    die Akkusative
der **Ak|ro|bat,** die Akrobaten
die **Ak|te,** die Akten
    ak|tiv (tätig sein), die Aktivität
    akut (dringend, unvermittelt)
der **Alarm,** alarmieren
    al|bern, alberner,
    am albernsten, die Albernheit
der **Alb|traum,** die Albträume,
    auch: der Alptraum,
    die Alpträume
das **Al|bum,** die Alben
der **Al|ko|hol,** alkoholfrei,
    alkoholische Getränke
    Al|lah (Name Gottes im Islam)
    al|le, alles, vor allem

A Al Am An   An

	al|lein, allein stehen, eine alleinerziehende Mutter, auch: allein erziehende
am	**al|ler|bes|ten,** das Allerbeste
	al|ler|dings
die	**Al|ler|gie** (Überempfindlichkeit)
	al|ler|hand
	Al|ler|hei|li|gen
	al|ler|lei
	all|ge|mein verständlich, im Allgemeinen
	all|mäh|lich (nach und nach)
der	**All|tag,** die Alltage, alltäglich
	all|zu, allzu gern
die	**Al|pen**
das	**Al|pha|bet,** alphabetisch
der	**Alp|traum,** die Alpträume, auch: der Albtraum, die Albträume
	als
	al|so
	alt, älter, am ältesten, der/die Alte, die Alten
der	**Al|tar,** die Altäre
das	**Al|ter,** das Altenheim
	am, an dem Baum
der	**Am|boss,** die Ambosse
die	**Amei|se,** die Ameisen
	Ame|ri|ka, der Amerikaner, die Amerikanerin, amerikanisch
die	**Am|pel,** die Ampeln
die	**Am|sel,** die Amseln
das	**Amt,** die Ämter, amtlich
	an, ans, an das Haus
die	**Ana|nas**
	an|bie|ten, du bietest an, sie bietet an, sie bot an, sie hat angeboten, das Angebot
die	**An|dacht,** die Andachten, andächtig
das	**An|den|ken,** die Andenken
	an|de|re, der andere
	än|dern, du änderst, sie ändert, sie änderte, sie hat geändert, die Änderung
	an|ders, anders als im Vorjahr
der	**An|drang**
	an|ein|an|der, aneinanderlegen, aneinandergrenzen, aber: aneinander denken
	an|er|ken|nen, du erkennst an, sie erkennt an, sie hat anerkannt, die Anerkennung
der	**An|fall,** die Anfälle, anfällig
der	**An|fang,** die Anfänge, anfangen → fangen, der Anfänger, anfangs
	an|for|dern, du forderst an, sie fordert an, sie forderte an, sie hat angefordert, die Anforderung
	an|fra|gen, du fragst an, er fragt an, sie fragte an, sie hat angefragt, die Anfrage
der	**An|füh|rer,** die Anführer, die Anführerin, die Anführerinnen, anführen → führen
	an|ge|ben, du gibst an, sie gibt an, sie gab an, sie hat angegeben, der Angeber, die Angeberin, angeberisch
	an|geb|lich
das	**An|ge|bot,** die Angebote
der/die	**An|ge|hö|ri|ge,** die Angehörigen
der/die	**An|ge|klag|te,** die Angeklagten, anklagen, du klagst an, sie klagt an, sie klagte an, sie hat angeklagt
die	**An|gel,** die Angeln, angeln, du angelst, er angelt, er angelte, er hat geangelt, der Angler, die Anglerin
die	**An|ge|le|gen|heit,** die Angelegenheiten
	an|ge|nehm, angenehmer, am angenehmsten

A An An

der/die **An|ge|stell|te,** die Angestellten
sich **an|ge|wöh|nen** → gewöhnen, die Angewohnheit
die **An|gi|na** (Mandelentzündung)
an|grei|fen, du greifst an, er greift an, sie griff an, sie hat angegriffen, der Angriff
die **Angst,** die Ängste, Angst haben, mir ist angst und bange, jemandem Angst machen
sich **ängstigen,** du ängstigst dich, sie ängstigt sich, sie ängstigte sich, sie hat sich geängstigt
ängstlich, ängstlicher, am ängstlichsten
der **An|hän|ger,** die Anhänger
der **An|ker,** die Anker, ankern, du ankerst, sie ankert, sie ankerte, sie hat geankert
an|kom|men, du kommst an, er kommt an, sie kam an, sie ist angekommen, die Ankunft
die **An|la|ge,** die Anlagen
der **An|lass,** die Anlässe, der Anlasser (Auto), anlässlich
der **An|lauf,** die Anläufe,
sich **an|leh|nen,** du lehnst dich an, er lehnt sich an, er lehnte sich an, er hat sich angelehnt
an|mel|den, du meldest an, er meldet an, er meldete an, er hat angemeldet, die Anmeldung
an|neh|men, du nimmst an, sie nimmt an, sie nahm an, sie hat angenommen, die Annahme
die **An|non|ce** (Anzeige), die Annoncen, annoncieren
der **Ano|rak,** die Anoraks
der **An|ruf|be|ant|wor|ter**
an|ru|fen, du rufst an, er ruft an, er rief an, er hat angerufen,

der Anruf
die **An|sa|ge,** die Ansagen, der Ansager, die Ansagerin
an|säs|sig (ständig dort wohnen)
die **An|schau|ung,** die Anschauungen, anschaulich, anschaulicher, am anschaulichsten
an|schei|nend, es hat den Anschein
an|schlie|ßen, du schließt an, er schließt an, er schloss an, er hat angeschlossen, der Anschluss
die **An|schrift,** die Anschriften
die **An|sicht,** die Ansichten, die Ansichtskarte
die **An|spra|che,** die Ansprachen, eine Ansprache halten
der **An|spruch,** die Ansprüche
die **An|stalt,** die Anstalten
der **An|stand,** anständig, anständiger, am anständigsten, anstandslos
an|stel|len, du stellst an, er stellt an, er stellte an, er hat angestellt, die Anstellung
der **An|strei|cher,** die Anstreicher
sich **an|stren|gen,** du strengst dich an, er strengt sich an, er strengte sich an, sie hat sich angestrengt, die Anstrengung
der **An|teil,** die Anteile
die **An|ten|ne,** die Antennen
der **An|trag,** die Anträge
ant|wor|ten, du antwortest, sie antwortet, sie antwortete, sie hat geantwortet, die Antwort
an|wei|sen, du weist an, sie weist an, sie wies an, sie hat angewiesen, die Anweisung
an|wen|den, du wendest an, er wendet an, er wandte an,

A An Ap Aq Ar   Ar As At Au

      auch: wendete an, er hat
      angewendet, auch: er hat
      angewandt, die Anwendung
die **An|zahl**
      an|zah|len, du zahlst an,
      er zahlt an, sie zahlte an, sie hat
      angezahlt, die Anzahlung
      an|zei|gen, die Anzeige
      an|zie|hen, du ziehst an,
      er zieht an, er zog an,
      er hat angezogen, der Anzug
      an|zün|den, du zündest an,
      sie zündet an, sie zündete an,
      sie hat angezündet
der **Ap|fel,** die Äpfel
die **Ap|fel|si|ne,** die Apfelsinen
die **Apo|the|ke,** die Apotheken,
      der Apotheker, die Apothekerin
der **Ap|pa|rat,** die Apparate
der **Ap|pe|tit,** appetitlich
der **App|laus** (Beifall), applaudieren
der **Ap|ril,** der Aprilscherz
das **Aqua|ri|um,** die Aquarien
      ar|bei|ten [22], du arbeitest,
      er arbeitet, sie arbeitete,
      sie hat gearbeitet, die Arbeit [38],
      der Arbeiter, die Arbeiterin,
      der Arbeitgeber,
      der Arbeitnehmer, arbeitslos,
      der/die Arbeitslose,
      die Arbeitslosigkeit,
      der Arbeitsplatz
der **Ar|chi|tekt,** die Architekten,
      die Architektin,
      die Architektinnen
      arg (schlimm), ärger, am ärgsten,
      der Argwohn
      är|gern, du ärgerst, er ärgert,
      er ärgerte (sich),
      sie hat (sich) geärgert,
      der Ärger, ärgerlich, ärgerlicher,
      am ärgerlichsten, das Ärgernis
das **Ar|gu|ment** (1. Beweis, 2. Begründung),
      die Argumente
      arm sein, ärmer, am ärmsten,
      ärmlich, die Armut
der **Arm,** die Arme
der **Ar|me,** die Armen
die **Ar|mee,** die Armeen
der **Är|mel,** die Ärmel
die **Art,** die Arten, die Art und
      Weise
      ar|tig, artiger, am artigsten,
      die Artigkeit
der **Ar|ti|kel** (1. Ware, 2. Geschlechtswort), die Artikel
der **Ar|tist,** die Artisten, die Artistin,
      die Artistinnen
die **Arz|nei,** die Arzneien
der **Arzt,** die Ärzte, die Ärztin,
      die Ärztinnen, ärztlich
die **Asche,** der Aschenbecher
      Asi|en, der Asiate, die Asiatin,
      asiatisch
der **As|phalt,** asphaltieren
das **Ass** (1. Spielkarte, 2. der Beste),
      die Asse, aber: er aß (Grundform
      essen)
der **Ast,** die Äste
der **As|tro|naut,** die Astronautin
das **Asyl,** der Asylbewerber,
      die Asylbewerberin
der **Atem,** die Atemnot, atmen,
      atemlos
der **At|lan|tik**
der **At|las,** die Atlanten
      auch: die Atlasse
das **Atom,** die Atome,
      die Atombombe,
      das Atomkraftwerk
das **At|test,** die Atteste
      auch
      auf, auf einmal, auf und ab
      auf|ein|an|der achten
      aber: aufeinanderstapeln
der **Auf|ent|halt,** die Aufenthalte

A Au

die	**Auf|er|ste|hung**
	auf|fal|len → fallen, auffällig, auffälliger, am auffälligsten
	auf|fas|sen → fassen, die Auffassung
	auf|for|dern → fordern, die Aufforderung
	auf|füh|ren → führen, die Aufführung
die	**Auf|ga|be,** die Aufgaben
der	**Auf|gang,** die Aufgänge
	auf|ge|regt, aufgeregter, am aufgeregtesten
	auf|hö|ren → hören
	auf|le|gen → legen, die Auflage
	auf|merk|sam, aufmerksamer, am aufmerksamsten, die Aufmerksamkeit
	auf|neh|men → nehmen, die Aufnahme
	auf|pas|sen → passen, er passte auf
	auf|räu|men → räumen
	auf|recht, aufrecht sitzen
	auf|re|gen → sich regen, die Aufregung
	auf|rich|tig, aufrichtiger, am aufrichtigsten, die Aufrichtigkeit
der	**Auf|satz,** die Aufsätze
der	**Auf|schnitt**
die	**Auf|sicht** führen
	auf|stel|len → stellen, die Aufstellung
der	**Auf|trag,** die Aufträge, auftragen → tragen
	auf|tre|ten → treten, der Auftritt
der	**Auf|wand,** aufwändig, auch: aufwendig
	auf|wärts, aufwärtsgehen, aufwärtsstreben
	auf|we|cken → wecken, der Wecker
	Auf Wie|der|se|hen!

Au

der	**Auf|zug,** die Aufzüge
das	**Au|ge,** die Augen, das Augenlid, die Augenwimper
der	**Au|gen|blick,** die Augenblicke, augenblicklich
der	**Au|gust**
	aus
	aus|beu|ten, die Ausbeutung
	aus|bil|den → bilden, die Ausbildung, der/die Auszubildende
die	**Aus|dau|er,** ausdauernd
	aus|deh|nen → dehnen, die Ausdehnung
	aus|drü|cken → drücken, der Ausdruck, ausdrücklich
	aus|ein|an|der, auseinandergehen, auseinandersetzen
	aus|flip|pen, er flippte aus
der	**Aus|flug,** die Ausflüge
die	**Aus|fuhr,** die Ausfuhren
	aus|führ|lich, ausführlicher, am ausführlichsten
die	**Aus|ga|be,** ausgeben → geben
der	**Aus|gang,** ausgehen → gehen
	aus|ge|zeich|net
	aus|gie|big, ausgiebiger, am ausgiebigsten
der	**Aus|guss,** die Ausgüsse
die	**Aus|kunft,** die Auskünfte
das	**Aus|land,** ausländisch
die	**Aus|nah|me,** die Ausnahmen, ausnahmsweise
der	**Aus|puff,** die Auspuffe
die	**Aus|re|de,** die Ausreden
	aus|rei|chend
	aus|ru|fen → rufen, der Ausruf
	aus|sa|gen → sagen, die Aussage
der	**Aus|schlag,** ausschlaggebend
	au|ßen

A Au Ax **B** Ba　　　　　Ba

au|ßer, außerdem, außer-
halb, außer Acht lassen,
außerstande sein,
auch: außer Stande sein
äu|ßer|lich, die Äußerlichkeit
sich **äu|ßern,** du äußerst dich,
er äußert sich, er äußerte sich,
er hat sich geäußert, die Äußerung
au|ßer|or|dent|lich
die **Aus|sicht,** die Aussichten,
aussichtslos
aus|spre|chen → sprechen,
die Aussprache, der Ausspruch
aus|stat|ten, du stattest aus,
sie stattet aus, sie stattete aus,
sie hat ausgestattet,
die Ausstattung
aus|stel|len → stellen,
die Ausstellung
aus|su|chen → suchen
aus|wäh|len → wählen,
die Auswahl
der **Aus|weg,** die Auswege
der **Aus|weis,** die Ausweise,
ausweisen
aus|wen|dig
aus|zeich|nen → zeichnen,
die Auszeichnung
aus|zie|hen → ziehen,
der Auszug
das **Au|to,** die Autos, die Autobahn,
Auto fahren, der Autofahrer
das **Au|to|gramm,** die Autogramme
der **Au|to|mat,** die Automaten,
automatisch
die **Axt,** die Äxte

B

das **Ba|by,** die Babys (Säugling)
der **Bach,** die Bäche
die **Ba|cke,** die Backen,
der Backenzahn

ba|cken, du backst, auch:
bäckst, sie backt, sie backte,
auch: sie buk, sie hat Brot ge-
backen, der Bäcker, die Bäckerin,
die Bäckerei, das Backobst,
das Backpulver, das Gebäck
das **Bad,** die Bäder, die Bade-
wanne, das Badezimmer,
baden, du badest, sie badet,
sie badete, sie hat gebadet,
baden gehen (mit einer Sache
keinen Erfolg haben)
Ba|den-Würt|tem|berg
der **Bag|ger,** die Bagger, baggern,
du baggerst, er baggert,
er baggerte, er hat gebaggert
die **Bahn,** die Bahnen,
der Bahnhof, die Bahnschranke,
der Bahnsteig, einen Weg
bahnen, Bahn brechen,
bahnbrechend
die **Bah|re,** die Bahren
die **Bak|te|rie,** die Bakterien
ba|lan|cie|ren, du balancierst,
er balanciert, er balancierte,
er hat balanciert, die Balance
bald
der **Bal|ken,** die Balken
der **Bal|kon,** die Balkone,
auch: die Balkons
der **Ball** 53, die Bälle,
Ball spielen
der **Ball** (das Tanzvergnügen),
die Bälle
bal|len (die Faust ballen),
du ballst, er ballt, sie ballte,
sie hat die Faust geballt
der **Bal|len,** die Ballen (der Ballen Stoff)
das **Bal|lett,** der Balletttänzer,
die Balletttänzerin
der **Bal|lon,** die Ballone,
auch: die Ballons
der **Bam|bus**

95

B Ba

die **Ba|na|ne,** die Bananen
das **Band** (zum Binden), die Bänder
der **Band,** die Bände
(mehrere Bände eines Lexikons)
die **Band** (Musikkapelle), die Bands, der Bandleader
die **Ban|de,** die Banden (Horde)
bän|di|gen, du bändigst, er bändigt, er bändigte, er hat gebändigt
der **Band|wurm,** die Bandwürmer
ban|ge, banger, am bangsten, mir ist bange, nur keine Bange, jemandem Bange machen
die **Bank** 53 (im Garten), die Bänke
die **Bank** (Sparkasse), die Banken, das Bankkonto, die Banknote
bar, bar bezahlen, das Bargeld
die **Bar,** die Bars
der **Bär,** die Bären, die Bärin
bar|fuß (mit bloßen Füßen)
barm|her|zig, die Barmherzigkeit
das **Ba|ro|me|ter,** die Barometer
der **Bar|ren,** die Barren
der **Bart** 53, die Bärte, bärtig
der **Ba|sar,** die Basare
der **Bass** (tiefe Tonlage), die Bässe, die Bassgeige, der Bassist
der **Bast,** die Baste (Pflanzenfaser)
bas|teln, du bastelst, er bastelt, er bastelte, er hat gebastelt, die Bastelei, der Bastler, die Bastlerin
die **Bat|te|rie,** die Batterien
der **Bau** (Tierhöhle), die Baue
der **Bau** (Gebäude), die Bauten
der **Bauch,** die Bäuche, das Bauchweh, bauchig (ein bauchiger Krug)
bau|en 2, du baust, sie baut, sie baute, sie hat gebaut, baufällig, bausparen

Ba Be

der **Bau|er** 53, die Bauern, die Bäuerin, die Bäuerinnen, das Bauernhaus, der Bauernhof, bäuerlich
der **Bau|er** (Vogelkäfig), die Bauer 53
der **Baum,** die Bäume, die Baumschule, der Baumstamm, der Baumstumpf
bau|meln, du baumelst, er baumelt, er baumelte, er hat gebaumelt
die **Baum|wol|le,** baumwollen
Bay|ern, der Bayer, bayerisch
der **Ba|zil|lus** (Krankheitserreger), die Bazillen
be|ach|ten, du beachtest, er beachtet, er beachtete, er hat beachtet
der **Be|am|te,** die Beamten, die Beamtin, die Beamtinnen
be|an|tra|gen, du beantragst, er beantragt, er beantragte, er hat beantragt
be|ben, du bebst, sie bebt, sie bebte, sie hat gebebt, das Beben
der **Be|cher,** die Becher
das **Be|cken,** die Becken
[1. Gefäß (Waschbecken),
2. Körperteil (Beckenknochen),
3. Schlaginstrument (Musik)]
sich **be|dan|ken,** du bedankst dich, er bedankt sich, er bedankte sich, er hat sich bedankt
der **Be|darf**
be|dau|ern, du bedauerst, sie bedauert, sie bedauerte, sie hat bedauert, bedauerlich, das Bedauern
be|den|ken → denken, die Bedenken
be|deu|ten, du bedeutest, es bedeutet, es bedeutete, es hat bedeutet, die Bedeutung, bedeutend

B Be   Be

	be|die|nen → dienen, sie bediente, die Bedienung, der/die Bedienstete
die	**Be|din|gung,** die Bedingungen, bedingungslos
	be|dro|hen → drohen, bedrohlich, die Bedrohung
das	**Be|dürf|nis,** bedürftig
sich	**be|ei|len** → eilen, die Beeilung
	be|en|den → enden, die Beendigung
	be|er|di|gen, du beerdigst, er beerdigt, er beerdigte, er hat beerdigt, die Beerdigung
die	**Bee|re,** die Beeren
das	**Beet,** die Beete
	be|feh|len, du befiehlst, er befiehlt, er befahl, er hat befohlen, der Befehl, die Befehle
	be|fes|ti|gen, du befestigst, sie befestigt, sie befestigte, sie hat befestigt, die Befestigung
sich	**be|fin|den** → finden, sie befand sich, das Befinden, befindlich
	be|för|dern → fördern, die Beförderung
	be|frei|en, du befreist, er befreit, er befreite, er hat befreit, die Befreiung
	be|frie|di|gen, du befriedigst, er befriedigt, er befriedigte, er hat befriedigt, befriedigend, die Befriedigung
	be|fruch|ten, du befruchtest, er befruchtet, er befruchtete, er hat befruchtet, die Befruchtung
die	**Be|fug|nis,** die Befugnisse
	be|gabt, begabter, am begabtesten, die Begabung, der/die Begabte
	be|geg|nen, du begegnest, sie begegnet, sie begegnete, sie ist begegnet, die Begegnung

	be|geis|tern, du bist begeistert, er ist begeistert, sie war begeistert, sie hat sich begeistert, die Begeisterung
	be|gie|rig, begieriger, am begierigsten, die Gier
	be|gin|nen, du beginnst, er beginnt, er begann, er hat begonnen, der Beginn, von Beginn an
	be|glei|ten, du begleitest ihn, sie begleitet ihn, sie begleitete ihn, sie hat ihn begleitet, die Begleitung, der Begleiter, die Begleiterin
sich	**be|gnü|gen,** du begnügst dich, er begnügt sich, er begnügte sich, er hat sich begnügt
	be|gra|ben, du begräbst, er begräbt, er begrub, er hat begraben, das Begräbnis
	be|grei|fen, du begreifst, er begreift, er begriff, er hat begriffen, der Begriff, die Begriffe
	be|grün|den, du begründest, sie begründet, er begründete, sie hat begründet, die Begründung
	be|grü|ßen → grüßen, die Begrüßung
	be|hag|lich, behaglicher, am behaglichsten, die Behaglichkeit
	be|hal|ten, du behältst, er behält, er behielt, er hat behalten, der Behälter
	be|hän|de
	be|han|deln → handeln, die Behandlung
	be|haup|ten, du behauptest, sie behauptet, sie behauptete, sie hat behauptet, die Behauptung
	be|hilf|lich, behilflicher,

97

B Be

am behilflichsten, die Hilfe
be|hin|dern → hindern
be|hin|dert, der/die Behinderte,
die Behinderung

die **Be|hör|de,** die Behörden
be|hut|sam, behutsamer,
am behutsamsten,
die Behutsamkeit
bei, beim (bei dem Haus)
beich|ten, du beichtest,
er beichtet, er beichtete,
er hat gebeichtet, die Beichte,
der Beichtstuhl
bei|de, beides, alle beide
bei|ein|an|der

der **Bei|fall,** beifällig, Beifall
spenden
beige (gelbbraun)

das **Beil,** die Beile
das **Bein,** die Beine (Früher bedeutete
„Bein": Knochen. Diese Bedeutung ist
noch in Knochennamen enthalten:
z. B. das Schienbein, Nasenbein.
Es geht mir durch Mark und Bein.
Die Knochenreste von Toten nennt
man Gebeine.)
bei|sam|men sein,
beisammensitzen
bei|sei|te

das **Bei|spiel,** die Beispiele,
zum Beispiel (z. B.)
bei|ßen, du beißt, er beißt,
er biss, er hat gebissen,
die Beißzange, der Biss,
der Bissen, bissig
bei|tra|gen → tragen,
der Beitrag, die Beiträge
be|kannt, der/die Bekannte,
alle Bekannten, bekanntlich, die
Bekanntschaft, bekannt geben,
auch: bekanntgeben

das **Be|kennt|nis,** die Bekenntnisse
die **Be|klei|dung**
be|kom|men, du bekommst,

er bekommt, er bekam,
er hat bekommen

der **Be|lag,** die Beläge
be|läs|ti|gen, du belästigst,
er belästigt, er belästigte,
er hat belästigt, die Belästigung
be|lei|di|gen, du beleidigst,
sie beleidigt, sie beleidigte, sie
hat beleidigt, die Beleidigung
be|leuch|ten → leuchten,
die Beleuchtung
Bel|gi|en, der Belgier,
die Belgierin, belgisch
be|liebt, beliebter,
am beliebtesten, die Beliebtheit
bel|len, du bellst, er bellt, er
bellte, er hat gebellt, das Gebell
be|loh|nen, du belohnst,
sie belohnt, sie belohnte,
sie hat belohnt, die Belohnung
be|mer|ken → merken,
die Bemerkung, bemerkbar
sich **be|mü|hen,** du bemühst dich,
sie bemüht sich, sie bemühte
sich, sie hat sich bemüht,
die Bemühung
be|nach|rich|ti|gen,
du benachrichtigst,
er benachrichtigt,
er benachrichtigte,
sie hat benachrichtigt,
die Benachrichtigung
sich **be|neh|men,** du benimmst dich,
er benimmt sich, er benahm
sich, er hat sich benommen,
das Benehmen
be|no|ten, du benotest,
er benotet, er benotete,
er hat benotet, die Benotung
be|nö|ti|gen, du benötigst,
sie benötigt, sie benötigte,
sie hat benötigt
be|nut|zen → nutzen,

B Be   **Be**

    der Benutzer, die Benutzerin,
    die Benutzung
das **Ben|zin**
    be|ob|ach|ten, du beobachtest,
    er beobachtet, er beobachtete,
    er hat beobachtet,
    die Beobachtung
    be|quem, bequemer,
    am bequemsten,
    die Bequemlichkeit
    be|ra|ten → raten, der Berater,
    die Beratung
    be|rech|ti|gen, du bist
    berechtigt, er ist berechtigt, er
    war berechtigt, die Berechtigung
    be|reit, bereit sein,
    die Bereitschaft
    be|reits
    be|reu|en, du bereust,
    er bereut, er bereute,
    sie hat bereut
der **Berg**, die Berge, bergig,
    bergiger, am bergigsten,
    der Berggipfel, der Bergkamm,
    der Bergrettungsdienst,
    der Bergmann, bergauf und
    bergab, bergsteigen
    ber|gen, du birgst, er birgt,
    er barg, er hat geborgen,
    die Bergung
    be|rich|ti|gen, du berichtigst,
    er berichtigt, er berichtigte,
    er hat berichtigt, die Berichtigung
    Ber|lin, der Berliner,
    die Berlinerin, berlinerisch
    be|rück|sich|ti|gen,
    du berücksichtigst,
    sie berücksichtigt,
    sie berücksichtigte,
    sie hat berücksichtigt,
    die Berücksichtigung
der **Be|ruf**, die Berufe, beruflich,
    berufstätig, die Berufsberatung,
    die Berufsschule
sich **be|ru|hi|gen**, du beruhigst dich,
    er beruhigt sich, er beruhigte
    sich, er hat sich beruhigt,
    die Beruhigung
    be|rühmt, berühmter, am
    berühmtesten, die Berühmtheit
    be|rüh|ren, du berührst,
    sie berührt, sie berührte,
    sie hat berührt, die Berührung
die **Be|sat|zung**, die Besatzungen
    be|schä|di|gen, du
    beschädigst, er beschädigt, er
    beschädigte, er hat beschädigt,
    die Beschädigung
    be|schäf|ti|gen, du beschäftigst,
    er beschäftigt, er beschäftigte, er
    hat beschäftigt, die Beschäftigung
der **Be|scheid**, die Bescheide,
    ich weiß Bescheid
die **Be|schei|den|heit,**
    bescheiden sein
    be|schei|ni|gen,
    du bescheinigst, er bescheinigt,
    er bescheinigte, sie hat
    bescheinigt, die Bescheinigung
    be|sche|ren, du bescherst,
    er beschert, er bescherte,
    er hat beschert, die Bescherung
    be|schleu|ni|gen,
    du beschleunigst,
    er beschleunigt,
    er beschleunigte,
    er hat beschleunigt,
    die Beschleunigung
    be|schlie|ßen, du beschließt,
    er beschließt, er beschloss,
    er hat beschlossen
der **Be|schluss**, die Beschlüsse
    be|schrän|ken, du beschränkst,
    er beschränkt, er beschränkte,
    sie hat beschränkt,
    die Beschränkung

B Be

be|schrei|ben → schreiben,
die Beschreibung
be|schul|di|gen,
du beschuldigst, er beschuldigt,
er beschuldigte, er hat
beschuldigt, die Beschuldigung
be|schüt|zen → schützen,
der Schutz
sich **be|schwe|ren,** du beschwerst
dich, er beschwert sich,
er beschwerte sich, sie hat sich
beschwert, die Beschwerde
be|sei|ti|gen, du beseitigst,
er beseitigt, er beseitigte,
er hat beseitigt, die Beseitigung
der **Be|sen,** die Besen,
der Besenstiel
be|set|zen → setzen,
die Besetzung, die Besetzungen
be|sich|ti|gen, du besichtigst,
sie besichtigt, sie besichtigte,
sie hat besichtigt,
die Besichtigung
be|sit|zen, du besitzt, er besitzt,
er besaß, er hat besessen,
der Besitz, der Besitzer,
die Besitzerin
be|son|ders, im Besonderen
be|sor|gen, du besorgst,
er besorgt, er besorgte,
er hat besorgt, die Besorgung
die **Be|sorg|nis,** besorgniserregend,
auch: Besorgnis erregend
be|spre|chen → sprechen,
die Besprechung
bes|ser → gut, am besten,
besser gehen, die Besserung
be|stä|ti|gen, du bestätigst,
er bestätigt, er bestätigte,
er hat bestätigt, die Bestätigung
bes|te, am besten, bestens,
das Beste, zum Besten
das **Be|steck,** die Bestecke

Be

be|ste|hen, du bestehst,
sie besteht, sie bestand,
sie hat bestanden, der Bestand,
bestehen bleiben
be|stel|len → stellen,
die Bestellung
die **Bes|tie,** die Bestien
be|stim|men, du bestimmst,
er bestimmt, er bestimmte, er
hat bestimmt, die Bestimmung
be|stra|fen → strafen,
die Bestrafung
die **Be|strah|lung,** bestrahlen
be|su|chen → suchen,
der Besuch, der Besucher,
die Besuchszeit
sich **be|tei|li|gen,** du beteiligst dich,
er beteiligt sich, er beteiligte
sich, er hat sich beteiligt,
die Beteiligung
be|ten, du betest, sie betet, sie
betete, sie hat gebetet, das Gebet
be|trach|ten, du betrachtest,
er betrachtet, er betrachtete, er
hat betrachtet, die Betrachtung
der **Be|trag,** die Beträge, betragen
sich **be|tra|gen,** du beträgst dich, sie
beträgt sich, er betrug sich, er
hat sich betragen, das Betragen
der **Be|trieb,** die Betriebe,
die Betriebsleitung
be|trü|gen, du betrügst,
er betrügt, er betrog,
er hat betrogen, der Betrug
das **Bett,** die Betten, die Bettdecke,
bettlägerig, das Betttuch,
das Bettzeug
bet|teln, du bettelst, er bettelt,
er bettelte, er hat gebettelt,
der Bettler, die Bettlerin
sich **beu|gen,** du beugst dich,
er beugt sich, er beugte sich,
er hat sich gebeugt

B Be   Be Bi

die **Beu|le,** die Beulen
die **Beu|te,** erbeuten, du erbeutest, er erbeutet, er erbeutete, er hat erbeutet, Beute machen
der **Beu|tel,** die Beutel
die **Be|völ|ke|rung,** bevölkert
be|vor
sich **be|wäh|ren,** du bewährst dich, er bewährt sich, er bewährte sich, er hat sich bewährt, die Bewährung
be|we|gen, du bewegst, sie bewegt, sie bewegte, sie hat bewegt, die Bewegung, beweglich
be|wei|sen, du beweist, er beweist, er bewies, er hat bewiesen, der Beweis
sich **be|wer|ben,** du bewirbst dich, er bewirbt sich, er bewarb sich, er hat sich beworben, die Bewerbung
be|wil|li|gen, du bewilligst, er bewilligt, er bewilligte, er hat bewilligt, die Bewilligung
be|wir|ten, du bewirtest, er bewirtet, er bewirtete, er hat bewirtet, die Bewirtung
be|woh|nen, du bewohnst, er bewohnt, er bewohnte, er hat bewohnt, der Bewohner, die Bewohnerin
be|wölkt, die Bewölkung
be|wun|dern, du bewunderst, sie bewundert, sie bewunderte, sie hat bewundert, die Bewunderung
be|wusst, bewusst machen, bewusstlos, das Bewusstsein
be|zah|len → zahlen, die Bezahlung
be|zie|hen → ziehen, die Beziehung
der **Be|zirk,** die Bezirke

der **Be|zug,** die Bezüge
die **Bi|bel,** die Bibeln
die **Bib|lio|thek,** die Bibliotheken, der Bibliothekar, die Bibliothekarin,
bie|gen, du biegst, er biegt, er bog, er hat gebogen, biegsam, biegsamer, am biegsamsten, die Biegung
die **Bie|ne,** die Bienen, der Bienenschwarm
das **Bier,** die Biere, die Bierflasche
das **Biest,** die Biester
bie|ten, du bietest, sie bietet, sie bot, sie hat geboten
der **Bi|ki|ni,** die Bikinis
das **Bild,** die Bilder, das Bilderbuch, der Bildschirm
bil|den, du bildest, sie bildet, sie bildete, sie hat gebildet, die Bildung
bil|lig, billiger, am billigsten, der Billigmarkt
ich **bin** (Grundform: sein)
bin|den [3], du bindest, er bindet, er band, er hat gebunden, die Binde, der Bindestrich, der Bindfaden, die Bindung
die **Bio|lo|gie,** biologisch
das **Bio|top,** die Biotope
die **Bir|ke,** die Birken
die **Bir|ne,** die Birnen [53], der Birnbaum
bis, bis jetzt, bisher
der **Bi|schof,** die Bischöfe
der **Biss,** die Bisse, bissig, bissiger, am bissigsten
ein **biss|chen**
du **bist** (Grundform: sein)
das **Bit** (Informationseinheit), die Bits
die **Bit|te,** die Bitten, bitten, du bittest, sie bittet, sie bat, sie hat gebeten

101

bit|ter, bitterer, am bittersten,
die Bitterkeit, bitterböse
der/das **Black-out** (Erinnerungslücke),
auch: Blackout
blä|hen, du blähst, er bläht,
er blähte, er hat gebläht,
der Wind blähte die Segel
die **Bla|ma|ge,** blamieren
blank poliert, putzen,
auch: blankputzen
die **Bla|se,** die Blasen
bla|sen, du bläst, er bläst,
er blies, er hat geblasen,
der Blasebalg, der Bläser
blass, die Blässe
das **Blatt,** die Blätter, blättern,
du blätterst, sie blättert,
er blätterte, sie hat geblättert
blau, das Blau, blauäugig,
blau gestreift, blaugrau,
bläulich, das Blaulicht
das **Blech,** die Bleche,
das Blechdach, blechern
das **Blei,** bleiern, bleifrei
blei|ben, du bleibst, er bleibt,
er blieb, er ist geblieben,
die Bleibe, bleiben lassen,
auch: bleibenlassen
bleich, bleicher, am bleichsten,
bleichen, das Bleichgesicht
der **Blei|stift,** die Bleistifte
blen|den, du blendest,
er blendet, er blendete, er hat
geblendet, das Licht blendete
bli|cken, du blickst, sie blickt,
sie blickte, sie hat geblickt
blind, der/die Blinde
der **Blind|darm,**
die Blinddarmentzündung
die **Blind|schlei|che,**
die Blindschleichen
blin|ken, du blinkst, er blinkt,
er blinkte, er hat geblinkt,
der Blinker, das Blinklicht
blin|zeln, du blinzelst,
er blinzelt, er blinzelte,
er hat geblinzelt
der **Blitz,** die Blitze, blitzen,
du blitzt, er blitzt, er blitzte,
er hat geblitzt, das Blitzlicht,
blitzschnell
der **Block,** die Blöcke, auch: Blocks,
die Blockflöte, die Blockschrift
blöd, auch: blöde, der Blödsinn
blond, der Blondschopf
bloß
blub|bern, das Wasser blubbert
die **Blue|jeans**
blü|hen, du blühst, es blüht,
es blühte, es hat geblüht
die **Blu|me,** die Blumen,
das Blumenbeet,
der Blumenstrauß,
der Blumentopf,
die Blumenvase
die **Blu|se,** die Blusen
das **Blut,** blutig, blutarm, bluten,
du blutest, er blutet, er blutete,
er hat geblutet, die Blutgruppe
die **Blü|te,** die Blüten, blütenweiß
der **Bob,** die Bobs (Rennschlitten)
der **Bock,** die Böcke [53], bockig
der **Bo|den,** die Böden
der **Bo|gen,** die Bogen [53],
auch: Bögen
die **Boh|ne,** die Bohnen,
die Bohnenstange
boh|nern, du bohnerst,
er bohnert, er bohnerte,
er hat gebohnert
boh|ren, du bohrst, sie bohrt,
sie bohrte, sie hat gebohrt,
der Bohrer
der **Boi|ler,** die Boiler
die **Bo|je,** die Bojen
die **Bom|be,** die Bomben

B Bo Br   Br

das/der **Bon|bon,** die Bonbons
das **Boot,** die Boote
das **Bord** (Bücherwandbrett),
die Borde, der Bordstein,
an Bord gehen
bor|gen, du borgst, er borgt,
er borgte, er hat geborgt
bö|se, bösartig, boshaft,
die Bosheit
der **Bo|te,** die Boten, die Botin
bo|xen, du boxt, er boxt,
er boxte, er hat geboxt,
der Boxer, die Boxerin [53]
der **Brand,** die Brände,
die Brandwunde
Bran|den|burg,
brandenburgisch
die **Bran|dung,** branden
bra|ten, du brätst, er brät, er
briet, er hat gebraten, der Braten
die **Brat|sche** (Streichinstrument),
die Bratschen
der **Brauch,** die Bräuche,
brau|chen, du brauchst,
er braucht, er brauchte,
er hat gebraucht, brauchbar
brau|en, du braust, er braut, er
braute das Bier, er hat gebraut,
die Brauerei, die Brauereien
braun, bräunen, die Bräune,
braun gebrannt, bräunlich
die **Brau|se,** die Brausen, brausen,
du braust, er braust, es brauste,
er hat gebraust
die **Braut,** die Bräute,
der Bräutigam, das Brautpaar
brav, braver, am bravsten,
die Bravheit
bra|vo
bre|chen [4], du brichst,
es bricht, es brach,
es ist gebrochen, der Bruch
der **Brei,** die Breie, breiig

breit, breiter, am breitesten,
die Breite, breitmachen, breittreten
Bre|men, der Bremer
brem|sen, du bremst,
er bremst, er bremste,
er hat gebremst, die Bremse,
die Bremsspur, der Bremsweg
bren|nen, du brennst,
es brennt, es brannte,
es hat gebrannt,
aber: der Brand
die **Brenn|nes|sel**
das **Brett,** die Bretter,
der Bretterboden
die **Bre|zel,** die Brezeln
der **Brief,** die Briefe,
der Briefkasten, die Briefmarke,
der Briefträger, die Briefträgerin
das **Bri|kett,** die Briketts
die **Bril|le,** die Brillen
brin|gen, du bringst, er bringt,
er brachte, er hat gebracht
die **Bri|se,** die Brisen (leichter Wind)
der **Bro|cken,** die Brocken,
bröckelig, bröckeln,
du bröckelst, es bröckelt,
es bröckelte, es hat gebröckelt
die **Brom|bee|re,**
die Brombeeren
die **Bron|chie,** die Bronchitis
die **Bron|ze,** die Bronzemedaille
die **Bro|sche,** die Broschen
die **Bro|schü|re,** die Broschüren
das **Brot,** die Brote, das Brötchen,
der Brotlaib
der **Bruch,** die Brüche, brüchig
die **Brü|cke,** die Brücken
der **Bru|der,** die Brüder, brüderlich
die **Brü|he,** sich verbrühen,
du verbrühst dich, er verbrüht
sich, er verbrühte sich,
er hat sich verbrüht
brül|len, du brüllst, er brüllt,

B Br Bu   **B** Bu By   **C** Ca Cd Ce

er brüllte, er hat gebrüllt,
das Gebrüll
brum|men, du brummst,
er brummt, er brummte,
er hat gebrummt, der Brummer
der **Brun|nen,** die Brunnen
die **Brust,** die Brüste
sich **brüs|ten,** du brüstest dich,
er brüstet sich, er brüstete sich,
er hat sich gebrüstet
bru|tal, die Brutalität
brü|ten, du brütest, sie brütet,
sie brütete, sie hat gebrütet,
die Brut
der **Bub,** auch: Bube, die Buben
das **Buch,** die Bücher, die Bücherei,
die Buchhandlung
die **Bu|che,** die Buchen
die **Büch|se,** die Büchsen
der **Buch|sta|be,** die Buchstaben,
buchstabieren
die **Bucht,** die Buchten
der **Bu|ckel,** die Buckel, bucklig
sich **bü|cken,** du bückst dich,
er bückt sich, er bückte sich,
er hat sich gebückt
bud|deln, du buddelst,
er buddelt, er buddelte,
er hat gebuddelt
die **Bu|de,** die Buden
der **Bü|gel,** die Bügel
bü|geln, du bügelst, sie bügelt,
sie bügelte, sie hat gebügelt,
das Bügeleisen, die Bügelfalte
die **Büh|ne,** die Bühnen
Bul|ga|ri|en, bulgarisch
der **Bul|le,** die Bullen
der **Bu|me|rang,** die Bumerangs
bum|meln, du bummelst,
sie bummelt, sie bummelte,
sie hat gebummelt,
der Bummel, die Bummelei
das **Bund** (Schlüsselbund), die Bunde

der **Bund** (Vereinigung), die Bünde,
der Bundeskanzler,
die Bundesliga,
der Bundespräsident,
die Bundesregierung,
die Bundesrepublik,
die Bundeswehr
das **Bün|del,** die Bündel
das **Bünd|nis,** die Bündnisse
bunt, bunter, am buntesten,
der Buntstift, bunt gestreift
die **Burg,** die Burgen
der **Bür|ger,** die Bürger,
die Bürgerin, der Bürgermeister,
die Bürgermeisterin
das **Bü|ro,** die Büros
der **Bur|sche,** die Burschen
die **Bürs|te,** die Bürsten, bürsten,
du bürstest, sie bürstet,
sie bürstete, sie hat gebürstet
der **Bus,** die Busse, Bus fahren,
der Busfahrer, die Busfahrerin
der **Busch,** die Büsche
das **Bü|schel,** die Büschel
der **Bu|sen,** die Busen
der **Bus|sard,** die Bussarde
bü|ßen, du büßt, er büßt, er
büßte, sie hat gebüßt, die Buße
die **But|ter,** das Butterbrot,
die Buttermilch, butterweich
bye-bye! (auf Wiedersehen)

C

das **Ca|fé,** die Cafés
der **Cam|ping|platz** (Zeltplatz),
die Campingplätze, campen
(zelten), sie campt
CD (Compactdisk), CD-Spieler
das **Cel|lo** (Musikinstrument mit Saiten),
die Celli
Cel|si|us, kurz: C.

C Ce Ch Ci Cl   C Cl Co Cr Cu   D Da

(Wir teilen das Thermometer in Grade ein, wie es der Schwede Celsius vorschlug: 1°C)

das **Cem|ba|lo,** die Cembalos, auch: Cembali (Musikinstrument mit Tasten)
der **Cent,** die Cents (Untereinheit vom Euro)
das **Cha|mä|le|on,** die Chamäleons
der **Cham|pig|non** (Pilz), die Champignons
der **Cham|pi|on** (Meister im Sport), die Champions-League
die **Chan|ce,** die Chancen
das **Cha|os** (Unordnung), chaotisch
der **Cha|rak|ter,** die Charaktere, charakteristisch
der **Char|ter|flug,** die Charterflüge (Mieten eines Flugzeugs)
der **Chauf|feur,** die Chauffeure
che|cken, du checkst, er checkt, er checkte, er hat gecheckt (überprüfen)
der/die **Cheer|lea|der**
der **Chef,** die Chefs, die Chefin (Leiter, Leiterin)
die **Che|mie,** chemisch
das **Che|wing|gum**
chic, auch: schick
Chi|na, der Chinese, die Chinesin, chinesisch
der **Chip,** die Chips (Spielmarke)
der **Chi|rurg,** die Chirurgen, die Chirurgin
der **Chor,** die Chöre 53 (singende Gruppe)
der **Christ,** die Christen, die Christin, der Christbaum, christlich, Christus
die **Chro|nik,** die Chroniken
cir|ca (ca.), auch: zirka (etwa)
die **Ci|ty,** die Citys
cle|ver (schlau), die Cleverness
die **Cli|que,** die Cliquen (eine kleine Gemeinschaft für sich)

der **Clown,** die Clowns (Spaßmacher)
der **Club,** auch: Klub, die Clubs
die/das **Co|la,** die Colas
der **Col|lie,** die Collies (engl., Schottischer Schäferhund)
der **Co|mic,** die Comics
der **Com|pu|ter,** die Computer (programmgesteuerter Rechner)
der **Con|tai|ner,** die Container (Behälter)
cool (Schlagwort für ruhig bleiben), cool sein
die **Corn|flakes**
die **Couch,** die Couches, auch: die Couchen (Liegesofa)
der **Cou|sin,** die Cousins (Vetter), die Cousine (Base)
der **Cow|boy,** die Cowboys (Rinderhirt auf einem Pferd)
die **Creme,** die Cremes, auch: die Krem, die Kreme, die Krems
der **Cup** (Siegespokal, Sportwettkampf), die Cups
das **Cur|ry,** die Currywurst (Wurst mit Currygewürz)

D

da, da sein, dableiben
da|bei, dabei sein, dabeisitzen, auch: dabei sitzen
das **Dach,** die Dächer, der Dachboden, der Dachdecker, die Dachrinne, der Dachstuhl
der **Dachs,** die Dachse
der **Da|ckel,** die Dackel
da|durch

105

D Da

da|für
da|ge|gen
da|heim, daheimbleiben
da|her
da|hin
da|hin|ter, dahinterstehen
die **Dah|lie,** die Dahlien (Blume)
da|mals
die **Da|me,** die Damen
da|mit
däm|lich, die Dämlichkeit
der **Damm,** die Dämme, eindämmen
die **Däm|me|rung,** dämmern, du dämmerst, es dämmert, es dämmerte, es hat gedämmert, dämm(e)rig
der **Dampf,** die Dämpfe, dampfen, du dampfst, es dampft, es dampfte, es hat gedampft, der Dampfer
dämp|fen, ich dämpfe das Gemüse, der Dämpfer (einen Dämpfer bekommen)
da|nach
da|ne|ben
Dä|ne|mark, dänisch
dan|ken, du dankst, er dankt, er dankte, er hat gedankt, der Dank, dankbar, die Dankbarkeit
dann
da|ran (dar|an), daran glauben, daran bleiben, auch: dranbleiben
da|rauf (dar|auf), daraufhin, auch: drauf
da|raus (dar|aus)
da|rin (dar|in), darinnen
das **Dar|le|hen,** die Darlehen
der **Darm,** die Därme, die Darmkrankheit
dar|stel|len, du stellst dar, er stellt dar, er stellte dar, er hat dargestellt, der Darsteller,

Da De

die Darstellerin, die Darstellung
da|rü|ber (dar|über)
da|rum (dar|um)
da|run|ter (dar|un|ter), darunterliegen
das [Das Lied, das (welches) er sang, kenne ich schon lange.]
das|je|ni|ge
dass (Ich hoffe, dass es morgen nicht regnet.)
das|sel|be (Ich trage nicht immer dasselbe Kleid.)
der **Da|tiv** (3. Fall, Wemfall)
die **Dat|tel,** die Datteln
das **Da|tum,** die Daten
dau|ern, es dauert, es dauerte, es hat gedauert, dauernd, die Dauer, der Dauerlauf, die Dauerwelle, dauerhaft
der **Dau|men,** die Daumen
da|von, davonlaufen
da|vor, davorhängen
da|zu, dazugehören, auch: dazu gehören
da|zwi|schen
das **Deck,** die Decks (Stockwerke im Schiff)
die **De|cke** 53, die Decken, der Deckel, die Deckung, das Verdeck, aufdecken → decken, bedecken, entdecken, verdecken
de|cken, du deckst, er deckt, er deckte das Dach, er hat gedeckt
de|fekt (schadhaft), der Defekt
deh|nen, du dehnst, sie dehnt, sie dehnte, sie hat gedehnt, die Dehnung, gedehnt, dehnbar, das Dehnungszeichen
der **Deich,** die Deiche
die **Deich|sel,** die Deichseln
dein

106

D De

	de|ko|rie|ren, die Dekoration
der	**Del|fin,** auch: Delphin, die Delfine
die	**De|li|ka|tes|se,** die Delikatessen
	dem (in dem Buch)
	dem|nach, demnächst
die	**De|mo|kra|tie,** die Demokratien, der Demokrat, demokratisch (Staatsform, bei der alles Recht vom Volke ausgeht)
	de|mons|trie|ren, du demonstrierst, sie demonstriert, sie demonstrierte, sie hat demonstriert, der Demonstrant, die Demonstrantin, die Demonstration (die Demo)
die	**De|mut** (Ehrfurcht), in Demut, demütig, demütiger, am demütigsten
	den, ich sehe den Berg, aber: de**nn**
	de|nen, denen werden wir es zeigen, aber: de**h**nen (erweitern)
	den|ken, du denkst, er denkt, er dachte, er hat gedacht, denkbar, das Denken
das	**Denk|mal,** die Denkmäler
	denn (mehr denn je)
	den|noch
das	**Deo,** die Deos, das Deodorant
die	**De|po|nie,** die Deponien
	der, der Mann
	der|ar|tig
	derb (grob), derber, am derbsten, die Derbheit
	de|ren
	der|je|ni|ge
	der|sel|be
	des, des Mannes
	des|halb
	des|sen ungeachtet

De Di

das	**Des|sert** (Nachspeise), die Desserts
	des|to (desto besser)
	des|we|gen
der	**De|tek|tiv,** die Detektive, die Detektivin
	deu|ten, du deutest, sie deutet, sie deutete, sie hat gedeutet, deutlich, die Deutung
	deutsch, er spricht Deutsch, Deutschland, ein Deutscher, viele Deutsche, auf Deutsch, in Deutsch
der	**De|zem|ber**
der/das	**De|zi|me|ter** (1 dm = 10 cm)
das	**Dia,** die Dias
	dia|go|nal (schräglaufend), die Diagonale
der	**Dia|lekt** (Mundart), die Dialekte
der	**Di|a|mant,** die Diamanten
die	**Di|ät** (Schonkost), die Diäten
	dich
	dicht, dichter, am dichtesten, dicht bewaldet, die Dichte
	dich|ten, du dichtest (einen Wasserhahn dicht machen), er dichtet die Leitung, er dichtete, er hat die Leitung abgedichtet
	dich|ten (mit Sprache umgehen, Verse schreiben), du dichtest, sie dichtet, sie dichtete, sie hat gedichtet, der Dichter, die Dichterin, die Dichtung
	dick, dicker, am dicksten, der Dicke, das Dickicht, der Dickschädel
	die, die Straße
der	**Dieb,** die Diebe, die Diebin, der Diebstahl, diebisch
	die|je|ni|ge
die	**Die|le,** die Dielen
	die|nen, du dienst, er dient, er diente, er hat gedient,

D Di   Di Do Dr

       der Diener, der Dienst,
       diensthabend, dienstlich
der **Diens|tag**, die Dienstage,
       nächsten Dienstag, dienstags,
       am Dienstagabend,
       dienstagabends,
       auch: dienstags abends
       dies, diese, dieser, dieses
der **Die|sel,** der Dieselmotor,
       das Dieselöl
       die|sel|be
       die|sig, diesiger, am diesigsten
       dies|mal, dieses Mal
       dies|seits
die **Dif|fe|renz** (1. Unterschied,
       2. Meinungsverschiedenheit),
       die Differenzen
       di|gi|tal, die Digitaluhr
das **Dik|tat,** die Diktate, diktieren,
       du diktierst, er diktiert,
       er diktierte, er hat diktiert
die **Dik|ta|tur,** die Diktaturen,
       der Diktator, die Diktatorin
der **Dill** (Gewürzpflanze), die Dillsoße
       DIN (Normzeichen)
das **Ding,** die Dinge
der **Di|no|sau|ri|er,**
       die Dinosaurier
       dir
       di|rekt, die Direktion,
       der Direktor, die Direktorin
der **Di|ri|gent,** die Dirigenten,
       die Dirigentin, dirigieren,
       du dirigierst, er dirigiert,
       er dirigierte, er hat dirigiert
das **Dirndl** (Trachtenkleid),
       die Dirndln
die **Dis|ket|te** (Datenspeicher),
       die Disketten
die **Dis|ko|thek** (Abkürzung: Disco)
       dis|ku|tie|ren, du diskutierst,
       sie diskutiert, sie diskutierte,
       sie hat diskutiert,

       es wurde diskutiert,
       die Diskussion
die **Dis|tel,** die Disteln
die **Dis|zi|plin** (Ordnung), diszipliniert
       di|vi|die|ren, du dividierst,
       sie dividiert, sie dividierte,
       sie hat dividiert, der Dividend,
       die Division, der Divisor
       doch
der **Docht,** die Dochte
der **Dok|tor,** die Doktoren,
       die Doktorin
der **Dolch,** die Dolche
der **Dol|lar** ($), die Dollars
der **Dol|met|scher,** die Dolmetscher,
       die Dolmetscherin
der **Dom,** die Dome
das **Do|mi|no** (Spiel), die Dominos
der **Domp|teur,** die Dompteure,
       die Dompteuse
der **Dö|ner,** die Döner (Kurzform für
       Dönerkebab)
       don|nern, du donnerst,
       es donnert, es donnerte,
       es hat gedonnert, der Donner
der **Don|ners|tag,** die Donnerstage,
       donnerstags, am Donnerstag
       doof (dumm), die Doofheit
       dop|pelt, der Doppelpunkt,
       das Doppelzimmer
das **Dorf,** die Dörfer, dörflich
der **Dorn,** die Dornen, dornig
das **Dorn|rös|chen**
       dör|ren, er dörrt das Obst,
       das Dörrobst
       dort, dorthin, dorther, dortbleiben
die **Do|se,** die Dosen
       dö|sen, du döst, sie döst,
       sie döste, sie hat gedöst
der/das **Dot|ter,** die Dotter,
       dottergelb, die Dotterblume
der **Dra|che** [53], die **Drachen,**
       der Drachenflieger

D Dr Dr Ds Du

der	**Draht,** die Drähte, drahtlos
das	**Dra|ma** (Schauspiel), die Dramen, dramatisch
	dran, auch: daran
	drän|geln, du drängelst, er drängelt, er drängelte, er hat gedrängelt, die Drängelei
	drän|gen, du drängst, er drängt, er drängte sich dazwischen, sie hat sich dazwischen gedrängt, der Drang, das Gedränge
	drauf, auch: darauf, der Draufgänger
	draus, auch: daraus
	drau|ßen
der	**Dreck,** dreckig
	dre|hen, du drehst, er dreht, er drehte, er hat gedreht, die Drehbank, der Dreher, der Drehstrom, die Drehung
	drei, dreizehn, dreißig, dreimal, das Dreieck, das Dreirad
	dre|schen, du drischst, er drischt, er drosch, er hat gedroschen, der Dreschflegel, die Dreschmaschine
	dres|sie|ren, du dressierst, er dressiert, er dressierte, er hat die Pferde dressiert, die Dressur
	drib|beln, du dribbelst, er dribbelt, er dribbelte, er hat gedribbelt, das Dribbling
	drif|ten (treiben), du driftest, er driftet, er driftete, sie ist gedriftet
	dril|len, du drillst, er drillt, er drillte die Hunde, er hat gedrillt, der Drill, der Drillbohrer
	drin, drinnen, auch: darinnen
	drin|gen, du dringst darauf, er dringt darauf, er drang darauf, er hat darauf gedrungen
	drin|gend, dringender, am dringendsten
	drin|nen
der	**drit|te** Teil, ein Drittel, drittens, jeder Dritte, zu dritt
	dro|ben (da oben)
die	**Dro|ge** (Heilmittel, auch gefährliches Gift), die Drogen
die	**Dro|ge|rie,** die Drogerien, der Drogist, die Drogistin
	dro|hen, du drohst, er droht, er drohte, er hat gedroht, drohend, die Drohung
	dröh|nen, du dröhnst, es dröhnt, es dröhnte, es hat gedröhnt
	drol|lig, drolliger, am drolligsten, die Drolligkeit
das	**Dro|me|dar,** die Dromedare
der/das	**Drops,** die Dropse
die	**Drosch|ke,** die Droschken
die	**Dros|sel,** die Drosseln
	dros|seln (vermindern), du drosselst, er drosselt, er drosselte, er hat gedrosselt, die Drosselung
	drü|ben, drüber
	dru|cken, du druckst, er druckt, er druckte, er hat gedruckt, der Druck, die Druckerei, der Druckfehler, der Druckknopf, die Drucksache
	drü|cken, du drückst, sie drückt, sie drückte, sie hat gedrückt
	drum (darum)
die	**Drü|se,** die Drüsen
der	**Dschun|gel,** die Dschungel
	du, auch: Du
der	**Dü|bel,** die Dübel
sich	**du|cken,** du duckst dich, er duckt sich, er duckte sich, er hat sich geduckt, der Duckmäuser
der	**Duft,** die Düfte, duften,

109

D Du   D Du Dy E Eb Ec Ed Ef Eg

du duftest, es duftet, es duftete,
es hat geduftet, duftig
dul|den, du duldest, sie duldet,
sie duldete, sie hat geduldet
dumm, dümmer, am dümmsten,
die Dummheit, der Dummkopf
dumpf, dumpfer,
am dumpfesten
die **Dü|ne,** die Dünen
dün|gen, du düngst, er düngt,
er düngte das Feld, er hat
gedüngt, der Dung, der Dünger
dun|kel, dunkler, am
dunkelsten, die Dunkelheit,
im Dunkeln tappen
dünn, dünner, am dünnsten,
dünnflüssig, der/die Dünne
der **Dunst,** die Dünste, dünsten,
dunstig
das **Duo,** die Duos
durch
durch|aus
durch|ein|an|der
durcheinanderbringen,
das Durcheinander
der **Durch|fall,** die Durchfälle
der **Durch|gang,** durchgehend
der **Durch|mes|ser,**
die Durchmesser
der **Durch|schnitt,** durchschnittlich
durch|sich|tig, durchsichtiger,
am durchsichtigsten,
die Durchsichtigkeit
der **Durch|zug**
dür|fen, du darfst, er darf,
er durfte, er hat gedurft
dürf|tig, die Dürftigkeit
dürr, dürrer, am dürrsten,
die Dürre
der **Durst,** dursten, durstig, dürsten,
mich dürstet
du|schen, du duschst,
er duscht, er duschte,

er hat geduscht, die Dusche
die **Dü|se,** die Düsen,
das Düsenflugzeug
Düs|sel|dorf, der Düsseldorfer
düs|ter, die Düsternis
das **Dut|zend,** Dutzende,
ein dutzend Mal
dy|na|misch (schwungvoll),
die Dynamik
das **Dy|na|mit**
der **Dy|na|mo,** die Dynamos

E

die **Eb|be,** Ebbe und Flut
eben (flach), die Ebene
eben (soeben),
sie ist eben gekommen
eben|falls
eben|so gut, ebenso oft
der **Eber,** die Eber
das **Echo,** die Echos
echt, die Echtheit
die **Ecke,** die Ecken, eckig
edel, edler, am edelsten,
der Edelstein
EDV (Elektronische
Datenverarbeitung)
der **Efeu,** die Efeuranke
der **Ef|fekt,** die Effekte
egal
die **Eg|ge,** die Eggen, eggen,
du eggst, er eggt, er eggte,
er hat geeggt
der **Ego|ist,** die Egoisten,
der Egoismus, egoistisch

E Eh Ei   Ei

      ehe, ehe er abfuhr, ehemals
die **Ehe,** die Ehen,
      das Ehepaar, ehelich
die **Eh|re,** ehren, du ehrst, er ehrt,
      er ehrte, er hat geehrt, ehrlich,
      ehrlicher, am ehrlichsten,
      das Ehrenwort, die Ehrfurcht,
      der Ehrgeiz
das **Ei,** die Eier, der/das Eidotter,
      das Eigelb, das Eiweiß, eiförmig
die **Ei|che,** die Eichen, die Eichel,
      das Eichhörnchen
die **Ei|dech|se,** die Eidechsen
der **Ei|fer,** die Eifersucht,
      eifersüchtig, eifrig, eifriger,
      am eifrigsten
      ei|gen, eigenartig, eigens,
      die Eigenschaft, eigensinnig,
      eigentlich, eigentümlich
das **Ei|gen|schafts|wort** (Wiewort, Adjektiv)
das **Ei|gen|tum,** die Eigentümer
      ei|len, du eilst, er eilt, er eilte, er ist geeilt, die Eile, eilig, eilends
der **Ei|mer,** die Eimer
      ein, eine, einer, eines
      ein|an|der
      ein|äu|gig, der Einäugige
die **Ein|bahn|stra|ße,**
      die Einbahnstraßen
der **Ein|band,** die Einbände,
      einbinden, du bindest ein,
      sie bindet ein, sie band ein,
      sie hat eingebunden
sich **ein|bil|den,** du bildest dir ein,
      er bildet sich ein, er bildete sich ein, er hat sich eingebildet,
      die Einbildung, eingebildet
      ein|bre|chen, du brichst ein,
      er bricht ein, er brach ein, er ist eingebrochen, der Einbrecher,
      die Einbrecherin, der Einbruch
      ein|deu|tig, die Eindeutigkeit

      ein|drin|gen, du dringst ein,
      er dringt ein, er drang ein, er ist eingedrungen, der Eindringling
der **Ein|druck,** die Eindrücke, eindrucksvoll
      ei|ner|lei, das Einerlei
      ein|fach, einfacher,
      am einfachsten, das Einfachste
der **Ein|fall,** die Einfälle,
      einfallen → fallen
die **Ein|falt,** einfältig
      ein|far|big → farbig
der **Ein|fluss,** die Einflüsse, einflussreich
die **Ein|fuhr,** die Einfuhren,
      einführen → führen
der **Ein|gang,** die Eingänge
      ei|nig, sich einigen,
      die Einigkeit
      ei|ni|ge, einige Male
      ei|ni|ger|ma|ßen
      ein|kau|fen → kaufen,
      der Einkauf
das **Ein|kom|men,** die Einkommen
      ein|la|den, du lädst ein,
      er lädt ein, er lud ein, sie hat eingeladen, die Einladung
der **Ein|lass,** die Einlässe, einlassen
die **Ein|lei|tung,** die Einleitungen, einleiten
      ein|mal, einmalig,
      das erste Mal
das **Ein|mal|eins**
die **Ein|nah|me,** die Einnahmen,
      einnehmen → nehmen
die **Ein|öde,** die Einöden
die **Ein|rei|bung,** einreiben → reiben
      ein|ren|ken, du renkst ein,
      sie renkt ein, sie renkte ein,
      sie hat eingerenkt
die **Ein|rich|tung,**

E Ei Ek El Em En

      die Einrichtungen, einrichten
      → richten
      eins
      ein|sam, einsamer,
      am einsamsten, die Einsamkeit
der **Ein|satz,** die Einsätze
      ein|se|hen → sehen,
      die Einsicht
der **Ein|sied|ler,** die Einsiedler
      einst
      ein|stim|mig
die **Ein|tei|lung,** die Einteilungen
die **Ein|tracht,** einträchtig
      ein|tre|ten, du trittst ein, er tritt
      ein, er trat ein, er ist eingetre-
      ten, der Eintritt, die Eintrittskarte
      ein|ver|stan|den → verstehen,
      das Einverständnis
der **Ein|wand,** die Einwände,
      einwandfrei
die **Ein|weg|fla|sche,**
      die Einwegflaschen
      ein|wei|chen → weichen
der **Ein|woh|ner,** die Einwohner,
      die Einwohnerin
die **Ein|zahl**
die **Ein|zah|lung,** einzahlen
      ein|zäu|nen, du zäunst ein,
      er zäunt ein, er zäunte ein,
      sie hat eingezäunt
      ein|zeln, die Einzelheit
      ein|zig, einzigartig, der Einzige
das **Eis,** der Eisbär, eisig, eiskalt,
      eislaufen, ich lief eis
das **Ei|sen,** die Eisen, eisern,
      die Eisenbahn
      ei|tel, eitler, am eitelsten,
      die Eitelkeit
der **Ei|ter,** eitern, eitrig, eitriger,
      am eitrigsten
der **Ekel,** sich ekeln, du ekelst dich,
      er ekelt sich, er ekelte sich,
      er hat sich geekelt, ekelhaft,

      ekelhafter, am ekelhaftesten,
      ek(e)lig, Ekel erregend,
      auch: ekelerregend
      elas|tisch, die Elastizität
die **El|be** (Fluss)
der **Elch,** die Elche
der **Ele|fant,** die Elefanten
      ele|gant, eleganter,
      am elegantesten, die Eleganz
      elek|trisch, der Elektriker,
      die Elektrizität
das **Ele|ment,** die Elemente
das **Elend,** sich elend fühlen
die **Elek|tro|nik,**
      elektronisch
      elf, die Elf, elffach, elfmal,
      der Elfmeter
der/die **Ell|bo|gen,** auch: Ellenbogen
die **Els|ter,** die Elstern
die **El|tern,** der Elternabend
die **E-Mail,** die E-Mails (Computerbrief)
der **Emb|ryo** (Em|bryo), die Embryos
      emp|fan|gen, du empfängst,
      er empfängt, er empfing,
      er hat empfangen, der Empfang,
      der Empfänger
      emp|feh|len, du empfiehlst,
      er empfiehlt, er empfahl, er hat
      empfohlen, die Empfehlung
      emp|fin|den, du empfindest,
      er empfindet, er empfand,
      er hat empfunden, empfindlich,
      empfindlicher,
      am empfindlichsten,
      die Empfindung
      em|por, die Empore
sich **em|pö|ren,** du empörst dich,
      er empört sich, er empörte sich,
      er hat sich empört, empörend,
      die Empörung
      em|sig, emsiger, am emsigsten
      (fleißig), die Emsigkeit
das **En|de,** die Enden, enden,

du endest, er endet, er endete,
es hat bös geendet, endgültig,
endlich, endlos, die Endung
die **Ener|gie,** die Energien,
energisch, energischer,
am energischsten
eng, enger, am engsten,
die Enge, eng befreundet
der **En|gel,** die Engel, engelhaft
Eng|land, englisch, auf Englisch
der **En|kel,** die Enkel, die Enkelin,
das Enkelkind
enorm (außergewöhnlich)
ent|beh|ren, du entbehrst,
er entbehrt, er entbehrte
nichts, sie hat nichts entbehrt,
die Entbehrung
ent|bin|den, du entbindest,
sie entbindet, sie entband, sie
hat entbunden, die Entbindung
ent|de|cken, du entdeckst,
sie entdeckt, sie entdeckte,
sie hat entdeckt, der Entdecker,
die Entdeckung
die **En|te,** die Enten, der Enterich
sich **ent|fer|nen,** du entfernst dich,
er entfernt sich, sie entfernte
sich, sie hat sich entfernt,
die Entfernung, entfernt
ent|füh|ren, du entführst,
er entführt, er entführte,
sie hat entführt, die Entführung
ent|ge|gen
ent|geg|nen (erwidern),
du entgegnest, sie entgegnet,
sie entgegnete, sie hat
entgegnet, die Entgegnung
ent|glei|sen, du entgleist,
er entgleist, er entgleiste,
er ist entgleist, die Entgleisung
ent|hal|ten, du enthältst,
sie enthält, sie enthielt,
sie hat enthalten, die Enthaltung

ent|lang
ent|las|sen, du entlässt,
er entlässt, er entließ,
er hat entlassen, die Entlassung
die **Ent|schä|di|gung**
ent|schei|den, du entscheidest,
sie entscheidet, sie entschied,
sie hat entschieden,
die Entscheidung
sich **ent|schlie|ßen,** du entschließt
dich, er entschließt sich,
er entschloss sich, er hat sich
entschlossen, der Entschluss
sich **ent|schul|di|gen,**
du entschuldigst dich,
er entschuldigt sich,
er entschuldigte sich,
er hat sich entschuldigt,
die Entschuldigung
sich **ent|set|zen,** sie entsetzte sich,
das Entsetzen, entsetzlich
ent|ste|hen → stehen
ent|täu|schen, du enttäuschst,
er enttäuscht, er enttäuschte,
er ist/hat enttäuscht,
die Enttäuschung
ent|we|der ... oder ...
ent|wer|fen, du entwirfst,
er entwirft, er entwarf,
er hat entworfen, der Entwurf
ent|wi|ckeln → wickeln,
die Entwicklung
ent|zü|ckend, entzückender,
am entzückendsten
ent|zün|den → zünden,
die Entzündung,
die Entzündungen
ent|zwei, entzweibrechen,
entzweien
er, sie, es
sich **er|bar|men,** du erbarmst dich,
er erbarmt sich, er erbarmte
sich, er hat sich erbarmt,

113

E Er

erbärmlich, das Erbarmen
er|ben, du erbst, sie erbt,
sie erbte, sie hat geerbt,
das Erbe, der Erbe, die Erbin,
das Erbteil, vererben
die **Erb|se,** die Erbsen
die **Erd|bee|re,** die Erdbeeren
die **Er|de,** das Erdbeben,
das Erdgeschoss, die Erdkruste,
das Erdöl, der Erdteil
sich **er|eig|nen,** es ereignet sich,
es ereignete sich, es hat sich
ereignet, das Ereignis
er|fah|ren, du erfährst,
sie erfährt, sie erfuhr,
sie hat erfahren, die Erfahrung
er|fin|den, du erfindest,
sie erfindet, sie erfand,
sie hat erfunden, der Erfinder,
die Erfinderin, erfinderisch,
die Erfindung
der **Er|folg,** die Erfolge, erfolglos,
erfolgreich
er|for|schen, du erforschst,
er erforscht, er erforschte,
sie hat erforscht, die Erforschung
er|freu|lich, erfreulicher,
am erfreulichsten, erfreuen
er|frie|ren, du erfrierst,
er erfriert, er erfror,
er ist erfroren, die Erfrierung
sich **er|fri|schen,** du erfrischst dich,
er erfrischt sich, er erfrischte
sich, er hat sich erfrischt,
erfrischend, die Erfrischung
er|fül|len → füllen, die Erfüllung
er|gän|zen, du ergänzt,
er ergänzt, er ergänzte,
er hat ergänzt, die Ergänzung
das **Er|geb|nis,** die Ergebnisse,
ergeben → geben, ergebnislos
er|gie|big, ergiebiger, am
ergiebigsten, die Ergiebigkeit

Er

er|grei|fen → greifen,
ergreifend
er|hal|ten, du erhältst,
sie erhält, sie erhielt,
sie hat erhalten, die Erhaltung
er|hit|zen, du erhitzt, sie erhitzt,
sie erhitzte, sie hat erhitzt,
die Hitze
sich **er|ho|len** → holen, die Erholung
sich **er|in|nern,** du erinnerst dich,
er erinnert sich, er erinnerte
sich, er hat sich erinnert,
die Erinnerung
sich **er|käl|ten,** du erkältest dich,
er erkältet sich, er erkältete
sich, er hat sich erkältet,
die Erkältung
er|klä|ren, du erklärst,
sie erklärt, sie erklärte,
sie hat erklärt, die Erklärung
er|kran|ken, du erkrankst,
sie erkrankt, sie erkrankte,
sie ist erkrankt, die Erkrankung
sich **er|kun|di|gen,** du erkundigst
dich, er erkundigt sich,
er erkundigte sich,
er hat sich erkundigt,
die Erkundigung
er|lau|ben, du erlaubst,
sie erlaubt, sie erlaubte,
sie hat erlaubt, die Erlaubnis
er|läu|tern, du erläuterst,
sie erläutert, sie erläuterte,
sie hat erläutert, die Erläuterung
die **Er|le,** die Erlen
das **Er|leb|nis,** die Erlebnisse,
erleben, erlebnisreich
er|le|di|gen, du erledigst,
er erledigt, er erledigte,
er hat erledigt, die Erledigung
er|leich|tern, du erleichterst,
sie erleichtert, sie erleichterte,
sie hat erleichtert,

die Erleichterung
er|lö|sen → lösen, der Erlöser, die Erlösung
er|mah|nen → mahnen, die Ermahnung
die **Er|mä|ßi|gung,** ermäßigt
er|mü|den, du ermüdest, er ermüdet, er ermüdete, er ist ermüdet, die Ermüdung
er|näh|ren, du ernährst, er ernährt, er ernährte, er hat ernährt, die Ernährung
er|neu|ern, du erneuerst, sie erneuert, sie erneuerte, sie hat erneuert, erneut
ernst, ernster, am ernstesten, es ist mir vollkommen ernst damit, der Ernst, ernst gemeint
ern|ten, du erntest, sie erntet, sie erntete, sie hat geerntet, die Ernte, der Erntekranz
er|obern, du eroberst, er erobert, er eroberte, er hat erobert, der Eroberer, die Eroberung
er|öff|nen, du eröffnest, sie eröffnet, sie eröffnete, sie hat eröffnet, die Eröffnung
er|pres|sen → pressen, der Erpresser, die Erpressung
er|ra|ten → raten
er|rei|chen → reichen
er|rin|gen → ringen
er|rö|ten, du errötest, sie errötet, sie errötete, sie ist errötet
er|schei|nen → scheinen, die Erscheinung
er|schöpft, erschöpfter, am erschöpftesten, die Erschöpfung
er|schre|cken, du erschrickst, er erschrickt, er erschrak, er ist erschrocken,
er hat mich erschreckt
er|schüt|tern, du erschütterst, es erschüttert, es erschütterte, es hat erschüttert, die Erschütterung
der **Er|satz,** ersetzen → setzen
die **Er|spar|nis,** die Ersparnisse
erst, erst heute, erst recht
er|stau|nen → staunen, erstaunlich
ers|te, das erste Mal, das letzte Mal, der Erste, als Erster, erst heute, erst recht
er|sti|cken, du erstickst, sie erstickt, sie erstickte, sie ist erstickt, die Erstickung
erst|klas|sig
er|trin|ken, du ertrinkst, er ertrinkt, er ertrank, er ist ertrunken
er|wach|sen → wachsen, der Erwachsene
er|wäh|nen, du erwähnst, er erwähnt, er erwähnte, er hat erwähnt, die Erwähnung
er|war|ten → warten, die Erwartung
er|wer|ben, du erwirbst, sie erwarb, sie hat erworben, der Erwerb, der/die Erwerbslose
er|wi|dern, du erwiderst, sie erwidert, sie erwiderte, sie hat erwidert, die Erwiderung
das **Erz,** die Erze
er|zäh|len → zählen, der Erzähler, die Erzählerin, die Erzählung
der **Erz|bi|schof,** die Erzbischöfe
er|zeu|gen → zeugen, das Erzeugnis
er|zie|hen, du erziehst, sie erzieht, sie erzog, sie hat erzogen, der Erzieher,

E Es Et Eu Ev Ew Ex   E Ex F Fa

     die Erzieherin, die Erziehung
die **Esche,** die Eschen
der **Esel,** die Esel, die Eselei, das Eselsohr
der **Es|ki|mo,** die Eskimos
     es|sen 23, du isst, er isst, er aß, er hat gegessen, essbar, das Essbesteck, das Essen, der Esslöffel
der **Es|sig,** die Essige, die Essiggurke
die **Eta|ge** (Stockwerk), die Etagen
die **Etap|pe,** die Etappen
das **Eti|kett,** die Etiketten
     et|li|che
das **Etui,** die Etuis
     et|wa (ungefähr)
     et|was, etwas Zucker
     euch, euer, eure, euretwegen
die **Eu|le,** die Eulen
der **Eu|ro** (€), die Euros
     Eu|ro|pa, der Europäer, die Europäerin, europäisch
das/der **Eu|ter,** die Euter
     evan|ge|lisch (ev.)
das **Evan|ge|li|um,** die Evangelien
     even|tu|ell
     ewig, die Ewigkeit
     ex|akt (genau)
das **Ex|em|plar,** die Exemplare
     exis|tie|ren, du existierst, er existiert, er existierte, er hat existiert, die Existenz
die **Ex|pe|di|ti|on,** die Expeditionen
das **Ex|pe|ri|ment,** die Experimente, experimentieren
     ex|plo|die|ren, du explodierst, sie explodiert, sie explodierte, sie ist explodiert, die Explosion
der **Ex|press** (Schnellzug), der Expressbrief
     ex|tra, die Extrawurst

     ex|trem (äußerst, krass), der Extremismus

F

die **Fa|bel,** die Fabeln, fabelhaft
die **Fa|brik,** die Fabriken, der Fabrikant, fabrikneu, fabrizieren
das **Fach,** die Fächer, der Facharzt, der Fachlehrer, der Fachmann, die Fachfrau, das Fachwerk, fachlich
     fä|cheln, du fächelst, er fächelt, er fächelte, er hat gefächelt, der Fächer
die **Fa|ckel,** die Fackeln, der Fackelzug
     fad (1. schlecht gewürzt, 2. langweilig), auch: fade
der **Fa|den,** die Fäden, fadenscheinig, einfädeln
das **Fa|gott** (Musikinstrument)
     fä|hig, die Fähigkeit
     fahl (bleich)
     fahn|den, du fahndest, sie fahndet, sie fahndete, sie hat gefahndet, die Fahndung
die **Fah|ne,** die Fahnen
die **Fäh|re,** die Fähren
     fah|ren 5, du fährst, er fährt, er fuhr, er ist gefahren, die Fahrbahn, fahrbereit, der Fahrer, die Fahrerin, die Fahrkarte, der Fahrplan, das Fahrrad, der Fahrradfahrer, Fahrrad fahren 40, das Radfahren, ich will Rad fahren, die Fahrt, das Fahrzeug
die **Fähr|te,** die Fährten

F Fa

fair, du bist fair, er ist fair (anständig), unfair, die Fairness, das Fair Play, auch: Fairplay
fal|len ⑥, du fällst, er fällt, er fiel, er ist gefallen, der Fall, die Fälle, fallen lassen
fäl|len, du fällst, sie fällt, sie fällte den Baum, sie hat gefällt
fäl|lig, die Fälligkeit
falls (wenn)
falsch, fälschen, du fälschst, er fälscht, er fälschte, er hat gefälscht, der Fälscher, die Falschheit, die Fälschung
die **Fal|te,** die Falten, falten, du faltest, sie faltet, sie faltete, sie hat gefaltet, das Faltboot, faltig
der **Fal|ter,** die Falter
die **Fa|mi|lie** ㊴, die Familien, der Familienname
der **Fan,** die Fans (begeisterte Anhänger), der Fanklub
fan|gen, du fängst, er fängt, er fing, er hat gefangen, der Fang, der Fänger, der/die Gefangene, die Gefangenschaft
die **Fan|ta|sie,** auch: Phantasie, die Fantasien, fantasieren, fantastisch
die **Far|be,** die Farben, färben, du färbst, er färbt, er färbte, er hat gefärbt, der Farbfernseher, der Farbfilm, farbig, farbiger, am farbigsten, farblos
die **Farm,** die Farmen
der **Farn,** die Farne, das Farnkraut
der **Fa|san,** die Fasane
der **Fa|sching** (Fastnacht, Karneval)
fa|seln, du faselst, sie faselt, sie faselte, sie hat gefaselt
die **Fa|ser,** die Fasern, faserig
das **Fass,** die Fässer

Fa Fe

die **Fas|sa|de** (Vorderseite), die Fassaden
fas|sen, du fasst, er fasst, er fasste, er hat gefasst, fassungslos, die Fassung
fast (beinahe)
fas|ten, du fastest, sie fastet, sie fastete, sie hat gefastet, das Fasten, die Fastenzeit
die **Fast|nacht**
fau|chen, du fauchst, er faucht, er fauchte, er hat gefaucht
faul, fauler, am faulsten (faules Obst), die Fäulnis, verfaulen, die Faulheit, der Faulpelz
die **Faust,** die Fäuste, faustdick, faustgroß, die Faustregel
der **Fa|vo|rit,** die Favoriten
das **Fax** (Fernschreibgerät, Telefax), die Faxe, faxen, du faxt, sie faxt, sie faxte, sie hat gefaxt
der **Feb|ru|ar** (Fe|bru|ar)
fech|ten, du fichst, er ficht, er focht, sie hat gefochten, der Fechter, die Fechterin
die **Fe|der,** die Federn ㊷, der Federball, das Federvieh, federleicht, federn, du federst, er federt, er federte, er ist/hat gefedert
die **Fee,** die Feen
fe|gen, du fegst, er fegt, er fegte, er hat gefegt, der Feger, das Fegefeuer
feh|len, du fehlst, sie fehlt, sie fehlte, sie hat gefehlt
der **Feh|ler,** die Fehler, fehlerfrei, fehlerhaft, fehlerhafter, am fehlerhaftesten, fehlerlos
fei|ern, du feierst, sie feiert, sie feierte, sie hat gefeiert, die Feier, der Feierabend, feierlich, der Feiertag

F Fe | Fe Fi

    fei|ge, feiger, am feigesten,
    auch: feig, der Feigling,
    die Feigheit
die **Fei|ge,** die Feigen
die **Fei|le,** die Feilen, feilen,
    du feilst, er feilt, er feilte,
    er hat gefeilt
    fein, feiner, am feinsten,
    sich fein machen, die Feinheit
der **Feind,** die Feinde,
    die Feindschaft, feindlich,
    feindselig, jemandes Feind sein,
    aber: jemandem feind sein
das **Feld,** die Felder, der Feldrain,
    der Feldstecher
die **Fel|ge,** die Felgen,
    die Felgenbremse
das **Fell,** die Felle
der **Fels,** auch: der Felsen, die
    Felsen, felsenfest, felsig, felsiger,
    am felsigsten, die Felswand
das **Fens|ter,** die Fenster,
    das Fensterbrett,
    der Fensterrahmen,
    die Fensterscheibe
die **Fe|ri|en,** das Ferienheim,
    der Ferienjob, der Ferientag
das **Fer|kel,** die Ferkel
    fern, von fern, die Ferne,
    das Ferngespräch,
    das Fernglas, das Fernrohr
    fern|se|hen, du siehst fern,
    sie sieht fern, sie sah fern,
    sie hat ferngesehen,
    das Fernsehen, der Fernseher,
    das Fernsehgerät,
    das Fernsehprogramm
die **Fer|se,** die Fersen
    fer|tig, fertigbringen,
    auch: fertig bringen,
    fertigstellen, auch: fertig stellen,
    die Fertigkeit, fertigmachen
die **Fes|sel,** die Fesseln, fesseln,
    du fesselst, er fesselt,
    er fesselte, er hat gefesselt
    fest, fester, am festesten,
    festhalten, feststellen,
    die Festigkeit, das Festland,
    die Festnahme, die Festung
das **Fest,** die Feste, festlich,
    festlicher, am festlichsten,
    die Festspiele, der Festtag
das **Fett,** die Fette, fett, fetter,
    am fettesten, der Fettfleck,
    fett gedruckt, fettig, fettiger,
    am fettigsten, der Fetttropfen
der **Fet|zen,** die Fetzen
    feucht, feuchter, am
    feuchtesten, die Feuchtigkeit
das **Feu|er,** die Feuer, feuerrot,
    Feuer speiend, die Feuerstelle,
    die Feuerwehr, das Feuerwerk,
    das Feuerzeug, feurig, feuriger,
    am feurigsten
die **Fi|bel,** die Fibeln
die **Fich|te,** die Fichten
    fi|del, fideler, am fidelsten,
    (lustig, heiter)
das **Fie|ber,** fieberfrei, fieberhaft,
    fiebern, du fieberst, er fiebert,
    er fieberte, er hat gefiebert,
    das Fieberthermometer, fiebrig,
    fiebriger, am fiebrigsten,
    auch: fieberig
er **fiel** (Grundform: fallen)
die **Fi|gur,** die Figuren
der **Film,** die Filme,
    der Filmapparat, filmen,
    du filmst, sie filmt, sie filmte,
    sie hat gefilmt, der Filmstar
der/das **Fil|ter,** die Filter,
    der Filterkaffee, filtern,
    du filterst, er filtert, er filterte,
    er hat gefiltert, das Filterpapier
der **Filz,** die Filze, filzen, du filzt,
    sie filzt, sie filzte, sie hat gefilzt,

F Fi Fl   Fl

die Filzpantoffeln,
der Filzschreiber, der Filzstift
die **Fi|nan|zen,** das Finanzamt,
finanzieren, du finanzierst,
er finanziert, er finanzierte,
er hat finanziert, der Finanzminister
fin|den, du findest, er findet,
er fand, er hat gefunden,
der Finder, der Finderlohn,
der Fund
der **Fin|ger,** die Finger,
der Fingerhut 53,
der Fingernagel, fingerbreit
der **Fink,** die Finken
Finn|land, der Finne, finnisch
fins|ter, finst(e)rer,
am finstersten, die Finsternis
die **Fir|ma,** die Firmen
die **Fir|mung,** firmen, der Firmling,
der Firmpate
der **First,** die Firste, der Firstbalken
der **Fisch,** die Fische, fischen,
du fischst, er fischt, er fischte,
er hat gefischt, der Fischer,
die Fischerin, der Fischlaich,
der Fischotter, der Fischrogen
die **Fis|tel** (eitrige Entzündung),
die Fisteln
fit, fitter, am fittesten,
das Fitnesscenter
fix, fixer, am fixesten, (fest, pfiffig,
schnell), der Fixstern
flach, flacher, am flachsten,
die Fläche, die Flächen,
der Flächeninhalt,
das Flachland
fla|ckern, du flackerst,
es flackert, es flackerte,
es hat geflackert
der **Fla|den** (flaches, rundes Brot),
die Fladen
die **Flag|ge,** die Flaggen
die **Flam|me,** die Flammen,
flammen, du flammst, es flammt,
es flammte, es hat geflammt,
entflammt
die **Flan|ke,** die Flanken, flanken,
du flankst, er flankt, er flankte,
er hat geflankt
die **Fla|sche,** die Flaschen,
der Flaschenöffner
flat|tern, du flatterst, er flattert,
er flatterte, er hat geflattert
der **Flaum,** flaumig
flech|ten, du flichst, er flicht,
er flocht, er hat geflochten
der **Fleck,** auch: Flecken,
die Flecken, fleckig, fleckenlos
die **Fle|der|maus,** die Fledermäuse
der **Fle|gel,** die Flegel, flegelhaft
fle|hen, du flehst, er fleht, er
flehte, er hat gefleht, flehentlich
das **Fleisch,** die Fleischbrühe,
der Fleischer, die Fleischerin,
die Fleischerei, fleischfarben,
fleischig, fleischiger,
am fleischigsten
der **Fleiß,** die Fleißarbeit, fleißig,
fleißiger, am fleißigsten
fli|cken, du flickst, er flickt, er
flickte die Jacke, er hat geflickt,
der Flicken, die Flickerei
der **Flie|der**
die **Flie|ge** 53, die Fliegen,
der Fliegenfänger
flie|gen 7, du fliegst, sie fliegt,
sie flog, sie ist geflogen,
der Flieger, der Flug
flie|hen, du fliehst, er flieht, er
floh, er ist geflohen, die Flucht
die **Flie|se,** die Fliesen, fliesen,
du fliest, er fliest, er flieste,
er hat gefliest, der Fliesenleger
flie|ßen, es fließt, es floss,
es ist geflossen, das Fließband
flim|mern, es flimmert,

F Fl　　　　　　　　　　Fl Fo

　　　es flimmerte, es hat geflimmert,
　　　flimmernd
　　　flink, flinker, am flinkesten,
　　　die Flinkheit
die　**Flin|te,** die Flinten
　　　flit|zen, du flitzt, sie flitzt,
　　　sie flitzte, sie ist geflitzt
die　**Flo|cke,** die Flocken, flockig,
　　　flockiger, am flockigsten
der　**Floh,** die Flöhe, der Flohmarkt
das　**Floß,** die Flöße, flößen, du flößt,
　　　er flößt, er flößte, er hat geflößt,
　　　der Flößer
die　**Flos|se,** die Flossen
die　**Flö|te,** die Flöten,
　　　das Flötenspiel, flöten,
　　　du flötest, sie flötet, sie flötete,
　　　sie hat geflötet, Flöte spielen
　　　flott, flotter, am flottesten,
　　　flott machen (sich beeilen)
der　**Fluch,** die Flüche, fluchen,
　　　du fluchst, er flucht, er fluchte,
　　　er hat geflucht, verfluchen
die　**Flucht,** fluchtartig,
　　　die Fluchtgefahr, flüchten,
　　　du flüchtest, sie flüchtet,
　　　sie flüchtete, sie ist geflüchtet,
　　　flüchtig, der Flüchtling,
　　　der Flüchtigkeitsfehler,
　　　der Fluchtweg
der　**Flug,** die Flüge, der Flughafen,
　　　der Flugplatz, das Flugzeug
der　**Flü|gel** 53, die Flügel
　　　flüg|ge (1. flugfähig, 2. erwachsen)
　　　flun|kern, du flunkerst,
　　　er flunkert (angeben, übertreiben),
　　　er flunkerte, er hat geflunkert
der　**Flur** (Hauseingang), die Flure
die　**Flur,** die Fluren (Felder und
　　　Wiesen), der Flurschaden
der　**Fluss,** die Flüsse,
　　　flussabwärts, flussaufwärts,
　　　das Flussbett,

　　　die Flussschifffahrt
　　　flüs|sig, flüssiger,
　　　am flüssigsten, die Flüssigkeit
　　　flüs|tern, du flüsterst,
　　　sie flüstert, sie flüsterte,
　　　sie hat geflüstert, das Geflüster
die　**Flut,** die Fluten
das　**Foh|len,** die Fohlen
der　**Föhn** (Haartrockner), auch: Fön,
　　　die Haare föhnen
der　**Föhn** (warmer Wind), föhnig
die　**Föh|re,** die Föhren
　　　fol|gen, du folgst, sie folgt,
　　　sie folgte, sie ist gefolgt,
　　　die Folge, folgend, folglich,
　　　folgsam, im Folgenden
die　**Fo|lie,** die Folien
　　　fol|tern, du folterst, er foltert,
　　　er folterte, er hat gefoltert,
　　　die Folter
die　**Fon|tä|ne,** die Fontänen
　　　for|dern, du forderst,
　　　sie fordert, sie forderte, sie hat
　　　gefordert, die Forderung
　　　för|dern, du förderst, er fördert,
　　　er förderte, er hat gefördert,
　　　das Förderband, die Förderung
die　**Fo|rel|le,** die Forellen
die　**Form,** die Formen,
　　　das Format, die Formate
die　**For|mel,** die Formeln
　　　for|men, du formst, sie formt,
　　　sie formte, sie hat geformt
das　**For|mu|lar,** formulieren
　　　for|schen, du forschst,
　　　er forscht, er forschte,
　　　er hat geforscht, der Forscher,
　　　die Forscherin, die Forschung
der　**Forst,** die Forste,
　　　das Forstamt, der Förster
　　　fort
　　　fort|fah|ren → fahren
der　**Fort|schritt,** die Fortschritte,

F Fo Fr Fr

fortschrittlich, fortschrittlicher,
am fortschrittlichsten
fort|set|zen → setzen,
die Fortsetzung
das **Fo|to,** die Fotos, der Fotoapparat,
der Fotograf, die Fotografin,
die Fotografie, fotografieren,
die Fotokopie, fotokopieren
das **Foul** (Regelverstoß), die Fouls
die **Fracht,** die Frachten,
das Frachtschiff, der Frachter,
verfrachten
fra|gen, du fragst, sie fragt,
sie fragte, sie hat gefragt,
die Frage, der Fragebogen,
der Fragesatz, das Fragezeichen,
fraglich, fragwürdig
fran|kie|ren, du frankierst,
er frankiert, er frankierte,
er hat frankiert (einen Brief)
Frank|reich, der Franzose,
die Französin, französisch
die **Fran|se,** die Fransen
die **Frat|ze,** die Fratzen
die **Frau,** die Frauen, die Hausfrau,
das Fräulein
frech, frecher, am frechsten,
die Frechheit
frei, freier, am freisten,
die Freiheit, die Freizeit,
freigiebig, freihalten, freihändig,
freiwillig, freisprechen (Gericht),
frei sprechen (Redner)
frei|lich
der **Frei|tag,** die Freitage, freitags,
am Freitag
fremd, der/die Fremde,
in der Fremde sein,
der Fremdenverkehr,
die Fremdsprache,
das Fremdwort
fres|sen, du frisst, er frisst, er
fraß, er hat gefressen, der Fraß

sich **freu|en,** du freust dich, er freut
sich, er freute sich, er hat sich
gefreut, die Freude, freudig,
Freude bringen, freudestrahlend
der **Freund,** die Freunde,
die Freundin, die Freundschaft,
freundlich, freundlicher,
am freundlichsten,
die Freundlichkeit
der **Frie|den,** auch: der Friede,
friedlich, friedlicher, am
friedlichsten, die Friedlichkeit
der **Fried|hof,** die Friedhöfe
frie|ren, du frierst, er friert,
er fror, er hat gefroren
die **Fri|ka|del|le,** die Frikadellen
das **Fris|bee** (Wurfscheibe),
die Frisbees
frisch, frischer, am frischesten,
die Frische, frisch gebacken,
erfrischen
fri|sie|ren, du frisierst,
er frisiert, er frisierte,
er hat frisiert, die Frisur,
der Frisör, auch: der Friseur,
die Frisöse, auch: die Friseuse
er **frisst** (Grundform: fressen)
die **Frist,** die Fristen, fristlos,
froh, froher, am frohesten,
frohlocken, der Frohsinn
fröh|lich, fröhlicher,
am fröhlichsten, die Fröhlichkeit
fromm, frommer,
am frommsten, die Frömmigkeit
Fron|leich|nam (des Herrn Leib,
kath. Feiertag),
die Fronleichnamsprozession
die **Front,** die Fronten, frontal
der **Frosch,** die Frösche,
der Froschlaich
der **Frost,** die Fröste, die Frostbeule,
frösteln, frostig, frostiger, am
frostigsten, das Frostschutzmittel

F Fr Fu

die **Frucht,** die Früchte,
der Fruchtsaft, fruchtbar,
fruchtbarer, am fruchtbarsten
früh, früher, am frühsten,
frühzeitig, früh verstorben,
in aller Frühe,
am Montag früh, frühreif
der **Früh|ling,** das Frühjahr
das **Früh|stück,** frühstücken,
du frühstückst, er frühstückt, er
frühstückte, er hat gefrühstückt
der **Frust,** frustriert
der **Fuchs,** die Füchse,
der Fuchsbau,
der Fuchsschwanz 53
die **Fu|ge,** die Fugen
füh|len, du fühlst, er fühlt,
er fühlte, er hat gefühlt,
der Fühler, das Gefühl
füh|ren, du führst, sie führt,
sie führte, sie hat geführt,
der Führer, der Führerschein, die
Führung, die Fuhre, das Fuhrwerk
fül|len, du füllst, er füllt, er
füllte, er hat gefüllt, die Füllung
der **Fül|ler,** die Füller, der Füllhalter
der **Fund,** die Funde, das Fundamt,
das Fundbüro
das **Fun|da|ment,** die Fundamente
fünf, fünfzehn, fünfzig, fünfmal
der **Funk,** funken, du funkst, sie
funkt, sie funkte, sie hat gefunkt,
der Funker, das Funkgerät
der **Fun|ke**, die Funken
fun|keln, du funkelst, er funkelt,
er funkelte, er hat gefunkelt
funk|ti|o|nie|ren,
du funktionierst, er funktioniert,
er funktionierte,
er hat funktioniert, die Funktion
für, das Für und Wider
die **Fur|che,** die Furchen
sich **fürch|ten,** du fürchtest dich,

F Fu G Ga

er fürchtet sich, sie fürchtete
sich, sie hat sich gefürchtet,
die Furcht, furchtbar,
fürchterlich, furchtlos,
furchtloser, am furchtlosesten
für|ein|an|der da sein,
für|sorg|lich, fürsorglicher,
am fürsorglichsten
der **Fürst,** die Fürsten, die Fürstin,
fürstlich
das **Für|wort,** die Fürwörter
der **Fuß,** die Füße, der Fußball,
der Fußboden, der Fußgänger 40,
die Fußgängerzone, fußbreit
(aber: keinen Fußbreit weichen),
zu Fuß gehen
das **Fut|ter,** füttern, du fütterst,
sie füttert, sie fütterte, sie hat
gefüttert, das Futterhäuschen,
die Futterkrippe, die Fütterung
das **Fut|te|ral,** die Futterale

G

die **Ga|be,** die Gaben
die **Ga|bel,** die Gabeln, sich gabeln,
der Weg gabelt sich
ga|ckern, es gackert, das Huhn
gackerte, es hat gegackert
gaf|fen, du gaffst, er gafft, er
gaffte, er hat gegafft, der Gaffer
der **Gag,** die Gags (witziger Einfall)
gäh|nen, du gähnst, sie gähnt,
sie gähnte, sie hat gegähnt
die **Ga|la|xie** (unser Sternsystem),
die Galaxien
die **Ga|lee|re,** die Galeeren
der **Gal|gen,** die Galgen
die **Gal|le,** die Gallenblase,

G Ga   Ga Ge

der Gallenstein
der **Ga|lopp,** galoppieren
der **Game|boy** (elektronisches Spielgerät)
gam|meln, du gammelst, er gammelt, er gammelte, sie hat gegammelt
die **Gäm|se,** die Gämsen
der **Gang,** die Gänge, die Gangschaltung
der **Gangs|ter,** die Gangster (Schwerverbrecher)
die **Gang|way** (Laufsteg bei Schiffen und Flugzeugen)
die **Gans,** die Gänse, das Gänseblümchen, die Gänsehaut, der Gänsemarsch, der Gänserich, der Ganter
ganz, das Ganze, ganz leer, gänzlich, ganztägig
gar, gar nicht, gar kein
gar (fertig gekocht), garen
die **Ga|ra|ge,** die Garagen
die **Ga|ran|tie,** die Garantien, garantieren
die **Gar|be,** die Garben
die **Gar|de|ro|be,** die Garderoben
die **Gar|di|ne,** die Gardinen
gä|ren, der Most gärt, er gor, auch: gärte, er ist gegoren, auch: gegärt, die Gärung
das **Garn,** die Garne, die Garnrolle
die **Gar|ni|tur,** die Garnituren
der **Gar|ten,** die Gärten, die Gartenarbeit, der Gärtner, die Gärtnerin, die Gärtnerei
das **Gas,** die Gase, die Gasheizung
die **Gas|se,** die Gassen, das Gässchen
der **Gast,** die Gäste, gastlich, das Gasthaus, die Gaststätte, der Gastwirt, die Gastwirtin
der **Gat|te,** die Gattin
das **Gat|ter,** die Gatter

der **Gauk|ler,** die Gaukler, die Gauklerin, gaukeln
der **Gaul,** die Gäule
der **Gau|men,** die Gaumen
der **Gau|ner,** die Gauner, die Gaunerin, die Gaunerei
das **Ge|bäck**
die **Ge|bär|de** (Handbewegung), die Gebärden
ge|bä|ren, du gebärst, sie gebärt, sie gebar, sie hat geboren, die Geburt
das **Ge|bäu|de,** die Gebäude
ge|ben, du gibst, er gibt, er gab, er hat gegeben
das **Ge|bet,** die Gebete, das Gebetbuch
das **Ge|biet,** die Gebiete
ge|bie|ten, du gebietest, er gebietet, er gebot, er hat geboten, der Gebieter, die Gebieterin
das **Ge|bil|de,** die Gebilde, gebildet, der Gebildete
das **Ge|bir|ge,** die Gebirge, gebirgig, die Gebirgsstraße
das **Ge|biss,** die Gebisse
ge|bo|ren (Grundform: gebären)
das **Ge|bot,** die Gebote
ge|brau|chen, du gebrauchst, sie gebraucht, sie gebrauchte, sie hat gebraucht, der Gebrauch, gebräuchlich, gebräuchlicher, am gebräuchlichsten, die Gebrauchsanweisung, der Gebrauchsgegenstand, der Gebrauchtwagen
das **Ge|bre|chen,** die Gebrechen, gebrechlich, gebrechlicher, am gebrechlichsten
das **Ge|brüll,** brüllen
die **Ge|bühr,** die Gebühren

123

G Ge Ge

die **Ge|burt,** die Geburten,
der Geburtsort, der Geburtstag,
die Geburtsurkunde
das **Ge|büsch,** die Gebüsche
das **Ge|dächt|nis,** die Gedächtnisse
der **Ge|dan|ke,** die Gedanken,
gedankenlos
das **Ge|deck,** die Gedecke
ge|dei|hen, du gedeihst,
er gedeiht, er gedieh,
er ist gediehen, das Gedeihen
ge|den|ken → denken, die
Gedenkstätte, der Gedenktag
das **Ge|dicht,** die Gedichte
das **Ge|drän|ge**
die **Ge|duld,** geduldig, geduldiger,
am geduldigsten
ge|ehrt
ge|eig|net, geeigneter,
am geeignetsten
die **Ge|fahr,** die Gefahren,
gefährden, du gefährdest,
er gefährdet, er gefährdete,
er ist/hat gefährdet, gefährlich,
in Gefahr bringen
das **Ge|fäl|le,** die Gefälle
der **Ge|fal|len,** die Gefallen,
gefallen, das gefällt mir,
gefällig, gefälliger,
am gefälligsten, gefälligst,
die Gefälligkeit
ge|fan|gen, der Gefangene,
die Gefangene,
die Gefangenen, gefangen
nehmen, die Gefangenschaft
das **Ge|fäng|nis,** die Gefängnisse
das **Ge|fäß,** die Gefäße
das **Ge|fecht,** die Gefechte
das **Ge|fie|der,** die Gefieder,
gefiedert
ge|fleckt, gefleckter,
am geflecktesten
das **Ge|flü|gel,** die Geflügelzucht

das **Ge|flüs|ter,** flüstern
ge|frä|ßig, gefräßiger, am
gefräßigsten, die Gefräßigkeit
das **Ge|fühl,** die Gefühle, gefühllos,
gefühlvoll
ge|gen, gegeneinander,
gegeneinanderdrücken,
auch: gegeneinander drücken,
gegenseitig, gegenüber
die **Ge|gend,** die Gegenden
der **Ge|gen|satz,** die Gegensätze
der **Ge|gen|stand,**
die Gegenstände
das **Ge|gen|teil,** im Gegenteil
ge|gen|über stehen,
auch: gegenüberstehen
die **Ge|gen|wart,** gegenwärtig
der **Geg|ner,** die Gegner
das **Ge|halt,** die Gehälter
ge|häs|sig, der Hass,
die Gehässigkeit
das **Ge|häu|se,** die Gehäuse
das **Ge|he|ge,** die Gehege
ge|heim, geheim halten,
das Geheimnis, geheimnisvoll
ge|hen [24], du gehst, er geht, er
ging, er ist gegangen, der Gang,
der Gehsteig, gehen lassen
ge|heu|er, das Ungeheuer
das **Ge|heul**
der **Ge|hil|fe,** die Gehilfen
das **Ge|hirn,** die Gehirne,
die Gehirnerschütterung
das **Ge|höft,** die Gehöfte
das **Ge|hör,** gehörlos
ge|hor|chen, du gehorchst,
er gehorcht, er gehorchte,
er hat gehorcht
ge|hö|ren, es gehörte ihr
ge|hor|sam, der Gehorsam
die **Gei|ge,** die Geigen,
Geige spielen
die **Gei|sel,** die Geiseln

G Ge

die	**Geiß** (Ziege), die Geißen, das Geißlein
der	**Geist** (Verstand), geistig
der	**Geist** (Gespenst), die Geister
der	**Geist|li|che** (Priester), geistlich
der	**Geiz,** der Geizhals, geizig, geiziger, am geizigsten
das	**Ge|läch|ter**
	ge|lähmt, der/die Gelähmte, lahm
das	**Ge|län|de** (Landschaft)
das	**Ge|län|der,** die Geländer
	ge|las|sen, die Gelassenheit
	gelb, das Gelb, gelblich, gelbe
das	**Geld,** die Gelder, der Geldautomat, der Geldbeutel
das/der	**Ge|lee,** die Gelees
die	**Ge|le|gen|heit,** die Gelegenheiten, gelegentlich
	ge|lehrt, gelehrig, der/die Gelehrte
das	**Ge|lei|se,** die Geleise
das	**Ge|lenk,** die Gelenke, gelenkig, gelenkiger, am gelenkigsten,
	ge|lin|gen, es gelingt, es gelang, es ist gelungen
	gel|ten, du giltst, es gilt, es galt, es hat gegolten
	ge|mäch|lich, gemächlicher, am gemächlichsten, die Gemächlichkeit
der	**Ge|mahl,** die Gemahlin
das	**Ge|mäl|de,** die Gemälde, die Gemäldegalerie
	ge|mäß
	ge|mein, gemeiner, am gemeinsten, die Gemeinheit, gemeinsam, die Gemeinschaft
die	**Ge|mein|de,** die Gemeinden, der Gemeinderat, die Gemeindeverwaltung
das	**Ge|mü|se,** das Gemüsebeet

Ge

das	**Ge|müt,** die Gemüter
	ge|müt|lich, gemütlicher, am gemütlichsten, die Gemütlichkeit
	ge|nau, genauer, am genausten, auch: am genauesten, die Genauigkeit
	ge|nau|so, genauso gut, aber: die Karten werden genau so verteilt, dass …
	ge|neh|mi|gen, du genehmigst, er genehmigt, er genehmigte, er hat genehmigt, die Genehmigung
der	**Ge|ne|ral,** die Generäle, der Generaldirektor, die Generalprobe
die	**Ge|ne|ra|ti|on,** die Generationen
	ge|ni|al, genialer, am genialsten (begabt, großartig), die Genialität
das	**Ge|nick,** die Genicke
	ge|nie|ßen, du genießt, er genießt, er genoss, er hat genossen, genießbar, genießbarer, am genießbarsten, der Genießer, die Genießerin
der	**Ge|ni|tiv** (2. Fall, Wesfall)
der	**Ge|nos|se,** die Genossen, die Genossin, die Genossenschaft
	ge|nug
	ge|nü|gen, es genügte, genügend, genügsam, genügsamer, am genügsamsten
der	**Ge|nuss,** die Genüsse
die	**Geo|gra|fie** (Erdkunde), auch: Geographie, geografisch, auch: geographisch
die	**Geo|me|trie** (Geo|met|rie), das Geodreieck, geometrisch

G Ge

das	**Ge|päck,** das Gepäckstück, der Gepäckträger	
	ge|ra|de, geradeaus, geradezu, gerade sitzen, die Gerade	
das	**Ge|rät,** die Geräte	
	ge|ra|ten, du gerätst, er gerät, er geriet, er ist geraten	
	ge|räu|mig, geräumiger, am geräumigsten, die Geräumigkeit	
das	**Ge|räusch,** die Geräusche, geräuschlos, geräuschloser, am geräuschlosesten, geräuschvoll	
	ge|recht, du bist gerecht, er ist gerecht, die Gerechtigkeit	
das	**Ge|re|de**	
das	**Ge|richt** 53, (Recht, Richter), die Gerichte, der Gerichtssaal	
das	**Ge|richt** (Speise), die Gerichte	
	ge|ring, geringer, am geringsten, gering achten, geringschätzig	
	ge|rin|nen, die Milch gerinnt, sie gerann, sie ist geronnen	
das	**Ge|rip|pe,** die Gerippe	
	ge|ris|sen, die Gerissenheit	
der	**Ger|ma|ne,** die Germanen	
	gern, lieber, am liebsten, auch: gerne, gern haben	
das	**Ge|röll,** die Geröllhalde	
die	**Gers|te,** das Gerstenkorn	
der	**Ge|ruch,** die Gerüche, geruchlos	
das	**Ge|rücht,** die Gerüchte	
das	**Ge|rüm|pel,** entrümpeln	
das	**Ge|rüst,** die Gerüste	
	ge|samt, die Gesamtheit, die Gesamtschule, insgesamt	
der/die	**Ge|sand|te,** die Gesandten	
der	**Ge|sang,** die Gesänge, das Gesangbuch	
das	**Ge|säß,** die Gesäße, die Gesäßtasche	
das	**Ge|schäft,** die Geschäfte, der Geschäftsmann, die Geschäftsfrau, geschäftstüchtig, geschäftstüchtiger, am geschäftstüchtigsten	
	ge|sche|hen, es geschieht, es geschah, es ist geschehen	
	ge|scheit, gescheiter, am gescheitesten, die Gescheitheit	
das	**Ge|schenk,** die Geschenke	
die	**Ge|schich|te,** die Geschichten	
das	**Ge|schick,** die Geschicklichkeit, geschickt, geschickter, am geschicktesten	
das	**Ge|schirr** 53, die Geschirre, die Geschirrspülmaschine	
das	**Ge|schlecht,** die Geschlechter, die Geschlechtswörter: der, die, das	
der	**Ge|schmack,** die Geschmäcke, geschmacklos, geschmackvoll, geschmackvoller, am geschmackvollsten	
das	**Ge|schöpf,** die Geschöpfe	
das	**Ge|schoss,** die Geschosse	
das	**Ge|schrei** → schreien	
das	**Ge|schütz,** die Geschütze	
das	**Ge|schwätz,** geschwätzig	
	ge|schwind, die Geschwindigkeit	
die	**Ge|schwis|ter**	
das	**Ge|schwür,** die Geschwüre	
der	**Ge|sel|le,** die Gesellen, die Gesellin, gesellig, geselliger, am geselligsten	
die	**Ge|sell|schaft,** die Gesellschaften	
das	**Ge|setz,** die Gesetze, gesetzlich, gesetzlos	
das	**Ge|sicht,** die Gesichter	
das	**Ge|spann,** die Gespanne	
das	**Ge|spenst,** die Gespenster, gespenstisch, gespenstischer, am gespenstischsten	
das	**Ge|spräch,** die Gespräche, gesprächig, der Gesprächsstoff	

G Ge · Ge Gi Gl

das	**Ge|sta|de** (Ufer), die Gestade	das	**Ge|wicht,** die Gewichte
die	**Ge|stalt,** die Gestalten, gestalten, du gestaltest, sie gestaltet, sie gestaltete, sie hat gestaltet, die Gestaltung	das	**Ge|win|de,** die Gewinde
			ge|win|nen, du gewinnst, er gewinnt, er gewann, er hat gewonnen, der Gewinn, der Gewinner, die Gewinnerin
das	**Ge|ständ|nis,** die Geständnisse	das	**Ge|wirr**
der	**Ge|stank** → stinken		**ge|wiss,** die Gewissheit
	ge|stat|ten, du gestattest, sie gestattet, sie gestattete, sie hat gestattet	das	**Ge|wis|sen,** gewissenhaft, gewissenlos
	ge|ste|hen, du gestehst, er gesteht, er gestand, er hat gestanden	das	**Ge|wit|ter,** die Gewitter
		sich	**ge|wöh|nen,** du gewöhnst dich, er gewöhnt sich, er gewöhnte sich, er hat sich gewöhnt, die Gewohnheit, gewöhnlich, die Gewöhnung
das	**Ge|stein,** die Gesteine		
das	**Ge|stell,** die Gestelle		
	ges|tern, gestern Abend, gestern früh, gestrig		
	ge|streift	das	**Ge|wöl|be,** die Gewölbe
das	**Ge|strüpp,** die Gestrüppe	das	**Ge|wühl**
	ge|sund, gesunder, am gesundesten, auch: gesünder, am gesündesten, die Gesundheit, gesund sein	das	**Ge|würz,** die Gewürze
		die	**Ge|zei|ten** (Ebbe und Flut)
		der	**Gie|bel,** die Giebel
		die	**Gier,** gierig, gieriger, am gierigsten
das	**Ge|tränk,** die Getränke		**gie|ßen,** du gießt, er gießt, er goss, er hat gegossen, die Gießkanne, der Guss
das	**Ge|trei|de,** das Getreidefeld		
das	**Ge|wächs,** die Gewächse → wachsen	das	**Gift,** die Gifte, giftig, giftiger, am giftigsten, der Giftmüll
	ge|wäh|ren, du gewährst, er gewährt, er gewährte, er hat gewährt, die Gewähr		**gi|gan|tisch,** der Gigant (Riese)
		der	**Gip|fel,** die Gipfel, das Gipfelkreuz
die	**Ge|walt,** die Gewalten, gewaltig, gewaltiger, am gewaltigsten, gewaltlos, gewalttätig	der	**Gips,** die Gipse, gipsen
		die	**Gi|raf|fe,** die Giraffen
		die	**Gir|lan|de,** die Girlanden
das	**Ge|wand,** die Gewänder	die	**Gi|tar|re,** die Gitarren, Gitarre spielen
	ge|wandt sein, die Gewandtheit		
das	**Ge|wäs|ser,** die Gewässer	das	**Git|ter,** die Gitter, vergittern
das	**Ge|we|be,** die Gewebe		**glän|zen,** du glänzt, er glänzt, er glänzte, er hat geglänzt, der Glanz, glänzend, glänzender, am glänzendsten
das	**Ge|wehr,** die Gewehre		
das	**Ge|weih,** die Geweihe		
das	**Ge|wer|be,** die Gewerbe, gewerbsmäßig		
die	**Ge|werk|schaft,** die Gewerkschaften	das	**Glas,** die Gläser, gläsern
		der	**Gla|ser,** die Glaser,

G Gl Gl Gn Go Gr

der Glasermeister
glatt, glatter, am glattesten,
die Glätte, das Glatteis, glätten,
du glättest, sie glättet,
sie glättete, sie hat geglättet,
glatt hobeln, auch: glatthobeln
die **Glat|ze,** die Glatzen
glau|ben, du glaubst, sie glaubt,
sie glaubte, sie hat geglaubt,
der Glaube, auch: Glauben,
gläubig, gläubiger, am
gläubigsten, der/die Gläubige
gleich, gleich groß, gleich
schnell, das Gleiche, gleichen,
gleichfalls, das Gleichgewicht,
gleichgültig, gleichgültiger, am
gleichgültigsten, gleichmäßig,
das Gleichnis, gleichzeitig
das **Gleis,** die Gleise
glei|ten, du gleitest, er gleitet,
er glitt, er ist geglitten
der **Glet|scher,** die Gletscher,
die Gletscherspalte
das **Glied,** die Glieder, die Gliedmaßen
glie|dern, du gliederst,
sie gliedert, sie gliederte, sie hat
gegliedert, die Gliederung
glim|men, es glimmt, es glomm,
auch: es glimmte,
es hat geglommen,
auch: es hat geglimmt
glit|zern, es glitzert,
es glitzerte, es hat geglitzert
der **Glo|bus,** die Globusse, auch:
Globen
die **Glo|cke,** die Glocken,
das Glockenspiel, glockig
glot|zen, du glotzt, er glotzt,
er glotzte, er hat geglotzt
das **Glück,** glücken, es ist geglückt,
glücklich, glücklicher, am
glücklichsten, glücklicherweise,
der Glückwunsch

die **Glu|cke,** die Glucken
glü|hen, du glühst, sie glüht,
sie glühte, sie hat geglüht,
glühend, die Glut
die **Gna|de,** gnädig, gnädiger,
am gnädigsten
der **Go|ckel,** die Gockel,
der Gockelhahn
das **Gold,** golden, die Goldmedaille,
das Goldstück
die **Gon|del,** die Gondeln,
die Gondelbahn
der **Gong,** die Gongs, gongen
gön|nen, du gönnst, sie gönnt,
sie gönnte, sie hat sich ein Eis
gegönnt, der Gönner
der **Go|ril|la,** die Gorillas
der **Gott,** die Götter, die Göttin,
der Gottesdienst, göttlich,
gottlob, Gott sei Dank!
das **Grab,** die Gräber, das Grabmal
der **Gra|ben,** die Gräben, graben,
du gräbst, er gräbt, er grub,
er hat gegraben
der **Grad,** die Grade (30° Wärme),
aber: der Grat (Bergkamm)
der **Graf,** die Grafen, die Gräfin,
gräflich
der **Gram** (Kummer), sich grämen, du
grämst dich, sie grämt sich, sie
grämte sich, sie hat sich gegrämt
das **Gramm** (g), die Gramme
die **Gram|ma|tik,** die Grammatiken
die **Gra|na|te** (Geschoss),
die Granaten
der **Gra|nit** (Gestein), die Granite
die **Grape|fruit,** die Grapefruits
(Südfrucht, Zitrusfrucht)
das **Gras,** die Gräser, grasen,
du grast, sie grast, sie graste,
sie hat gegrast, der Grashalm
gräss|lich, die Grässlichkeit
der **Grat** (Bergkamm), die Grate

G Gr

die	**Grä|te,** die Gräten
	gra|tis (kostenlos), die Gratisprobe
	gra|tu|lie|ren, du gratulierst, er gratuliert, er gratulierte, er hat gratuliert, der Gratulant, die Gratulation
	grau, das Grau, grauhaarig, gräulich, grau gestreift, grau meliert
der	**Gräu|el,** die Gräuel
	grau|en, es graute (der Morgen graute)
	grau|en (grausen, sich fürchten), es graute mir, das Grauen, grauenhaft, grauenvoll, gräulich (schrecklich)
	grau|sam, grausamer, am grausamsten, die Grausamkeit
	grei|fen, du greifst, er greift, er griff, er hat gegriffen, der Griff
der	**Greis,** die Greise, die Greisin, greisenhaft
	grell, greller, am grellsten, grell beleuchtet, grellrot
die	**Gren|ze,** die Grenzen, grenzenlos, der Grenzstein
	Grie|chen|land, der Grieche, die Griechin, griechisch
der	**Grieß,** der Grießbrei, die Grießsuppe
der	**Griff,** die Griffe, griffig, griffiger, am griffigsten
der	**Grif|fel,** die Griffel
der	**Grill,** die Grills, grillen, du grillst, sie grillt, sie grillte, sie hat gegrillt
die	**Gril|le,** die Grillen
die	**Gri|mas|se,** die Grimassen
	grim|mig, grimmiger, am grimmigsten, der Grimm
	grin|sen, du grinst, er grinst, er grinste, er hat gegrinst,

	das Grinsen
die	**Grip|pe**
	grob, gröber, am gröbsten, die Grobheit, der Grobian, aufs Gröbste, auch: aufs gröbste beleidigen
	grö|len, du grölst, er grölt, er grölte, er hat gegrölt, das Grölen
	grol|len, du grollst, er grollt, er grollte, sie hat gegrollt, der Groll
der	**Gro|schen,** die Groschen
	groß, größer, am größten, die Größe, die Großeltern, die Großstadt, im Großen und Ganzen, größtenteils, großzügig, großzügiger, am großzügigsten
	groß|ar|tig, die Großartigkeit
	Groß|bri|tan|ni|en, der Brite, britisch
die	**Grot|te,** die Grotten
die	**Gru|be,** die Gruben, das Grübchen
	grü|beln, du grübelst, sie grübelt, sie grübelte, sie hat gegrübelt
die	**Gruft** (Grab), die Grüfte
	grün, das frische Grün, der Grünspan, das Grünzeug
der	**Grund,** die Gründe, gründlich, das Grundstück, begründen, zugrunde gehen, auch: zu Grunde gehen
die	**Grund|schu|le,** die Grundschulen
	grun|zen, du grunzt, es grunzt, es grunzte, es hat gegrunzt, das Ferkel grunzte
die	**Grup|pe,** die Gruppen
sich	**gru|seln,** gruselig
	grü|ßen, du grüßt, sie grüßt, sie grüßte, sie hat gegrüßt, der Gruß, die Grüße, begrüßen

129

G Gu Gy H Ha

gu|cken, du guckst, er guckt,
er guckte, er hat geguckt,
das Guckloch
das/der **Gu|lasch,** die Gulasche
gül|tig, die Gültigkeit
das/der **Gum|mi,** die Gummis, das
Gummiband, das Gummiboot,
gummieren, der Gummitwist
die **Gunst,** günstig, günstiger,
am günstigsten, zugunsten von,
auch: zu Gunsten von
gur|geln, du gurgelst,
er gurgelt, er gurgelte, er hat
gegurgelt, die Gurgel (Kehle)
die **Gur|ke,** die Gurken
der **Gurt,** die Gurte
der **Gür|tel,** die Gürtel
der **Guss,** die Güsse
gut, besser, am besten,
gut finden, gut gehen,
im Guten versuchen
das **Gut,** die Güter, der Güterwagen,
der Gutschein
die **Gü|te,** gütig, gütiger,
am gütigsten
das **Gym|na|si|um,** der Gymnasiast
die **Gym|nas|tik,**
der Gymnastikanzug,
die Gymnastikschule

H

das **Haar,** die Haare, das Härchen,
haaren, haarfein, haargenau,
haarig, haarscharf,
haarsträubend

H Ha

die **Ha|be,** Hab und Gut
ha|ben, du hast, er hat,
er hatte, er hat gehabt
hab|gie|rig, habgieriger,
am habgierigsten, habsüchtig,
die Habgier, die Habsucht
der **Ha|bicht,** die Habichte
die **Ha|cke,** auch: der Hacken,
die Hacken 53
ha|cken, du hackst, sie hackt,
sie hackte Holz, sie hat gehackt,
die Hacke (Gartengerät),
die Hackfrucht (z.B. Rüben)
der **Ha|fen,** die Häfen,
die Hafeneinfahrt
der **Ha|fer,** die Haferflocken
die **Haft,** in Haft sein, haftbar,
der Haftbefehl, haften,
du haftest, er haftet, er haftete,
sie hat gehaftet, der Häftling,
haften bleiben
die **Ha|ge|but|te,** die Hagebutten,
der Hagebuttentee
der **Ha|gel,** hageln, es hagelt,
es hagelte, es hat gehagelt
ha|ger, hagerer, am hagersten
der **Hahn,** die Hähne 53
der **Hai,** die Haie, der Haifisch
der **Hain,** die Haine
hä|keln, du häkelst, sie häkelt,
sie häkelte, sie hat gehäkelt
der **Ha|ken,** die Haken
halb, halb eins, halb fertig,
halb voll, halbieren, halbhoch,
halbjährig, die Halbinsel,
der Halbmond, halbtags,
halbfett
die **Hal|de,** die Halden
die **Hälf|te,** die Hälften
die **Hal|le,** die Hallen,
das Hallenbad
hal|len, es hallt, es hallte,
es hat gehallt, der Hall

H Ha

die	**Hal|lig,** die Halligen	
der	**Halm,** die Halme	
die	**Ha|lo|gen|lam|pe,** die Halogenlampen	
der	**Hals,** die Hälse, das Halsband, halsbrecherisch, das Halsweh	
	hal|ten, du hältst, er hält, er hielt, er hat gehalten, haltbar, der Halt, die Haltestelle, haltmachen, auch: Halt machen	
	Ham|burg, die Hamburger Bürger, hamburgisch	
der	**Ham|bur|ger** (doppelt belegtes Brötchen)	
	hä|misch, die Häme	
der	**Ham|mel,** die Hammel	
der	**Ham|mer,** die Hämmer, hämmern, du hämmerst, er hämmert, er hämmerte, er hat gehämmert	
	ham|peln, du hampelst, er hampelt, er hampelte, er hat gehampelt, der Hampelmann	
der	**Hams|ter,** die Hamster, hamstern, du hamsterst, sie hamstert, sie hamsterte, sie hat gehamstert	
die	**Hand,** die Hände, die Handarbeit, die Handbremse, handlich, die Handschrift, der Handschuh, das Handtuch, das Handwerk, handhaben	
	han|deln, du handelst, er handelt, er handelte, er hat gehandelt, der Handel, der Händler, die Händlerin, die Handlung	
das	**Han|dy,** die Handys (kleines schnurloses Funktelefon)	
der	**Hanf,** das Hanfseil	
der	**Hang,** die Hänge	
	hän|gen, du hängst, er hängt, er hängte das Bild auf, er hat gehangen, das Bild hängt, es hing, es hat gehangen, die Hängematte, hängen lassen	
der	**Hap|pen,** die Happen	
	hap|py (glücklich), das Happy End, auch: Happyend	
die	**Hard|ware,** die Hardwares	
die	**Har|fe** (Zupfinstrument), die Harfen	
die	**Har|ke,** die Harken, harken, du harkst, sie harkt, sie harkte, sie hat geharkt	
	harm|los, harmloser, am harmlosesten, die Harmlosigkeit	
die	**Har|mo|nie,** die Harmonien, harmonisch, harmonischer, am harmonischsten	
der	**Harn** (Urin), die Harnblase	
der	**Har|nisch** (Rüstung), die Harnische	
die	**Har|pu|ne,** die Harpunen	
	hart, härter, am härtesten, hart gekocht, die Härte, hartnäckig, hartnäckiger, am hartnäckigsten	
der	**Harz** (Gebirge)	
das	**Harz** (am Baum), die Harze, harzig, harziger, am harzigsten	
der	**Ha|se,** die Hasen, die Häsin	
die	**Ha|sel|nuss,** die Haselnüsse	
der	**Hass,** hassen, du hassest, er hasst, er hasste, er hat gehasst	
	häss|lich, hässlicher, am hässlichsten, die Hässlichkeit	
die	**Hast,** hasten, du hastest, er hastet, er hastete, er ist gehastet, hastig, hastiger, am hastigsten	
die	**Hau|be,** die Hauben, das Häubchen	
	hau|chen, du hauchst, er haucht, er hauchte, er hat gehaucht, der Hauch, hauchdünn	
	hau|en, du haust, er haut, er haute, er hat gehauen	

H Ha He   He

- der **Hau|fen,** die Haufen, häufen, du häufst, sie häuft, sie häufte, sie hat gehäuft
- **häu|fig,** häufiger, am häufigsten
- das **Haupt,** die Häupter, der Hauptbahnhof, der Häuptling, die Hauptsache, die Hauptschule, die Hauptstadt, das Hauptwort, hauptsächlich
- das **Haus,** die Häuser, nach Hause, zu Hause, die Hausaufgabe, hausen, du haust, er haust, er hauste, er hat gehaust, der Haushalt, haushoch, häuslich, der Hausschlüssel, der Hausschuh
- die **Haut,** die Häute, sich häuten
- die **Ha|xe,** die Haxen, auch: die Hachsen
- die **Heb|am|me,** die Hebammen
- der **He|bel,** die Hebel
- **he|ben,** du hebst, er hebt, er hob, er hat gehoben
- der **Hecht,** die Hechte
- das **Heck,** die Hecks, auch: die Hecke, die Heckscheibe
- die **He|cke,** die Hecken
- das **Heer,** die Heere
- die **He|fe,** der Hefeteig
- das **Heft,** die Hefte
- **hef|ten,** du heftest, sie heftet, sie heftete, sie hat geheftet, der Hefter
- **hef|tig,** heftiger, am heftigsten, die Heftigkeit
- die **Hei|de** (Landschaft), die Heiden, das Heidekraut
- der **Hei|de** (Nichtchrist), die Heiden, heidnisch
- die **Hei|del|bee|re,** die Heidelbeeren
- **heil,** das Heil, heilbar, heilen, du heilst, sie heilt, sie heilte, sie ist/hat geheilt, die Heilquelle, heilsam, die Heilung
- der **Hei|land**
- **hei|lig,** heiligsprechen, der Heilige, die Heilige, der Heilige Abend, die Heilige Schrift
- das **Heim,** die Heime, heimgehen, die Heimkehr, heimwärts, das Heimweh
- die **Hei|mat,** die Heimatkunde, heimatlich, heimatlicher, am heimatlichsten, heimatlos
- **heim|lich,** heimlicher, am heimlichsten, die Heimlichkeit, verheimlichen, du verheimlichst, er verheimlicht, er verheimlichte, sie hat verheimlicht
- die **Hei|rat,** die Heiraten, heiraten, du heiratest, sie heiratet, sie heiratete, sie hat geheiratet
- **hei|ser,** heiserer, am heisersten, die Heiserkeit
- **heiß,** heißer, am heißesten, heißhungrig, der Heißwasserbehälter, die Hitze
- **hei|ßen,** du heißt, er heißt, er hieß, er hat geheißen
- **hei|ter,** heiterer, am heitersten, die Heiterkeit
- **hei|zen,** du heizt, er heizt, er heizte, er hat geheizt, heizbar, der Heizer, das Heizöl, die Heizung
- die **Hek|tik,** hektisch
- der **Hek|to|li|ter** (hl), die Hektoliter
- der **Held,** die Helden, die Heldin, heldenhaft, die Heldentat
- **hel|fen,** du hilfst, er hilft, er half, er hat geholfen, der Helfer, die Helferin, die Hilfe
- **hell,** heller, am hellsten,

hellblau, hell leuchtend,
die Helligkeit, hellwach
der **Helm,** die Helme
das **Hemd,** die Hemden,
der Hemdkragen
hem|men, du hemmst,
er hemmt, er hemmte,
er hat gehemmt, die Hemmung,
hemmungslos
das **Hen|del** (Brathuhn), die Hendeln
der **Hengst,** die Hengste
der **Hen|kel,** die Henkel
die **Hen|ne,** die Hennen
her, herab, heran, herauf,
heraus, herbei, hereinkommen
herb, herber, am herbsten
(herber Geschmack)
das **Her|ba|ri|um** (Sammlung gepresster Pflanzen), die Herbarien
die **Her|ber|ge,** die Herbergen
der **Herbst,** die Herbste, herbstlich
der **Herd,** die Herde, die Herdplatte
die **Her|de,** die Herden,
der Herdentrieb
her|ein, hereinfallen
→ fallen
der **He|ring,** die Heringe
der **Herr,** die Herren, herrenlos
der **Herr|gott,** in Herrgottsfrühe
herr|lich, herrlicher,
am herrlichsten, die Herrlichkeit
herr|schen, du herrschst,
sie herrscht, sie herrschte,
sie hat geherrscht,
die Herrschaft, herrschaftlich
der **Herr|scher,** die Herrscher,
die Herrscherin
her|stel|len → stellen,
die Herstellung
he|rü|ber (her|über)
he|rum (her|um)
he|run|ter (her|un|ter)
her|vor

her|vor|ra|gend
das **Herz,** die Herzen, herzhaft,
herzhafter, am herzhaftesten,
herzlich, herzzerreißend
der **Her|zog,** die Herzöge,
die Herzogin
Hes|sen, der Hesse, hessisch
het|zen, du hetzt, er hetzt, er
hetzte, er hat gehetzt, die Hetze
das **Heu,** der Heuboden, heuen,
die Heuernte, die Heuschrecke
heu|cheln, du heuchelst,
er heuchelt, er heuchelte,
er hat geheuchelt, der Heuchler,
die Heuchlerin, heuchlerisch
heu|er (in diesem Jahr)
heu|len, du heulst, er heult,
er heulte, er hat geheult
die **Heu|schre|cke,**
die Heuschrecken
heu|te, heute Abend, heute früh,
heute Morgen, heutzutage
die **He|xe,** die Hexen, hexen,
du hext, er hext, er hexte,
er hat gehext, der Hexenschuss,
die Hexerei
der **Hieb,** die Hiebe
hier, hier bleiben, hierauf,
hierbei, hierdurch, hierher,
hiermit, hierzu, hierzulande,
auch: hier zu Lande
hie|sig, der Hiesige (Einheimische)
die **Hil|fe,** die Hilfen, hilflos,
hilfreich, hilfreicher,
am hilfreichsten,
der Hilfsarbeiter, hilfsbereit,
hilfsbereiter,
am hilfsbereitesten
die **Him|bee|re,** die Himbeeren
der **Him|mel,** die Himmel,
himmelblau, die
Himmelsrichtung, himmlisch
hin, hinab, hinauf, hinaus

133

H Hi Ho Ho

  hin|dern, du hinderst, er hindert, er hinderte, er hat gehindert, das Hindernis, verhindern
  hin|durch
  hi|nein (hin|ein), hineingehen
  hin|ken, du hinkst, er hinkt, er hinkte, er hat gehinkt
  hin|neh|men, du nimmst hin, er nimmt hin, er nahm hin, er hat hingenommen
  hin|set|zen → setzen
  hin|ten
  hin|ter, hintereinandergehen, hintereinanderstellen, der Hintergrund, hinterher, hinterlistig, hinterlistiger, am hinterlistigsten, das Hinterrad
der **Hin|tern,** die Hintern
  hin|über, hinüberfahren → fahren
  hin und her
  hin|un|ter
  hin|weg, hinweggehen
der **Hin|weis,** die Hinweise
  hin|zu, hinzukommen
das **Hirn,** die Hirne
der **Hirsch,** die Hirsche, das Hirschgeweih
die **Hir|se** (Getreideart)
der **Hirt,** auch: der Hirte, die Hirten
der **Hit,** die Hits, die Hitparade
die **Hit|ze,** hitzefrei haben, auch: Hitzefrei haben, hitzig, hitziger, am hitzigsten, der Hitzschlag
das **Hob|by,** die Hobbys
der **Ho|bel,** die Hobel, die Hobelbank, hobeln, du hobelst, er hobelt, er hobelte, sie hat gehobelt
  hoch, höher, am höchsten, das Hoch, das Hochhaus, der Hochsprung, das Hochwasser

  höchst, am höchsten, höchstens
der **Hoch|mut,** hochmütig
die **Hoch|zeit,** die Hochzeiten die Hochzeitsgäste
  ho|cken, du hockst, er hockt, er hockte auf dem Boden, er hat gehockt, der Hocker
der **Hö|cker** (Buckel), die Höcker
das **Ho|ckey,** Hockey spielen
der **Ho|den,** die Hoden
der **Hof,** die Höfe, das Gehöft
  hof|fen, du hoffst, er hofft, er hoffte, er hat gehofft, hoffentlich, die Hoffnung, hoffnungslos
  höf|lich, höflicher, am höflichsten, die Höflichkeit
die **Hö|he,** die Höhen, der Höhepunkt
  hohl, hohler, am hohlsten, die Höhle, der Hohlweg
der **Hohn,** höhnisch, höhnischer, am höhnischsten, verhöhnen
  ho|len, du holst, er holt, er holte, er hat geholt
  Hol|land, holländisch
die **Höl|le,** die Höllen, der Höllenlärm
  hol|pern, du holperst, sie holpert, sie holperte, holperig, auch: holprig, holpriger, am holprigsten
der **Ho|lun|der** (Strauch)
das **Holz,** die Hölzer, der Holzfäller, die Holzkohle, der Holzwurm, holzig, holziger, am holzigsten, Holz holen, aber: das Holzholen
der **Ho|nig,** honigsüß, das Honigglas
der **Hop|fen**
  hop|peln, du hoppelst, sie hoppelt, sie hoppelte, sie ist gehoppelt
  hop|sen, du hopst, er hopst,

H Ho Hu Hu Hy

    er hopste, er ist gehopst
hor|chen, du horchst,
sie horcht, sie horchte,
sie hat gehorcht
die **Hor|de,** die Horden
hö|ren, du hörst, er hört,
er hörte, er hat gehört,
der Hörer, die Hörerin,
das Hörgerät, das Hörspiel
der **Ho|ri|zont,** horizontal
das **Horn** 53, die Hörner
die **Hor|nis|se,** die Hornissen
der **Hor|nist** (Hornbläser),
die Hornisten
der **Horst** (großes Vogelnest),
die Horste
der **Hort,** die Horte
hor|ten, du hortest, es hortet,
es hortete Vorräte,
es hat gehortet
die **Ho|se,** die Hosen, die
Hosentasche, der Hosenträger
das **Hos|pi|tal,** die Hospitale
die **Hos|tie,** die Hostien
das/der **Hot|dog,** auch: Hot Dog
das **Ho|tel,** die Hotels
die **Hot|pants,** auch: Hot Pants
(ganz kurze Hose)
hübsch, hübscher,
am hübschesten
der **Hub|schrau|ber,**
die Hubschrauber
hu|cke|pack (tragen)
der **Huf,** die Hufe, das Hufeisen
die **Hüf|te,** die Hüften,
das Hüftgelenk
der **Hü|gel,** die Hügel, hügelig,
hügeliger, am hügeligsten,
auch: hüglig, das Hügelland
das **Huhn,** die Hühner
das **Hüh|ner|au|ge,**
die Hühneraugen
die **Hül|le,** die Hüllen

die **Hül|se,** die Hülsen,
die Hülsenfrucht
die **Hum|mel,** die Hummeln
der **Hu|mor,** humorvoll, humorlos
hum|peln, du humpelst,
er humpelt, er humpelte,
er hat gehumpelt
der **Hu|mus,** der Humusboden
der **Hund,** die Hunde, die Hündin,
hundemüde, die Hunderasse
hun|dert, ein Hunderter,
hundertmal, ein Hundertstel
der **Hun|ger,** hungern, du hungerst,
er hungert, er hungerte,
er hat gehungert,
die Hungersnot, hungrig,
hungriger, am hungrigsten
die **Hu|pe,** die Hupen, hupen,
du hupst, er hupt, er hupte,
er hat gehupt
hüp|fen, du hüpfst, sie hüpft,
sie hüpfte, sie hat gehüpft
die **Hür|de,** die Hürden,
der Hürdenlauf
Hur|ra!
hu|schen, du huschst,
er huscht, er huschte,
er ist gehuscht
der **Hus|ten,** husten, du hustest,
er hustet, er hustete,
er hat gehustet, der Hustensaft
der **Hut,** die Hüte
hü|ten, du hütest, er hütet,
er hütete, er hat gehütet,
behüten, auf der Hut sein
die **Hüt|te,** die Hütten
die **Hy|ä|ne,** die Hyänen
die **Hy|a|zin|the,** die Hyazinthen
der **Hy|drant** (Hyd|rant),
die Hydranten
die **Hy|gi|e|ne,** hygienisch
die **Hym|ne,** die Hymnen,
die Nationalhymne

H Hy I Ic Id Ig Ih Il Im In   I In

die **Hyp|no|se,** hypnotisieren
die **Hys|te|rie,** hysterisch

I

der **IC,** die ICs, der Intercity
der **ICE,** die ICEs,
 der Intercityexpress
 ich
 ide|al, das Ideal
die **Idee,** die Ideen
der **Idi|ot,** die Idioten, idiotisch
der **Igel,** die Igel
 ihm, ich schrieb ihm
 ihn, ich sehe ihn
 ih|nen, er folgte ihnen
 ihr, seid ihr schon da?
 ih|re, er sieht ihre Schwester
die **Il|lus|trier|te** (Il|lust|rier|te),
 die Illustrierten
 im, in dem, im Allgemeinen,
 im Besonderen, im Voraus
der **Im|biss,** die Imbisse,
 die Imbissbude
der **Im|ker,** die Imker, die Imkerin
 im|mer, immer wieder, immerzu
der **Im|per|fekt** (1. Vergangenheitsform)
 imp|fen, du impfst, er impft,
 er impfte, er hat geimpft,
 die Impfung
 im|po|nie|ren, du imponierst
 mir, sie imponiert mir,
 sie imponierte mir,
 sie hat mir imponiert
 im|stan|de sein, auch:
 im Stande sein
 in, ins (in das), in dem
 in|des|sen
der/die **In|di|a|ner,** die Indianerin,
 der Indianerhäuptling
die **In|dus|trie** (In|dust|rie),
 die Industrien

 in|ein|an|der
die **In|fek|ti|on,** die Infektionen,
 infizieren, der Infekt
der **In|fi|ni|tiv,** die Infinitive
 (Grundform)
die **In|for|ma|ti|on,**
 die Informationen, informieren
der **In|ge|ni|eur,** die Ingenieurin
der/die **In|ha|ber,** die Inhaberin
der **In|halt,** die Inhalte, das
 Inhaltsverzeichnis, inhaltlich
das **In|land,** der Inländer
die **In|line|skates,** (Rollschuhe mit
 hintereinander liegenden Rädern)
 in|mit|ten
 in|nen, die Innenseite
 in|ner|halb
 in|nig, inniger, am innigsten,
 die Innigkeit
 ins (in das), insbesondere
der **In|sas|se,** die Insassen
die **In|schrift,** die Inschriften
das **In|sekt,** die Insekten,
 der Insektenstich
die **In|sel,** die Inseln,
 der Inselbewohner
das **In|se|rat,** die Inserate,
 inserieren, du inserierst,
 er inseriert, er inserierte,
 er hat inseriert
 ins|ge|samt
 in|so|fern
der **In|spek|tor,** die Inspektoren,
 die Inspektorin, die Inspektion
der **In|stal|la|teur,**
 die Installateure,
 die Installateurin, installieren
 in|stand setzen,
 auch: in Stand setzen
das **In|sti|tut,** die Institute
das **In|stru|ment,** die Instrumente
 in|tel|li|gent, die Intelligenz
das **In|te|res|se** (In|ter|es|se),

I In Ir Is It J Ja

die Interessen, interessieren, interessant
das In|ter|nat, die Internate
in|ter|na|ti|o|nal
das In|ter|net
das In|ter|view, die Interviews, interviewen
der In|va|li|de, die Invaliden, die Invalidität
in|wen|dig
in|zwi|schen
ir|gend, irgendein, irgendeinmal, irgendjemand, irgendwann, irgendwas, irgendwie, irgendwo
Ir|land, der Ire, irisch
ir|re, auch: irr, irreführen, sich irren, irrsinnig, irrtümlich, der Irrtum, der Irre, die Irre
der Is|lam (Religion)
Is|ra|el, die Israeliten, israelisch
die Iso|la|ti|on, das Isolierband, isolieren
du isst (Grundform: essen)
er ist in Amerika (Grundform: sein)
Ita|li|en, der Italiener, die Italienerin, italienisch

J

ja, Ja sagen, auch: ja sagen
die Jacht, auch: die Yacht, die Jachten
die Ja|cke, die Jacken
ja|gen, du jagst, er jagt, er jagte, er hat gejagt, die Jagd, der Jäger, die Jägerin
der Ja|gu|ar, die Jaguars
jäh, der Jähzorn, jähzornig, jähzorniger, am jähzornigsten
das Jahr, die Jahre, jahrelang, die Jahreszeit, der Jahrgang,

J Ja Je Jo

das Jahrhundert, jährlich
der Jahr|markt, die Jahrmärkte
die Ja|lou|sie, die Jalousien (Rollladen)
der Jam|mer, jammern, du jammerst, sie jammert, sie jammerte, sie hat gejammert, jämmerlich, jammerschade
der Ja|nu|ar, im Januar
Ja|pan, der Japaner, japanisch
jä|ten, du jätest, sie jätet, sie jätete, sie hat gejätet, sie jätete Unkraut
die Jau|che, die Jauchegrube, jauchen, er jaucht die Wiese
jauch|zen, du jauchzt, er jauchzt, er jauchzte, er hat gejauchzt
jau|len, du jaulst, er jault, der Hund jaulte, er hat gejault
ja|wohl
der Jazz (Musikstil, der sich aus der Volksmusik der schwarzen Bevölkerung Amerikas entwickelt hat), die Jazzkapelle
je
die Jeans (bequeme Hose)
je|der, jede, jedes, jedenfalls, jedermann, jederzeit, jedes Mal
je|doch
der Jeep, die Jeeps (Geländewagen)
je|mals
je|mand, jemandem, jemanden
je|ner, jene, jenes
jen|seits, im Jenseits
Je|sus Christus
der Jet (Düsenflugzeug), die Jets
jetzt
je|weils
der Job (Arbeitsplatz), die Jobs (Gelegenheitsarbeit), jobben, du jobbst, sie jobbt, sie jobbte, sie hat gejobbt

J Jo Ju

das **Jod**
jo|deln, du jodelst, er jodelt, er jodelte, er hat gejodelt, der Jodler
jog|gen (laufen in mäßigem Tempo), du joggst, sie joggt, sie joggte, sie hat gejoggt, der Jogger, die Joggerin, der Jogginganzug (bequemer Anzug für das Laufen)

das/der **Jo|ghurt,** auch: Jogurt, die Joghurts

die **Jo|han|nis|bee|re,** die Johannisbeeren
joh|len, du johlst, er johlt, er johlte, er hat gejohlt

der **Jo|ker,** die Joker (Spielkarte)
jong|lie|ren (Geschicklichkeitsspiele ausführen), du jonglierst, er jongliert, er jonglierte, er hat jongliert

der **Jour|na|list,** die Journalisten, die Journalistin (jemand, der für Rundfunk, Zeitung und Fernsehen schreibt)

der **Joy|stick,** die Joysticks (Steuerhebel für Computer)
ju|beln, du jubelst, er jubelt, er jubelte, er hat gejubelt, der Jubel, der Jubilar, das Jubiläum
ju|bi|lie|ren, du jubilierst, er jubiliert, er jubilierte, er hat jubiliert
ju|cken, es juckt mich, es juckte mich

der **Ju|de,** die Juden, die Jüdin
das **Ju|do** (Kampfsportart)
die **Ju|gend,** die Jugendherberge, die Jugendlichen, jugendlich
der **Ju|li**
jung, jünger, am jüngsten, der Junge, die Jungen, jugendlich, jugendlicher, am jugendlichsten, Jung und Alt
der **Jung|ge|sel|le,**

J Ju K Ka

die Junggesellen
der **Ju|ni**
der **Ju|pi|ter**
die **Ju|ry** (Preisgericht), die Jurys
der **Ju|rist,** die Juristen, die Juristin
das/der **Ju|wel,** die Juwelen, der Juwelier, die Juwelierin
der **Jux** (Spaß), der Juxartikel

K

das **Ka|bel,** die Kabel, der Kabelanschluss, das Kabelfernsehen
die **Ka|bi|ne,** die Kabinen
das **Ka|brio** (Kab|rio), auch: Cabrio, die Kabrios
die **Ka|chel,** die Kacheln, kacheln, du kachelst, er kachelt, er kachelte, er hat gekachelt, der Kachelofen
der **Kä|fer,** die Käfer
der **Kaf|fee,** die Kaffeebohne
der **Kä|fig,** die Käfige
kahl, kahler, am kahlsten, der Kahlschlag
der **Kahn,** die Kähne
der **Kai** (Ufermauer), die Kais
der **Kai|ser,** die Kaiser, die Kaiserin, kaiserlich
der **Ka|jak** (Paddelboot), die Kajaks
die **Ka|jü|te,** die Kajüten
der **Ka|kao,** das Kakaopulver, die Kakaobohne
der **Kak|tus,** die Kakteen

K Ka　　　　　　　　　　Ka

das **Kalb,** die Kälber, kalben,
　　das Kalbfleisch
der **Ka|len|der,** die Kalender
der **Kalk,** kalken, du kalkst, er kalkt,
　　er kalkte, er hat gekalkt,
　　der Kalkstein, auch: kälken
die **Ka|lo|rie,** die Kalorien
　　kalt, kälter, am kältesten,
　　kaltblütig, die Kälte, kalt stellen,
　　auch: kaltstellen
das **Ka|mel,** die Kamele,
　　der Kameltreiber
die **Ka|me|ra,** die Kameras
der **Ka|me|rad,** die Kameraden, die
　　Kameradin, die Kameradschaft,
　　kameradschaftlich
die **Ka|mil|le,** der Kamillentee
der **Ka|min,** die Kamine
der **Kamm** 53, die Kämme,
　　kämmen, du kämmst,
　　sie kämmt, sie kämmte sich,
　　sie hat sich gekämmt
die **Kam|mer,** die Kammern
der **Kampf,** die Kämpfe, kämpfen,
　　du kämpfst, er kämpft,
　　er kämpfte, er hat gekämpft,
　　der Kämpfer, die Kämpferin
　　Ka|na|da, kanadisch
der **Ka|nal,** die Kanäle,
　　die Kanalisation, kanalisieren
der **Ka|na|ri|en|vo|gel,**
　　die Kanarienvögel
der **Kan|di|dat,** die Kandidaten,
　　die Kandidatin, kandidieren
das **Kän|gu|ru,** die Kängurus
das **Ka|nin|chen,** die Kaninchen,
　　der Kaninchenstall
der **Ka|nis|ter,** die Kanister
die **Kan|ne,** die Kannen
der **Ka|non,** die Kanons
die **Ka|no|ne,** die Kanonen
die **Kan|ta|te** (Musikstück),
　　die Kantaten

die **Kan|te,** die Kanten, kantig
die **Kan|ti|ne,** die Kantinen
das **Ka|nu,** die Kanus
die **Kan|zel,** die Kanzeln
der **Kanz|ler,** die Kanzler
die **Ka|pel|le** (kleine Kirche),
　　die Kapellen
　　ka|pie|ren, du kapierst,
　　er kapiert, er kapierte,
　　er hat kapiert
der **Ka|pi|tän,** die Kapitäne
das **Ka|pi|tel,** die Kapitel
der **Kap|lan** (katholischer Geistlicher),
　　die Kapläne
die **Kap|pe,** die Kappen, das Käppi
die **Kap|sel,** die Kapseln
　　ka|putt, kaputt machen, auch:
　　kaputtmachen
die **Ka|pu|ze,** die Kapuzen
die **Ka|ram|bo|la|ge,**
　　die Karambolagen
die **Ka|ra|wa|ne,** die Karawanen
der **Kar|di|nal** (hoher katholischer
　　Würdenträger), die Kardinäle
der **Kar|frei|tag**
　　karg, karger, am kargsten,
　　die Kargheit, kärglich
　　ka|riert, das Karo, die Karos
die **Ka|ri|es** (Zahnfäule), kariös
der **Kar|ne|val** (Fastnacht)
die **Ka|ros|se|rie,** die Karosserien
die **Ka|rot|te** (Möhre), die Karotten
der **Karp|fen,** die Karpfen
die **Kar|re,** die Karren, karren,
　　du karrst, sie karrt (die Steine fort),
　　sie karrte, sie hat gekarrt
die **Kar|te,** die Karten
die **Kar|tei,** die Karteien
die **Kar|tof|fel,** die Kartoffeln,
　　die Kartoffelchips
der **Kar|ton,** die Kartons
das **Ka|rus|sell,** die Karussells
der **Kä|se,** der Käsekuchen

139

K Ka Ke

die **Ka|ser|ne,** die Kasernen
der **Kas|per,** das Kasperletheater
die **Kas|se,** die Kassen, kassieren, du kassierst, er kassiert, er kassierte, er hat kassiert, der Kassierer, die Kassiererin
die **Kas|set|te,** die Kassetten, der Kassettenrekorder
die **Kas|tag|net|te** (Musikinstrument), die Kastagnetten
die **Kas|ta|nie,** die Kastanien, der Kastanienbaum
der **Kas|ten,** die Kästen
der **Kat** (Katalysator), die Kats
der **Ka|ta|log,** die Kataloge
der **Ka|tarrh** (Schleimhautentzündung), auch: Katarr
die **Ka|tas|tro|phe** (Unglück), die Katastrophen, katastrophal
der **Ka|ter,** die Kater
die **Ka|the|dra|le,** die Kathedralen
der **Ka|tho|lik,** die Katholiken, katholisch (kath.)
die **Kat|ze,** die Katzen, das Katzenfutter
kau|en, du kaust, er kaut, er kaute, er hat gekaut, der/das Kaugummi
kau|ern, du kauerst, er kauert, er kauerte, er hat gekauert
kau|fen ⑧, du kaufst, sie kauft, sie kaufte, sie hat gekauft, der Kauf, die Käufe, der Käufer, die Käuferin, die Kaufleute, käuflich, käuflicher, am käuflichsten, der Kaufmann, die Kauffrau
die **Kaul|quap|pe,** die Kaulquappen
kaum, kaum zu glauben
der **Kauz,** die Käuze
der **Ke|bab,** die Kebabs (am Spieß gebratene Fleischstückchen)
keck, kecker, am kecksten, die Keckheit

der **Ke|gel,** die Kegel, kegeln, du kegelst, sie kegelt, sie kegelte, sie hat gekegelt, die Kegelbahn
die **Keh|le,** die Kehlen, der Kehlkopf
keh|ren (fegen), du kehrst, sie kehrt, sie kehrte, sie hat gekehrt
kehrt|ma|chen, er machte kehrt
kei|fen, du keifst, er keift, er keifte, er hat gekeift
der **Keil,** die Keile, der Keilriemen
der **Keim,** die Keime, keimen, du keimst, es keimt, es keimte, es hat gekeimt, keimfrei, der Keimling
kein, keinerlei, keinmal
kei|nes|falls, keineswegs
der **Keks,** die Kekse, die Keksdose
der **Kelch,** die Kelche
die **Kel|le,** die Kellen (Mauerwerkzeug)
der **Kel|ler,** die Keller, die Kellerei
der/die **Kell|ner,** die Kellnerin
ken|nen, du kennst, er kennt, er kannte, er hat gekannt, der Kenner, kennenlernen, auch: kennen lernen, die Kenntnis, das Kennzeichen, kennzeichnen → zeichnen
ken|tern, du kenterst, es kentert, das Boot kenterte, es ist gekentert
die **Ke|ra|mik,** die Keramiken
die **Ker|be,** die Kerben, kerben
der **Ker|ker,** die Kerker
der **Kerl,** die Kerle
der **Kern,** die Kerne, kerngesund → gesund, kernig, kerniger, am kernigsten, das Kernobst, die Kernseife
das **Kern|kraft|werk,** die Kernkraftwerke, die Kernenergie
die **Ker|ze,** die Kerzen,

K Ke Ki   Ki Kl

kerzengerade
kess, kesser, am kessesten sein
der **Kes|sel,** die Kessel
der/das **Ket|schup,** auch: Ketchup
die **Ket|te,** die Ketten
keu|chen, du keuchst,
er keucht, er keuchte,
er hat gekeucht, der Keuchhusten
die **Keu|le,** die Keulen
das **Key|board** (Tasteninstrument),
die Keyboards
ki|chern (lachen), du kicherst,
sie kichert, sie kicherte,
sie hat gekichert
kie|big, kiebiger, am kiebigsten
(frech, zänkisch)
der **Kie|bitz,** die Kiebitze, kiebitzen
der **Kie|fer** (Knochen), die Kiefer [53]
die **Kie|fer** (Nadelbaum), die Kiefern,
der Kiefernzapfen [53]
der **Kiel** (Grundbalken eines Schiffes),
die Kiele
Kiel (Stadt), der Kieler,
die Kieler Woche
die **Kie|me,** die Kiemen
der **Kies,** die Kiese, der Kiesel,
die Kiesel, der Kieselstein,
die Kiesgrube
das **Ki|lo** (kg), das Kilogramm
der **Ki|lo|me|ter** (km), die Kilometer,
der Kilometerzähler
das **Kind,** die Kinder, der
Kindergarten, der Kinderhort,
der Kinderwagen, die Kindheit,
kindisch, kindlich, kindlicher,
am kindlichsten
das **Kinn,** die Kinne, der Kinnhaken
das **Ki|no,** die Kinos
der **Ki|osk,** die Kioske
kip|pen, du kippst, er kippt,
er kippte, er hat/ist gekippt, die
Kippe, der Kipper (Lastwagen),
das Kippfenster

die **Kir|che,** die Kirchen, die
Kirchenglocke, der Kirchturm
die **Kir|mes,** auch: Kirchweih
die **Kir|sche,** die Kirschen,
der Kirschbaum, kirschrot
die **Kis|te,** die Kisten
der **Kitsch,** kitschig, kitschiger,
am kitschigsten
der **Kitt,** die Kitte, kitten, du kittest,
er kittet, er kittete, er hat gekittet
der **Kit|tel,** die Kittel
das **Kitz,** die Kitze (junges Reh, junge Ziege, junge Gämse)
kit|zeln, du kitzelst, sie kitzelt,
sie kitzelte, sie hat gekitzelt,
der Kitzel, kitzlig, kitzliger,
am kitzligsten, auch: kitzelig
kläf|fen, du kläffst, er kläfft,
der Hund kläffte, er hat gekläfft
kla|gen, du klagst, sie klagt,
sie klagte, sie hat geklagt,
die Klage, die Klagen, der Kläger,
die Klägerin, kläglich
klamm (steife Finger), klammer,
am klammsten
die **Klamm** (Schlucht), die Klammen
die **Klam|mer,** die Klammern,
klammern, du klammerst,
er klammert, er klammerte sich
an, er hat geklammert
die **Kla|mot|te** (altes Kleidungsstück),
die Klamotten
der **Klang,** die Klänge, klangvoll,
klangvoller, am klangvollsten
die **Klap|pe,** die Klappen
klap|pen, du klappst, es klappt,
es klappte, es hat geklappt
klap|pern, du klapperst,
es klappert, es klapperte,
es hat geklappert
der **Klaps,** die Klapse
klar, klarer, am klarsten,
die Kläranlage, klären,

K Kl

du klärst, er klärt, er klärte, er hat geklärt, die Klarheit, klarmachen, im Klaren sein, erklären
die **Kla|ri|net|te** (Musikinstrument), Klarinette spielen
die **Klas|se,** die Klassen, der Klassenlehrer, die Klassenlehrerin, das ist Klasse
der **Klatsch** (Geschwätz)
klat|schen, du klatschst, er klatscht, er klatschte Beifall, er hat geklatscht
die **Klaue** (Kralle), die Klauen
klau|en, du klaust, er klaut, er klaute, er hat geklaut
das **Kla|vier,** die Klaviere, Klavier spielen
kle|ben, du klebst, sie klebt, sie klebte, sie hat geklebt, kleben bleiben, der Kleber, der Klebestreifen, klebrig, klebriger, am klebrigsten, der Klebstoff
kle|ckern, du kleckerst, er kleckert, er kleckerte, er hat gekleckert
der **Klecks,** die Kleckse, klecksen, du kleckst, sie kleckst, sie kleckste, sie hat gekleckst
der **Klee,** das Kleeblatt
das **Kleid,** die Kleider, kleiden, der Kleiderhaken, die Kleidung 41
die **Kleie**
klein, kleiner, am kleinsten, ein klein wenig, die Kleinigkeit, kleinlich, klein gedruckt, ein Wort kleinschreiben, klein schneiden, auch: kleinschneiden
der **Kleis|ter** (Leim)
klem|men, du klemmst, es klemmt, es klemmte, es hat geklemmt, in der Klemme sitzen
der **Klemp|ner** (Installateur),

Kl

die Klempner, die Klempnerei
die **Klet|te,** die Kletten, der Klettverschluss
klet|tern, du kletterst, er klettert, er kletterte, er ist geklettert, der Kletterer, die Kletterin
kli|cken, du klickst, er klickt, die Kamera klickte, es hat geklickt
das **Kli|ma,** die Klimaanlage, klimatisch, klimatisiert
der **Klimm|zug,** die Klimmzüge
klim|pern, du klimperst, sie klimpert, sie klimperte, sie hat geklimpert
die **Klin|ge,** die Klingen
die **Klin|gel,** die Klingeln, klingeln, du klingelst, sie klingelt, sie klingelte, sie hat geklingelt
klin|gen, du klingst, es klingt, es klang, es hat geklungen, der Klang
die **Kli|nik,** die Kliniken, klinisch
die **Klin|ke,** die Klinken, klinken, du klinkst, sie klinkt, sie klinkte, sie hat geklinkt, einklinken
die **Klip|pe,** die Klippen
klir|ren, du klirrst, es klirrt, es klirrte, es hat geklirrt
klit|ze|klein
klop|fen, du klopfst, es klopft, es klopfte, es hat geklopft
der **Klops,** die Klopse
das **Klo|sett,** die Klosetts, auch: Klo, die Klos
der **Kloß,** die Klöße
das **Klos|ter,** die Klöster
der **Klotz,** die Klötze, klotzig, klotziger, am klotzigsten
der **Klub,** auch: Club, die Klubs
die **Kluft** (tiefe Spalte), die Klüfte
klug, klüger, am klügsten, die Klugheit, klug reden, aber: **klugreden** (alles besser wissen)

K Kl Kn Kn

der **Klum|pen,** die Klumpen, klumpig, klumpiger, am klumpigsten
knab|bern, du knabberst, er knabbert, er knabberte, er hat geknabbert, die Knabbereien
der **Kna|be,** die Knaben
das **Knä|cke|brot,** die Knäckebrote
kna|cken, du knackst, es knackt, es knackte, es hat geknackt, knackig, knackiger, am knackigsten, der Knacks, die Knackwurst
der **Knall,** die Knalle, knallen, du knallst, es knallt, es knallte, es hat geknallt, knallhart, knallrot
knapp, knapper, am knappsten, die Knappheit
der **Knap|pe,** die Knappen (1. Bergarbeiter, 2. Diener eines Ritters)
knar|ren, du knarrst, sie knarrt, die Tür knarrte, sie hat geknarrt
der **Knatsch** (Streit)
knat|tern, du knatterst, es knattert, es knatterte, es hat geknattert
der/das **Knäu|el,** die Knäuel
knau|sern, du knauserst, sie knausert, sie knauserte, sie hat geknausert, knauserig, knauseriger, am knauserigsten, auch: knausrig
der **Kne|bel,** die Knebel, knebeln, du knebelst, er knebelt, er knebelte, er hat geknebelt
der **Knecht,** die Knechte
knei|fen, du kneifst, er kneift, er kniff, er hat gekniffen, die Kneifzange
die **Knei|pe,** Kneipen
kne|ten, du knetest, er knetet, er knetete, er hat geknetet, die Knete, die Knetmasse

kni|cken, du knickst, sie knickt, sie knickte, sie hat geknickt, der Knick (Bruchstelle)
der **Knicks,** die Knickse, knicksen, du knickst, sie knickst, sie knickste, sie hat geknickst
das **Knie,** die Knie, knien, du kniest, er kniet, er kniete, sie hat gekniet, die Kniescheibe, knietief
der **Kniff,** die Kniffe, kniffelig, auch: knifflig
knip|sen, du knipst, er knipst, er knipste, er hat geknipst
der **Knirps,** die Knirpse
knir|schen, du knirschst, es knirscht, es knirschte, es hat geknirscht
knis|tern, du knisterst, es knistert, es knisterte, es hat geknistert
knit|tern, du knitterst, er knittert, er knitterte, er hat geknittert, knitterfrei
kno|beln, du knobelst, er knobelt, sie knobelte, er hat geknobelt
der **Knob|lauch,** die Knoblauchzehe
der **Kno|chen,** die Knochen, der Knöchel, knochig, knochiger, am knochigsten
der **Knö|del** (Kloß), die Knödel
die **Knol|le,** die Knollen, knollig
der **Knopf,** die Knöpfe, knöpfen, du knöpfst, er knöpft, er knöpfte, er hat geknöpft, das Knopfloch
der **Knor|pel,** die Knorpel, knorpelig, auch: knorplig
knor|rig, knorriger, am knorrigsten, der Knorren
die **Knos|pe,** die Knospen
der **Kno|ten,** die Knoten, knoten, du knotest, sie knotet, sie knotete, sie hat geknotet

K Kn Ko

Ko

knüllen, du knüllst, er knüllt,
er knüllte, er hat geknüllt,
der Knüller
knüpfen, du knüpfst, sie knüpft,
sie knüpfte, sie hat geknüpft
der Knüppel, die Knüppel
knurren, du knurrst, er knurrt,
er knurrte, er hat geknurrt
knuspern, du knusperst,
er knuspert, er knusperte,
er hat geknuspert, knusperig,
knusperiger, am knusperigsten,
auch: knusprig,
das Knusperhäuschen
k.o. (knock-out), der K.-o.-Schlag
der Kobold, die Kobolde
die Kobra, die Kobras
kochen, du kochst, sie kocht,
sie kochte, sie hat gekocht,
der Koch, die Köchin,
kochend heiß
der Köder, die Köder, ködern
der Koffer, die Koffer
der Kohl, der Kohlkopf,
der Kohlrabi, die Kohlrübe,
der Kohlweißling
die Kohle, die Kohlen, der Köhler,
kohlrabenschwarz
die Koje, die Kojen
die Kokosnuss, die Kokosnüsse
der Koks, der Koksofen
der Kolben, die Kolben,
die Kolbenstange
die Kolik, die Koliken
der Kollege, die Kollegen,
die Kollegin
die Kolonne, die Kolonnen
der Koloss, die Kolosse, kolossal
kombinieren, du kombinierst,
er kombiniert, er kombinierte,
er hat kombiniert, der Kombi,
die Kombination
der Komet, die Kometen

der Komfort, komfortabel
komisch 32, komischer,
am komischsten, der Komiker,
die Komikerin
das Komma, die Kommas,
auch: die Kommata
kommandieren, du
kommandierst, er kommandiert,
sie kommandierte,
sie hat kommandiert, der
Kommandant, das Kommando
kommen, du kommst,
er kommt, er kam,
er ist gekommen
der Kommentar, die Kommentare
der Kommissar, die Kommissare,
die Kommissarin,
das Kommissariat
die Kommission,
die Kommissionen
die Kommode (ein Möbelstück)
die Kommunion,
die Kommunionen,
das Kommunionkind
die Komödie, die Komödien
die Kompanie, die Kompanien
der Kompass, die Kompasse
komplett (vollständig)
das Kompliment, die Komplimente
kompliziert, komplizierter,
am kompliziertesten (schwierig)
komponieren,
du komponierst, er komponiert,
er komponierte, er hat
komponiert, der Komponist, die
Komponistin, die Komposition
der Kompost, die Komposte, der
Komposthaufen, kompostieren
das Kompott, die Kompotte
der Kompromiss,
die Kompromisse
der Konditor, die Konditoren,
die Konditorin, die Konditorei

K Ko

- die **Kon|fe|renz,** die Konferenzen, das Konferenzzimmer
- die **Kon|fes|si|on,** die Konfessionen
- das **Kon|fet|ti**
- die **Kon|fir|ma|ti|on,** die Konfirmationen, der Konfirmand, die Konfirmanden, die Konfirmandin, konfirmieren
- die **Kon|fi|tü|re** (Marmelade), die Konfitüren
- der **Kon|flikt** (Streit), die Konflikte
- der **Kö|nig,** die Könige, die Königin, königlich
- die **Kon|kur|renz** (Wettbewerb), die Konkurrenzen, der Konkurrent, die Konkurrentin, konkurrieren
- **kön|nen,** du kannst, er kann, er konnte, er hat gekonnt
- der **Kon|rek|tor,** die Konrektoren, die Konrektorin
- die **Kon|ser|ve,** die Konserven, die Konservendose, konservieren
- der **Kon|so|nant** (Mitlaut), die Konsonanten
- **kons|tru|ie|ren,** du konstruierst, er konstruiert, er konstruierte, er hat konstruiert, die Konstruktion
- der **Kon|sum** (Verbrauch), der Konsument, konsumieren
- der **Kon|takt,** die Kontakte
- der **Kon|ti|nent,** die Kontinente
- das **Kon|to,** auch: die Kontos, die Konten
- der **Kon|trast,** die Kontraste
- die **Kon|trol|le,** die Kontrollen, der Kontrolleur, kontrollieren, du kontrollierst, er kontrolliert, er kontrollierte, er hat kontrolliert
- sich **kon|zen|trie|ren,** du konzentrierst dich, sie konzentriert sich, sie konzentrierte sich, sie hat sich konzentriert, die Konzentration
- das **Kon|zert,** die Konzerte
- der **Kopf,** die Köpfe, auf dem Kopf stehen, kopfstehen, ich stehe kopf, köpfen, der Kopfhörer, kopflos, das Kopfrechnen, der Kopfsprung, kopfüber, das Kopfweh
- die **Ko|pie,** die Kopien, kopieren, du kopierst, er kopiert, er kopierte, er hat kopiert, das Kopiergerät
- die **Ko|ral|le,** die Korallen, das Korallenriff
- der **Ko|ran** (das heilige Buch des Islam)
- der **Korb,** die Körbe
- die **Kor|del,** die Kordeln
- der **Kor|ken,** die Korken, der Korkenzieher
- das **Korn,** die Körner, die Kornblume, das Kornfeld
- der **Kör|per,** die Körper 42
- **kor|rekt** (richtig), die Korrektur
- **kor|ri|gie|ren,** du korrigierst, er korrigiert, er korrigierte, er hat korrigiert
- der **Kor|ri|dor,** die Korridore
- die **Kos|me|tik,** kosmetisch
- der **Kos|mos** (Weltall), der Kosmonaut, die Kosmonautin
- die **Kost,** kosten (schmecken), du kostest, er kostet, er kostete, er hat gekostet, köstlich, köstlicher, am köstlichsten, die Kostprobe
- **kos|ten,** die Kosten, du kostest, es kostete Geld, kostbar, kostbarer, am kostbarsten, kostenlos, kostspielig
- das **Kos|tüm,** die Kostüme
- der **Kö|ter,** die Köter
- der **Kot** (Schmutz), der Kotflügel

K Ko Kr   Kr

das **Ko|te|lett,** die Koteletts
die **Krab|be,** die Krabben,
    der Krabbensalat
    krab|beln, du krabbelst,
    sie krabbelt, sie krabbelte,
    sie hat/ist gekrabbelt
der **Krach,** krachen, du krachst,
    er kracht, er krachte,
    er hat/ist gekracht
    kräch|zen, du krächzt,
    er krächzt, er krächzte,
    sie hat gekrächzt
die **Kraft,** die Kräfte, kräftig,
    kräftiger, am kräftigsten,
    das Kraftfahrzeug (Kfz), kraftlos,
    die Kraftprobe
der **Kra|gen,** die Kragen
die **Krä|he,** die Krähen
    krä|hen, du krähst, er kräht,
    der Hahn krähte, sie hat gekräht
die **Kral|le,** die Krallen
der **Kram,** kramen
der **Krampf,** die Krämpfe,
    die Krampfadern, krampfhaft,
    verkrampft
der **Kran,** die Kräne,
    der Kranführer, die Kranführerin
der **Kra|nich,** die Kraniche
    krank, kranker, am kranksten,
    auch: kränker, am kränksten,
    der Kranke, die Kranke,
    die Kranken, das Krankenhaus
    43, krankhaft, die Krankheit,
    krank sein, kranklachen,
    krankschreiben
    krän|ken, du kränkst, er kränkt
    (beleidigt), er kränkte uns,
    er hat uns gekränkt
der **Kranz,** die Kränze
    krass, krasser, am krassesten
der **Kra|ter,** die Krater
    krat|zen, du kratzt, er kratzt,
    er kratzte, er hat gekratzt,
    sich kratzen, der Kratzer
    krau|len, du kraulst, sie krault,
    sie kraulte (leicht und liebevoll
    kratzen oder: im Kraulstil schwimmen),
    sie hat/ist gekrault
    kraus, krauser, am krausesten,
    kräuseln, die Krause,
    der Krauskopf
das **Kraut,** die Kräuter
der **Kra|wall,** die Krawalle
die **Kra|wat|te,** die Krawatten
    kra|xeln (klettern), du kraxelst,
    er kraxelt, er kraxelte,
    er hat/ist gekraxelt
der **Krebs** (Krebstier, böse Krankheit),
    krebsrot
der **Kre|dit,** die Kredite,
    die Kreditkarte
die **Krei|de,** die Kreiden,
    kreidebleich
der **Kreis,** die Kreise, der Kreisel,
    kreisen, du kreist, er kreist,
    er kreiste, sie hat gekreist,
    kreisrund
    krei|schen, du kreischst,
    er kreischt, er kreischte,
    er hat gekreischt
die **Krem,** auch: Creme, die Krems
der **Krem|pel** (wertloser Kram)
das **Krepp|pa|pier**
das **Kreuz,** die Kreuze, kreuz und
    quer, kreuzen, du kreuzt,
    er kreuzt, er kreuzte,
    er hat/ist gekreuzt, die
    Kreuzung, das Kreuzworträtsel,
    kreuzigen, die Kreuzigung
die **Kreuz|ot|ter,** die Kreuzottern
    krib|beln, du kribbelst,
    er kribbelt, er kribbelte,
    er hat gekribbelt, kribbelig,
    kribbeliger, am kribbeligsten
    krie|chen, du kriechst,
    er kriecht, er kroch,

146

K Kr Ku Ku

	er ist gekrochen, das Kriechtier
der	**Krieg,** die Kriege, kriegerisch, kriegerischer, am kriegerischsten, der Kriegsversehrte
	krie|gen (bekommen), du kriegst, er kriegt, er kriegte, er hat gekriegt
der	**Kri|mi,** die Krimis, die Kriminalpolizei, kriminell
der	**Krin|gel,** die Kringel
die	**Krip|pe,** die Krippen
die	**Kri|se,** die Krisen
die	**Kri|tik,** die Kritiken, der Kritiker, die Kritikerin, kritisch, kritisieren
	krit|zeln, du kritzelst, er kritzelt, er kritzelte, er hat gekritzelt, die Kritzelei
die	**Kro|ket|te,** die Kroketten
das	**Kro|ko|dil,** die Krokodile
der	**Kro|kus,** die Krokusse
die	**Kro|ne,** die Kronen, krönen, du krönst, er krönt, er krönte, er hat/ist gekrönt
	kross, krosser, am krossesten (knusprig)
die	**Krö|te,** die Kröten, der Krötenlaich
die	**Krü|cke,** die Krücken
der	**Krug,** die Krüge
die	**Kru|me,** die Krumen, der/die Krümel, krümeln, du krümelst, sie krümelt, sie krümelte, sie hat gekrümelt, krümelig, krümeliger, am krümeligsten
	krumm, krummer, am krummsten, auch: krümmer, am krümmsten, sich krümmen, die Krümmung, krummlachen, krummnehmen
die	**Krus|te,** die Krusten
das	**Kru|zi|fix,** die Kruzifixe
der	**Kü|bel,** die Kübel
die	**Kü|che,** die Küchen, der Küchenschrank
der	**Ku|chen,** die Kuchen
der	**Ku|ckuck,** die Kuckucke
die	**Ku|fe,** die Kufen
die	**Ku|gel,** die Kugeln, das Kugellager, kugelrund, der Kugelschreiber
die	**Kuh,** die Kühe
	kühl, kühler, am kühlsten, die Kühle, kühlen, du kühlst, sie kühlt, sie kühlte, sie hat gekühlt, der Kühlschrank, die Kühlung
	kühn, kühner, am kühnsten, die Kühnheit
das	**Kü|ken,** die Küken
der	**Ku|li** (Kugelschreiber), die Kulis
die	**Ku|lis|se,** die Kulissen
die	**Kul|tur,** die Kulturen, kulturell
der	**Küm|mel,** das Kümmelkorn
der	**Kum|mer,** kümmerlich, kümmerlicher, am kümmerlichsten, kummervoll, bekümmert
sich	**küm|mern,** du kümmerst dich, er kümmert sich, er kümmerte sich, er hat sich gekümmert
der	**Kun|de** (Käufer), die Kunden, die Kundin, die Kundschaft
die	**Kun|de** (Nachricht), die Kundgebung, die Erdkunde, die Sachkunde
	kün|di|gen, du kündigst, sie kündigt, sie kündigte, sie hat gekündigt, die Kündigung
	künf|tig (in Zukunft)
die	**Kunst,** die Künste, der Künstler, die Künstlerin, künstlich, der Kunststoff, das Kunststück, kunstvoll, kunstvoller, am kunstvollsten, das Kunstwerk
	kun|ter|bunt
das	**Kup|fer,** die Kupferkanne, der Kupferstich

K Ku   K Ku L La

die **Kup|pe** (abgeflachte Berghöhe), die Kuppen
die **Kup|pel** (Dach in Form einer Halbkugel), die Kuppeln
die **Kupp|lung,** die Kupplungen, kuppeln, du kuppelst, er kuppelt, er kuppelte, er hat gekuppelt
die **Kur,** die Kuren, der Kurgast, der Kurort, kurieren, du kurierst, er kuriert, er kurierte, er hat kuriert
die **Kür,** die Küren, küren (wählen)
die **Kur|bel,** die Kurbeln, kurbeln, du kurbelst, er kurbelt, er kurbelte, er hat gekurbelt
der **Kür|bis,** die Kürbisse, der Kürbiskern
der **Ku|rier,** die Kuriere
ku|ri|os (seltsam)
der **Kurs,** die Kurse, das Kursbuch
die **Kur|ve,** die Kurven, kurven, du kurvst, er kurvt, er kurvte, er ist gekurvt, kurvenreich, kurvenreicher, am kurvenreichsten, kurvig, kurviger, am kurvigsten
kurz, kürzer, am kürzesten, die Kürze, kürzen, du kürzt, er kürzt, er kürzte, er hat gekürzt, den Kürzeren ziehen, kurzerhand, kurzfristig, kürzlich, der Kurzschluss, kurzsichtig, die Kürzung, kurzweilig
ku|scheln, du kuschelst, sie kuschelt, sie kuschelte, sie hat gekuschelt, das Kuscheltier, kuschelig, kuscheliger, am kuscheligsten
die **Ku|si|ne,** auch: Cousine, die Kusinen, der Kusin, auch: Cousin
der **Kuss,** die Küsse, küssen, du küsst, sie küsst, sie küsste,
sie hat geküsst
die **Küs|te,** die Küsten
der **Küs|ter** (Kirchendiener), die Küsterin
die **Kut|sche,** die Kutschen, der Kutscher, kutschieren, du kutschierst, er kutschiert, er kutschierte, er hat kutschiert
die **Kut|te,** die Kutten
der **Kut|ter,** die Kutter
das **Ku|vert,** die Kuverts

L

das **La|bor,** die Labors, auch: Labore, das Laboratorium
das **La|by|rinth,** die Labyrinthe
la|chen [25], du lachst, er lacht, er lachte, er hat gelacht, das Lachen, das Gelächter
lä|cheln, du lächelst, sie lächelt, sie lächelte, sie hat gelächelt, das Lächeln, lächerlich, lächerlicher, am lächerlichsten
der **Lachs,** die Lachse
der **Lack,** die Lacke, lackieren, du lackierst, er lackiert, er lackierte, er hat lackiert, der Lackierer, die Lackiererin, die Lackierung
la|den, du lädst, er lädt, er lud, sie hat geladen, die Ladung
der **La|den** (das Geschäft), die Läden, der Ladenhüter
die **La|ge,** die Lagen
das **La|ger** [53], die Lager, das Lagerfeuer, lagern, du lagerst, er lagert, er lagerte, er hat gelagert, die Lagerung
lahm, lahmer, am lahmsten, lahmen, du lahmst, sie lahmt,

L La   La

   sie lahmte, sie hat gelahmt,
   lähmen, lahmlegen,
   die Lähmung, gelähmt
der **Laib,** die Laibe, ein Laib Brot
der **Laich,** laichen, er laicht,
   er laichte, er hat gelaicht
der **Laie,** die Laien, das Laienspiel
das **La|ken,** die Laken
die **La|krit|ze,** die Lakritzstange
   lal|len, du lallst, sie lallt,
   sie lallte, sie hat gelallt
das **La|ma,** die Lamas
das **La|met|ta**
das **Lamm,** die Lämmer,
   das Lammfell, lammfromm
die **Lam|pe,** die Lampen,
   das Lampenfieber
der **Lam|pi|on,** die Lampions
das **Land,** die Länder,
   das Länderspiel,
   die Landesregierung,
   die Landkarte, ländlich,
   ländlicher, am ländlichsten,
   die Landschaft, der Landtag,
   zu Lande und zu Wasser,
   hierzulande
   lan|den, du landest, er landet,
   er landete, er ist gelandet,
   die Landung
die **Land|stra|ße,** die Landstraßen
der **Land|strei|cher** (Vagabund),
   die Landstreicher
der **Land|wirt,** die Landwirte,
   die Landwirtin, ländlich,
   die Landwirtschaft,
   landwirtschaftlich
   lang, länger, am längsten,
   die Länge, die Längen,
   das Längenmaß, länglich
die **Lan|ge|wei|le,** langweilen,
   langweilig, langweiliger,
   am langweiligsten
   längs (längs des Weges)

   lang|sam, langsamer,
   am langsamsten, [34],
   die Langsamkeit
   längst (vor langer Zeit)
der **Lap|pen,** die Lappen
die **Lär|che** (Nadelbaum),
   die Lärchen [53]
der **Lärm,** lärmen, der Lärmschutz
die **Lar|ve,** die Larven (1. Maske,
   2. Jugendform bestimmter Tiere)
   las|sen, du lässt, er lässt,
   er ließ, er hat gelassen
   läs|sig, lässiger, am lässigsten,
   die Lässigkeit
das **Las|so,** die Lassos
die **Last,** die Lasten, das Lastauto,
   der Lastkraftwagen (Lkw, auch:
   LKW)
der **Las|ter,** die Laster (Lastwagen)
das **Las|ter** (Untugend, Sünde),
   die Laster, lasterhaft
   läs|tern, du lästerst, er lästert,
   er lästerte, er hat gelästert
   läs|tig, lästiger, am lästigsten,
   belästigen
das **La|tein,** lateinisch
die **La|ter|ne,** die Laternen
die **Lat|te,** die Latten,
   der Lattenzaun
   lau, lauer, am lausten (mild),
   lauwarm
das **Laub,** der Laubbaum,
   die Laubsäge, der Laubwald
die **Lau|be,** die Lauben
   lau|ern, du lauerst, sie lauert,
   sie lauerte, sie hat gelauert,
   auf der Lauer liegen
   lau|fen, du läufst, er läuft,
   er lief, er ist gelaufen, der Lauf,
   die Läufe, der Läufer [53],
   die Läuferin, der Laufzettel
die **Lau|ne,** die Launen, launisch
die **Laus,** die Läuse, der Lausbub

L La Le — Le

lau|schen, du lauschst,
sie lauscht, sie lauschte,
sie hat gelauscht, der Lauscher,
lauschig

laut, lauter, am lautesten (sein) ㉝

der **Laut,** die Laute, lautlos,
der Lautsprecher, die Lautstärke

die **Lau|te** (Musikinstrument),
die Lauten

läu|ten, du läutest, es läutet,
es läutete, es hat geläutet,
das Geläute

die **La|va** (Ausfluss aus einem Vulkan),
das Lavagestein

die **La|wi|ne,** die Lawinen, die Lawinengefahr, der Lawinenschutz

das **Le|ben,** leben, du lebst, er lebt,
er lebte, er hat gelebt, lebend,
lebendig, lebensgefährlich,
das Lebensmittel,
das Lebewesen, lebhaft,
lebhafter, am lebhaftesten, leblos

die **Le|ber,** der Lebertran (Fischöl),
die Leberwurst

der **Leb|ku|chen,** die Lebkuchen

das **Leck,** leck (undicht)

le|cken, du leckst, sie leckt,
sie leckte, sie hat geleckt

le|cker, leckerer,
am leckersten, der Leckerbissen

das **Le|der,** ledern, die Lederhose,
die Ledertasche

le|dig (unverheiratet)

le|dig|lich

leer, die Leere, leeren, du leerst,
er leert, er leerte, er hat geleert,
der Leerlauf, leer essen,
leerlaufen (das Fass),
leer stehend

le|gen, du legst, er legt,
er legte, er hat gelegt

die **Le|gen|de,** die Legenden

die **Leg|gings,** auch: Leggins

der **Lehm,** der Lehmboden, lehmig,
lehmiger, am lehmigsten

sich **leh|nen,** du lehnst dich,
er lehnt sich, er lehnte sich an
die Tür, er hat sich angelehnt,
die Lehne, die Lehnen,
der Lehnstuhl

leh|ren ⑨, du lehrst, sie lehrt,
sie lehrte, sie hat gelehrt, die
Lehre, der Lehrer, die Lehrerin,
der Lehrling, das Lehrmädchen,
die Lehrstelle

der **Leib** (Körper), die Leiber, aber:
der Laib Brot, das Leibgericht

die **Lei|che,** die Leichen,
leichenblass, der Leichnam

leicht, leichter, am leichtesten
㉟, die Leichtigkeit, leichtfertig,
leichtfertiger, am leichtfertigsten

der **Leicht|sinn,** leichtsinnig,
leichtsinniger,
am leichtsinnigsten

das **Leid,** die Leiden, es tut mir leid
lei|den, du leidest, er leidet, er
litt, er hat gelitten, das Leiden,
zuleide tun, auch: zu Leide tun,
aber: ich bin es leid, leidtun

die **Lei|den|schaft,** die
Leidenschaften, leidenschaftlich

lei|der

lei|hen, du leihst, er leiht,
er lieh, er hat geliehen,
die Leihbücherei, leihweise

der **Leim,** leimen, du leimst,
er leimt, er leimte, er hat geleimt

die **Lei|ne,** die Leinen

das **Lei|nen,** die Leinen

lei|se, leiser, am leisesten ㉝,
der Leisetreter

die **Leis|te,** die Leisten (1. Teil des
Bauches, 2. Holzleiste),
der Leistenbruch

150

L Le Li — Li

	leis|ten, du leistest, er leistet, er leistete sich etwas, er hat sich etwas geleistet, die Leistung
	lei|ten, du leitest, er leitet, er leitete, er hat geleitet, der Leiter, die Leiterin, die Leitung
die	**Lei|ter,** die Leitern
die	**Lek|ti|on,** die Lektionen
	len|ken, du lenkst, er lenkt, er lenkte, er hat gelenkt, der Lenker, das Lenkrad, die Lenkung
der	**Le|o|pard,** die Leoparden
die	**Ler|che** (Vogel), die Lerchen 53
	ler|nen, du lernst, sie lernt, sie lernte, sie hat gelernt, kennenlernen
	le|sen 10, du liest, sie liest, sie las, sie hat gelesen, lesbar, das Lesebuch, lesenswert, lesenswerter, am lesenswertesten, leserlich, der Leser, die Leserin
	letz|te, Letzter sein, der Letzte, die Letzte, das letzte Mal, bis ins Letzte
	leuch|ten, du leuchtest, sie leuchtet, sie leuchtete, sie hat geleuchtet, leuchtend rot, der Leuchter, der Leuchtturm
	leug|nen, du leugnest, er leugnet, er leugnete, er hat geleugnet
die	**Leu|te,** leutselig, leutseliger, am leutseligsten
das	**Le|xi|kon,** die Lexika, auch: Lexiken
die	**Li|bel|le,** die Libellen
das	**Licht,** die Lichter, lichterloh, die Lichtreklame
die	**Lich|tung,** die Lichtungen
das	**Lid** (Augendeckel), die Lider, der Lidschatten
die	**Lie|be,** die Liebhaberei, der Liebling

	lie|ben, du liebst, sie liebt, sie liebte, sie hat geliebt, lieb haben, liebenswürdig, liebevoll, lieblich, lieblicher, am lieblichsten, lieblos, lieb, lieber, am liebsten, liebäugeln
das	**Lied,** die Lieder, das Liederbuch
	lie|der|lich, liederlicher, am liederlichsten, die Liederlichkeit
	lie|fern, du lieferst, sie liefert, sie lieferte, sie hat geliefert, die Lieferung, der Lieferwagen
	lie|gen 11, du liegst, er liegt, er lag, er hat gelegen, liegen lassen, auch: liegenlassen, liegen bleiben, auch: liegenbleiben (unerledigt bleiben), die Liege, der Liegestuhl, die Liegestütze
der	**Lift,** die Lifte, auch: Lifts
	li|la, lilafarben
die	**Li|lie,** die Lilien
die	**Li|mo|na|de,** die Limonaden
die	**Lin|de,** die Linden, die Lindenblüte
	lin|dern, du linderst, er lindert, er linderte, er hat gelindert, die Linderung
das	**Li|ne|al,** die Lineale
die	**Li|nie,** die Linien, linieren, liniert
	links, linkisch, der Linkshänder, die Linkshänderin
das	**Li|no|le|um**
die	**Lin|se,** die Linsen
die	**Lip|pe,** die Lippen, der Lippenstift
	lis|peln, du lispelst, er lispelt, er lispelte, er hat gelispelt
die	**List,** die Listen, listig, listiger, am listigsten
die	**Lis|te,** die Listen
der/das	**Li|ter** (l), die Liter
die	**Lit|faß|säu|le**

L Li Lo

live (direkt übertragen),
die **Livesendung** (Direktübertragung)
lo|ben, du lobst, sie lobt,
sie lobte, sie hat gelobt,
das Lob, lobpreisen
das **Loch,** die Löcher, lochen, du
lochst, er locht, er lochte, er hat
gelocht, löcherig, auch: löchrig,
löchriger, am löchrigsten
die **Lo|cke,** die Locken, lockig,
lockiger, am lockigsten
lo|cken, du lockst, er lockt,
er lockte, er hat gelockt
lo|cker, lockern, du lockerst,
er lockert, er lockerte,
er hat gelockert, die Lockerung
der **Lo|den,** der Lodenmantel
lo|dern, du loderst, es lodert,
das Feuer loderte, es hat gelodert
der **Löf|fel** 53, die Löffel, löffeln,
du löffelst, er löffelt, er löffelte,
er hat gelöffelt, löffelweise
die **Lo|gik,** logisch
der **Lohn,** die Löhne, sich lohnen,
der Lohnzettel, belohnen
die **Loi|pe,** die Loipen (Langlaufspur
für den Skisport)
die **Lok,** die Lokomotive,
der Lokführer, die Lokführerin
das **Lo|kal,** die Lokale, lokal
los, losgehen → gehen,
losfahren → fahren
das **Los,** die Lose, der Losverkäufer,
die Losverkäuferin
lö|schen, du löschst, sie löscht,
sie löschte, sie hat gelöscht,
das Löschblatt,
das Löschpapier
lo|se, loser, am losesten
lö|sen, du löst, sie löst, sie
löste, sie hat gelöst, die Lösung
das **Lot,** die Lote
lö|ten, du lötest, er lötet,

Lo Lu

er lötete, er hat gelötet,
der Lötkolben
der **Lot|se,** die Lotsen, lotsen,
du lotst, er lotst, er lotste,
er hat gelotst
die **Lot|te|rie,** die Lotterien,
das Lotto, der Lottogewinn
der **Lö|we,** die Löwen, die Löwin,
der Löwenkäfig
der **Lö|wen|zahn**
der **Luchs,** die Luchse
die **Lü|cke,** die Lücken, lückenlos,
lückenloser,
am lückenlosesten
die **Luft,** die Lüfte, der Luftballon,
der Luftdruck, luftdicht, luftig,
luftiger, am luftigsten,
die Luftpumpe, die Luftröhre,
die Luftverschmutzung
lüf|ten, du lüftest, er lüftet,
er lüftete, er hat gelüftet,
die Lüftung
lü|gen, du lügst, er lügt, er log,
er hat gelogen, die Lüge,
der Lügner, die Lügnerin
die **Lu|ke,** die Luken
der **Lüm|mel,** die Lümmel,
sich lümmeln, du lümmelst dich,
er lümmelt sich,
er lümmelte sich,
er hat sich gelümmelt
der **Lump** (schlechter Mensch),
die Lumpen
der **Lum|pen** (Lappen), die Lumpen,
der Lumpenhändler, lumpig,
lumpiger, am lumpigsten
die **Lun|ge,** die Lungen,
die Lungenentzündung,
lungenkrank
lun|gern, du lungerst,
er lungert, er lungerte,
er hat/ist gelungert
die **Lu|pe,** die Lupen, lupenrein

L Lu M Ma   Ma

die **Lu|pi|ne,** die Lupinen
der **Lurch,** die Lurche
die **Lust,** die Lüste
    lüs|tern, die Lüsternheit
    lus|tig, lustiger, am lustigsten,
    lustlos, die Lustigkeit
    lut|schen, du lutschst,
    er lutscht, er lutschte,
    er hat gelutscht, der Lutscher
    Lu|xem|burg, luxemburgisch
der **Lu|xus,** luxuriös

M

    ma|chen, du machst, er macht,
    er machte, er hat gemacht,
    die Abmachung
die **Macht,** die Mächte, mächtig,
    mächtiger, am mächtigsten,
    machtlos
das **Mäd|chen,** die Mädchen,
    das Mädel, die Mädel
die **Ma|de,** die Maden, madig,
    madiger, am madigsten
die **Ma|don|na,** die Madonnen
ich **mag** (Grundform: mögen)
die **Magd,** die Mägde
der **Ma|gen,** die Mägen, auch: Magen
    ma|ger, die Magermilch,
    der Magerquark
die **Ma|gie** (Zauberkunst), der Magier
der **Mag|net,** die Magnete,
    magnetisch, magnetischer,
    am magnetischsten
    mä|hen, du mähst, er mäht,
    er mähte, er hat gemäht,
    der Mähdrescher, der Mäher
das **Mahl,** die Mähler,
    auch: die Mahle, die Mahlzeit
    mah|len, du mahlst, sie mahlt,
    sie mahlte das Korn,
    sie hat gemahlen
die **Mäh|ne,** die Mähnen
    mah|nen, du mahnst, er mahnt,
    er mahnte, er hat gemahnt,
    die Mahnung
der **Mai,** das Maiglöckchen,
    der Maikäfer
der **Mais,** der Maiskolben
die **Ma|jes|tät,** die Majestäten
die **Ma|jo|nä|se,** auch: Mayonnaise,
    die Majonäsen
der **Ma|kel,** die Makel, makellos
das **Make-up** (Gesichtskosmetik)
die **Mak|ka|ro|ni**
der **Mak|ler,** die Makler,
    die Maklerin
die **Ma|kre|le,** die Makrelen
    mal, komm mal!
das **Mal,** die Male, das letzte Mal,
    mehrere Mal(e), von Mal zu Mal,
    aber: einmal, diesmal, keinmal,
    paarmal
    ma|len, du malst, er malt,
    er malte, er hat gemalt, der Maler,
    die Malerin, malerisch,
    malerischer, am malerischsten,
    das Gemälde
das **Malz,** das Malzbier
die **Ma|ma,** die Mamas
das **Mam|mut,** die Mammuts
    man, man sagt
    manch, mancher, manche,
    manches, manch schöne
    Stunde
    manch|mal, mancherlei
die **Man|da|ri|ne,** die Mandarinen
die **Man|del,** die Mandeln
die **Ma|ne|ge,** die Manegen
der **Man|gel** (Fehler), die Mängel,
    mangelhaft
die **Man|gel** (Wäscheglättmaschine),
    die Mangeln, mangeln
der **Mann,** die Männer, männlich,

M Ma

	mannshoch
	man|nig|fach, mannigfaltig
die	**Mann|schaft,** die Mannschaften
der	**Man|tel,** die Mäntel, der Mantelknopf
die	**Map|pe,** die Mappen, das Mäppchen
das	**Mär|chen,** die Märchen, das Märchenbuch, die Märchenerzählerin, märchenhaft
der	**Mar|der,** die Marder
die	**Mar|ga|ri|ne**
die	**Mar|ge|ri|te,** die Margeriten
der	**Ma|ri|en|kä|fer,** die Marienkäfer
die	**Ma|ri|ne,** marineblau, die Marineuniform
die	**Ma|ri|o|net|te,** die Marionetten, das Marionettentheater
die	**Mark,** die Deutsche Mark (DM), das Markstück
das	**Mark** (in Knochen und Pflanzenstielen)
die	**Mark** (Grenzland), die Marken, der Markgraf, die Markgräfin
die	**Mar|ke,** die Marken, die Briefmarke
	mar|kie|ren, du markierst, er markiert, er markierte, er hat markiert, die Markierung
die	**Mar|ki|se,** die Markisen
der	**Markt,** die Märkte, der Marktplatz
die	**Mar|me|la|de,** die Marmeladen, das Marmeladenglas
der	**Mar|mor,** die Marmorplatte
der	**Mars**
der	**Marsch,** die Märsche, marschieren, du marschierst, er marschiert, er marschierte, er ist marschiert
der	**Mar|ter|pfahl,** die Marterpfähle
der	**März,** der Märzbecher, auch: der Märzenbecher

Ma

das	**Mar|zi|pan,** die Marzipankugel
die	**Ma|sche,** die Maschen, der Maschendraht
die	**Ma|schi|ne,** die Maschinen, der Maschinist, Maschine schreiben
die	**Ma|sern**
die	**Mas|ke,** die Masken, sich maskieren, du maskierst dich, er maskiert sich, er maskierte sich, er hat sich maskiert, der Maskenball, die Maskerade
das	**Maß,** die Maße, Maß halten, maßlos, maßregeln, maßvoll, maßvoller, am maßvollsten
die	**Mas|se,** die Massen, massenhaft, massig, massiger, am massigsten
	mas|sie|ren, du massierst, sie massiert, sie massierte, sie hat massiert, die Massage
	mä|ßig, die Mäßigkeit
	mas|siv (schwer, voll, fest), der Massivbau
die	**Maß|nah|me,** die Maßnahmen
der	**Maß|stab,** die Maßstäbe
der	**Mast** (Holzstamm oder Stahlrohr), die Masten
die	**Mast** (Mästung der Tiere), **mästen,** das Mastvieh
das	**Match** (Spiel), die Matchs, auch: die Matche (Wettkampf, Wettspiel), der Matchball (der spielentscheidende Ball im Sport)
das	**Ma|te|ri|al,** die Materialien
die	**Ma|the|ma|tik,** mathematisch
die	**Ma|trat|ze,** die Matratzen
der	**Ma|tro|se,** die Matrosen, der Matrosenanzug
der	**Matsch,** matschig, matschiger, am matschigsten
	matt, matter, am mattesten, die Mattigkeit
die	**Mat|te,** die Matten

M Ma Me

die **Mau|er,** die Mauern, mauern,
du mauerst, sie mauert, sie mauerte, sie hat gemauert, die Maurer
das **Maul,** die Mäuler, maulen,
maulfaul, der Maulkorb
das **Maul|tier,** die Maultiere
der **Maul|wurf,** die Maulwürfe,
der Maulwurfshügel
die **Maus,** die Mäuse,
das Mäuschen, mäuschenstill,
die Mausefalle, mausetot
der **Me|cha|ni|ker,** die Mechaniker,
die Mechanikerin, mechanisch
me|ckern, du meckerst,
er meckert, er meckerte,
er hat gemeckert
Meck|len|burg-Vor|pom|mern
die **Me|dail|le,** die Medaillen,
das Medaillon
die **Me|di|en** 44
das **Me|di|ka|ment,**
die Medikamente
das **Me|di|um,** die Medien 44
die **Me|di|zin,** der Mediziner,
die Medizinerin, medizinisch
das **Meer,** die Meere, die Meerenge,
der Meeresspiegel,
der Meerrettich
das **Meer|schwein|chen,**
die Meerschweinchen
me|ga (groß), mega-out
das **Mehl,** mehlig, mehliger,
am mehligsten, die Mehlspeise
mehr, mehrere, die Mehrheit,
mehrmals, die Mehrzahl
mei|den, du meidest, er meidet,
er mied, er hat gemieden
die **Mei|le,** die Meilen, meilenweit
mein, meinetwegen, das Meine,
das Meinige
der **Mein|eid,** die Meineide
mei|nen, du meinst, er meint,
er meinte, er hat gemeint,

Me

die Meinung
die **Mei|se,** die Meisen,
der Meisenring
der **Mei|ßel,** die Meißel, meißeln,
du meißelst, er meißelt,
er meißelte, er hat gemeißelt
meist, meistens, am meisten
der **Meis|ter,** die Meister,
die Meisterin, meisterlich,
meisterlicher,
am meisterlichsten,
die Meisterschaft,
das Meisterstück
sich **mel|den,** du meldest dich,
er meldet sich, er meldete sich,
er hat sich gemeldet, die Meldung
mel|ken, du melkst, er melkt,
er molk, er hat gemolken,
der Melker, die Melkerin,
die Melkmaschine
die **Me|lo|die,** die Melodien
die **Me|lo|ne,** die Melonen
das **Me|mo|ry,** die Memorys
die **Men|ge,** die Mengen
der **Mensch,** die Menschen,
menschenleer,
die Menschenrechte,
menschlich, die Menschlichkeit
das **Me|nu|ett** (Musikstück),
die Menuette
mer|ken, du merkst, er merkt,
er merkte, er hat gemerkt,
das Merkmal, merkwürdig,
merkwürdiger, am merkwürdigsten
der **Mer|kur**
die **Mes|se** (Gottesdienst), die Messen
die **Mes|se** (Ausstellung),
die Messen, das Messegelände
mes|sen, du misst, er misst,
er maß, er hat gemessen,
das Messgerät
das **Mes|ser,** die Messer
das **Mes|sing,** der Messingring

M Me Mi — Mi

das	**Me·tall,** die Metalle, metallic, metallisch
das	**Me·tal·lo·phon,** auch: Metallofon (Musikinstrument), die Metallophone
der	**Me·te·or,** die Meteore
die	**Me·te·o·ro·lo·gie,** der Meteorologe, die Meteorologin
der/das	**Me·ter** (m), die Meter, meterlang, aber: 7 Meter lang, das Metermaß
die	**Me·tho·de,** die Methoden, methodisch
die	**Mett·wurst,** die Mettwürste
der	**Metz·ger,** die Metzger, die Metzgerin, die Metzgerei
die	**Meu·te,** die Meuten, meutern, du meuterst, er meutert, er meuterte, er hat gemeutert, die Meuterei, der Meuterer
	mi·au·en, die Katze miaut
	mich
die	**Mi·cky·maus**
der	**Mief**
die	**Mie·ne,** die Mienen, das Mienenspiel
die	**Mie·te,** die Mieten, mieten, du mietest, sie mietet, sie mietete, sie hat gemietet, der Mieter, die Mieterin
das	**Mi·kro·fon** (Mik·ro·fon), auch: Mikrophon, die Mikrofone
das	**Mi·kros·kop** (Mik·ro·skop), die Mikroskope, mikroskopieren, mikroskopisch
die	**Milch,** milchig, milchiger, am milchigsten, die Milchstraße, der Milchzahn
	mild, milder, am mildesten, die Milde, mildern, du milderst, er mildert, er milderte, er hat gemildert, mildtätig
die	**Mil·li·ar·de** (Md., Mrd.), die Milliarden
das	**Mil·li·gramm** (mg)
der/das	**Mil·li·me·ter** (mm), die Millimeter
die	**Mil·li·on** (Mil., Mio.), die Millionen, der Millionär, die Millionärin
die	**Milz**
	min·der, die Minderheit, minderjährig, minderwertig
	min·des·tens
die	**Mi·ne,** die Minen (1. Bleistiftmine, 2. Bergwerk, 3. Sprengkörper), aber: die Miene (Gesicht)
das	**Mi·ne·ral,** die Minerale, das Mineralwasser
	mi·ni, das Minigolf, minimal, der Minirock
der	**Mi·nis·ter,** die Minister, die Ministerin
der	**Mi·nis·trant,** die Ministranten, die Ministrantin
	mi·nus, das Minuszeichen
die	**Mi·nu·te,** die Minuten, minutenlang
	mir, mir nichts – dir nichts
	mi·schen, du mischst, er mischt, er mischte, er hat gemischt, der Mischmasch, die Mischmaschine, die Mischung, das Gemisch
	mi·se·ra·bel
die	**Miss·ach·tung,** die Missachtungen, missachten
der	**Miss·brauch,** die Missbräuche, missbrauchen, sie wurde missbraucht
der	**Miss·er·folg,** die Misserfolge
das	**Miss·ge·schick,** die Missgeschicke
die	**Miss·gunst**
	miss·han·deln, er misshandelte, die Misshandlung
der	**Mis·si·o·nar,** die Missionarin

M Mi　　　　　　　　　　　　Mi Mo

	miss|mu|tig, missmutiger, am missmutigsten, der Missmut
er	**misst** (Grundform: messen)
	miss|trau|en, du misstraust mir, er misstraut mir, er misstraute mir, er hat mir misstraut, das Misstrauen
das	**Miss|ver|ständ|nis,** missverstehen, du missverstehst ihn, sie missversteht ihn, sie missverstand ihn, sie hat ihn missverstanden
der	**Mist,** misten, du mistest, er mistet, er mistete, er hat gemistet
	mit, mit der Zeit
die	**Mit|ar|beit,** der Mitarbeiter, die Mitarbeiterin, mitarbeiten → arbeiten
der	**Mit|bür|ger,** die Mitbürger, die Mitbürgerin
	mit|ein|an|der
	mit|fah|ren → fahren, der Mitfahrer, die Mitfahrerin
das	**Mit|ge|fühl,** mitfühlen → fühlen
das	**Mit|glied,** die Mitglieder
	mit|hel|fen → helfen, die Mithilfe
der	**Mit|laut** (Konsonant), die Mitlaute
das	**Mit|leid,** mitleidig, mitleidiger, am mitleidigsten
der	**Mit|mensch,** mitmenschlich
der	**Mit|schü|ler,** die Mitschüler, die Mitschülerin
der	**Mit|tag,** die Mittage, am Mittag, heute Mittag, mittags, das Mittagessen
die	**Mit|te,** das Mittelalter, das Mittelmeer, der Mittelpunkt, mitten, mittendrin
	mit|tei|len → teilen, mitteilsam, mitteilsamer, am mitteilsamsten, die Mitteilung
das	**Mit|tel,** die Mittel, mittellos
das	**Mit|tel|maß,** mittelmäßig

die	**Mit|ter|nacht,** die Mitternächte
	mitt|ler|wei|le
der	**Mitt|woch,** mittwochs
	mit|un|ter
der	**Mit|wis|ser,** die Mitwisser, die Mitwisserin
	mi|xen, du mixt, er mixt, er mixte, er hat gemixt, der Mixer
das	**Mö|bel,** die Möbel, möblieren, das Möbelgeschäft
die	**Mo|de,** die Moden, die Modenschau, modisch
das	**Mo|dell,** die Modelle, modellieren
der	**Mo|der,** modern (faulen, verrotten)
	mo|dern, moderner, am modernsten (zeitgemäß), die Modernisierung
das	**Mo|fa,** die Mofas
	mo|geln, du mogelst, er mogelt, er mogelte, er hat gemogelt, die Mogelei
	mö|gen, du magst, er mag, er mochte, er hat gemocht
	mög|lich, möglicherweise, die Möglichkeit, möglichst, alles Mögliche
der	**Mohn,** die Mohnblume
die	**Möh|re** (Karotte), die Möhren, die Mohrrübe
der	**Molch,** die Molche
die	**Mo|le,** die Molen
die	**Mol|ke|rei,** die Molkereien
	mol|lig, molliger, am molligsten (angenehm warm)
der	**Mo|ment,** die Momente, momentan
der	**Mo|nat,** die Monate, monatelang, monatlich, aber: mehrere Monate lang
der	**Mönch,** die Mönche
der	**Mond,** die Monde, die Mondfinsternis, mondhell,

157

M Mo Mu

mondsüchtig
der **Mo|ni|tor** (Bildschirm),
die Monitore
das **Mons|ter,** die Monster
der **Mon|tag,** die Montage,
am Montag, montags
der **Mon|teur,** die Monteure,
die Montage, montieren,
du montierst, sie montiert,
sie montierte, sie hat montiert
das **Moor,** die Moore, das Moorbad,
moorig, die Moorpackung
das **Moos,** die Moose, moosig
das **Mo|ped,** die Mopeds, der
Mopedfahrer, die Mopedfahrerin
der **Mopp** (Staubbesen)
die **Mo|ral,** moralisch
der **Mo|rast,** morastig
der **Mord,** die Morde, morden, du
mordest, er mordet, er mordete,
er hat gemordet, der Mörder,
die Mörderin, ein Mordshunger
der **Mor|gen,** die Morgen, heute
Morgen, eines Morgens,
morgen, morgens
morsch (brüchig), morscher,
am morschesten, die Morschheit
der **Mör|tel**
das **Mo|sa|ik,** die Mosaiken
die **Mo|schee,** die Moscheen
der **Mos|lem,** die Moslems
der **Most,** die Moste
das **Mo|tel,** die Motels
der **Mo|tor,** die Motoren,
das Motorboot, das Motorrad
die **Mot|te,** die Motten,
das Mottenpulver
das **Moun|tain|bike,**
die Mountainbikes (Fahrrad für Geländefahrten)
die **Mö|we,** die Möwen
die **Mü|cke,** die Mücken,
der Mückenstich

Mu

mü|de, müder,
am müdesten, die Müdigkeit
die **Mü|he,** die Mühen,
mühelos, sich mühen,
du mühst dich, sie müht sich,
sie mühte sich,
sie hat sich gemüht, mühsam,
mühsamer, am mühsamsten
die **Müh|le** 53, die Mühlen
die **Mul|de** (flache Vertiefung),
die Mulden
der **Müll** 45, die Müllabfuhr,
das Müllauto, der Müllcontainer,
die Mülldeponie, der Mülleimer
die **Mull|bin|de,** die Mullbinden
der **Mül|ler,** die Müller, die Müllerin
mul|ti|pli|zie|ren,
du multiplizierst, er multipliziert,
er multiplizierte, er hat
multipliziert, die Multiplikation
die **Mu|mie,** die Mumien
der/die **Mumps**
der **Mund,** die Münder, mündlich
die **Mün|dung,** die Mündungen,
münden, es mündet,
es mündete, es hat gemündet
mun|keln, du munkelst,
er munkelt, er munkelte,
er hat gemunkelt
mun|ter, munterer,
am muntersten, die Munterkeit
die **Mün|ze,** die Münzen
mür|be, mürber, am mürbsten,
der Mürbeteig
die **Mur|mel,** die Murmeln
mur|meln, du murmelst,
er murmelt, er murmelte,
er hat gemurmelt
das **Mur|mel|tier,** die Murmeltiere
mur|ren, du murrst, er murrt,
er murrte, er hat gemurrt,
mürrisch, mürrischer,
am mürrischsten

M Mu My N Na Na

das/der **Mus**
die **Mu|schel,** die Muscheln
das **Mu|se|um,** die Museen
das **Mu|si|cal,** die Musicals
die **Mu|sik,** musikalisch,
    der Musikant, die Musikantin,
    der Musiker, die Musikerin,
    das Musikinstrument,
    die Musikkapelle,
    die Musikschule, musizieren,
    du musizierst, sie musiziert,
    sie musizierte, sie hat musiziert
der **Mus|kel,** die Muskeln, muskulös
das **Müs|li,** die Müsli
sie **muss** → müssen
die **Mu|ße,** müßig, müßiger,
    am müßigsten, der Müßiggang
    müs|sen, du musst, er muss,
    er musste, er hat gemusst
das **Mus|ter,** die Muster, mustern,
    musterhaft, mustergültig
der **Mut,** mutig, mutiger,
    am mutigsten, mutlos,
    die Mutprobe, mutwillig
die **Mut|ter,** die Mütter [53],
    mütterlich, die Muttersprache,
    der Muttertag, Mutti
die **Mut|ter** (Schraube), die Muttern
    mut|wil|lig
die **Müt|ze,** die Mützen,
    die Pudelmütze
die **Myr|rhe** (aromatisches Harz),
    auch: die Myrre

N

die **Na|be** (Mittelteil des Rades),
    die Naben
der **Na|bel,** die Nabel,
    die Nabelschnur
    nach, nach und nach
    nach|ah|men, du ahmst nach,
    sie ahmt nach, sie ahmte nach,
    sie hat nachgeahmt
der **Nach|bar,** die Nachbarn,
    die Nachbarin,
    die Nachbarschaft, nachbarlich
je **nach|dem**
    nach|den|ken, du denkst nach,
    er denkt nach, er dachte nach,
    sie hat nachgedacht, → denken,
    nachdenklich
    nach|ein|an|der
die **Nach|er|zäh|lung,**
    die Nacherzählungen,
    nacherzählen → erzählen
der **Nach|fol|ger,** die Nachfolger,
    die Nachfolgerin,
    nachfolgen → folgen
    nach|ge|ben, du gibst nach,
    er gibt nach, er gab nach,
    sie hat nachgegeben → geben,
    nachgiebig, nachgiebiger,
    am nachgiebigsten,
    die Nachgiebigkeit
der **Nach|hau|se|weg,**
    nach Hause gehen
    nach|her, im Nachhinein
die **Nach|hil|fe**
der **Nach|kom|me,**
    die Nachkommen
    nach|läs|sig, nachlässiger,
    am nachlässigsten,
    die Nachlässigkeit
der **Nach|lass,** die Nachlässe
der **Nach|mit|tag,** die Nachmittage,
    nachmittags,
    morgen Nachmittag
die **Nach|nah|me** (etwas per Nachnahme bestellen, d. h. bei Übernahme der Sendung die Rechnung bezahlen)
der **Nach|na|me** (Familienname),
    die Nachnamen
die **Nach|richt,** die Nachrichten,
    benachrichtigen

N Na Na

      nach|schla|gen → schlagen,
      das Nachschlagewerk
die **Nach|sicht,** nachsichtig,
      nachsichtiger,
      am nachsichtigsten
die **Nach|sil|be,** die Nachsilben
die **Nach|spei|se,** die Nachspeisen
      nächst, der nächste Tag,
      der Nächste, die Nächsten,
      nächstens, als Nächstes
der **Nächs|te** (Mitmensch),
      die Nächstenliebe
die **Nacht,** die Nächte, heute Nacht,
      nächtelang, nächtigen,
      nächtlich, nachts, nachtwandeln
der **Nach|teil,** die Nachteile,
      nachteilig, nachteiliger,
      am nachteiligsten
die **Nach|ti|gall,** die Nachtigallen
der **Nach|tisch,** die Nachtische
der **Nach|trag,** die Nachträge,
      nachträglich
der **Nacht|tisch** (am Bett),
      die Nachttische,
      die Nachttischlampe
der **Nach|wuchs,**
      nachwachsen → wachsen
die **Nach|zah|lung,**
      die Nachzahlungen,
      nachzahlen → zahlen
der **Nach|züg|ler,** die Nachzügler
der **Na|cken,** die Nacken
      nackt, die Nacktheit
die **Na|del,** die Nadeln,
      der Nadelbaum, nadeln, er nadelt,
      er nadelte, er hat genadelt,
      das Nadelöhr
der **Na|gel** [53], die Nägel,
      der Nagellack, nageln, du
      nagelst, sie nagelt, sie nagelte,
      sie hat genagelt, nagelneu
      na|gen, du nagst, er nagt,
      er nagte, er hat genagt,

      das Nagetier
      nah, nahe, näher, am nächsten,
      die Nähe, nahebringen, sich
      nähern, nahezu, näherkommen,
      auch: näher kommen
      nä|hen, du nähst, sie näht,
      sie nähte, sie hat genäht,
      die Naht, die Näherin,
      die Nähmaschine, die Nähnadel
die **Nah|rung** [46], nähren,
      sich ernähren, du ernährst dich,
      er ernährt sich, er ernährte sich,
      sie hat sich ernährt, nahrhaft,
      nahrhafter, am nahrhaftesten,
      das Nahrungsmittel,
      der Nährwert
die **Naht,** die Nähte, nahtlos
      na|iv (leichtgläubig), die Naivität
der **Na|me,** die Namen,
      der Namenstag, namentlich,
      das Namenwort
      näm|lich
der **Napf,** die Näpfe
die **Nar|be,** die Narben
die **Nar|ko|se,** die Narkosen
der **Narr,** die Narren, die Närrin,
      närrisch, närrischer,
      am närrischsten
die **Nar|zis|se,** die Narzissen
      na|schen, du naschst,
      er nascht, er naschte,
      er hat genascht, die Nascherei,
      naschhaft, die Naschkatze
die **Na|se,** die Nasen, das Nasen-
      bluten, naseweis, das Nashorn
      nass, nasser, am nassesten,
      auch: nässer, am nässesten,
      nässen, du nässt, er nässt,
      er nässte, er hat genässt,
      die Nässe, nasskalt
die **Na|ti|on,** die Nationen, national,
      die Nationalhymne
die **Nat|ter,** die Nattern

N Na Ne   Ne Ni

die	**Na|tur,** natürlich, natürlicher, am natürlichsten
der	**Ne|bel,** die Nebel, nebelig, auch: neblig, nebliger, am nebligsten, der Nebelscheinwerfer
	ne|ben, nebenan, nebeneinanderlegen, die Nebensache, nebensächlich, nebensächlicher, am nebensächlichsten
das	**Ne|ces|saire,** auch: Nes|ses|är
	ne|cken, du neckst, sie neckt, sie neckte, sie hat geneckt, die Neckerei, neckisch
der	**Nef|fe,** die Neffen
	ne|ga|tiv, das Negativ
	neh|men [12], du nimmst, er nimmt, er nahm, er hat genommen
der	**Neid,** neiden, du neidest, er neidet, er neidete, er hat geneidet, neidisch, neidischer, am neidischsten, neidlos
die	**Nei|ge,** sich neigen, du neigst dich, er neigt sich, er neigte sich, er hat sich geneigt, die Neigung
	nein, Nein sagen, auch: nein sagen, mit Nein antworten
die	**Nel|ke,** die Nelken
	nen|nen, du nennst, er nennt, er nannte, er hat genannt, nennenswert, der Nenner
das	**Ne|on,** das Neonlicht, die Neonröhre
der	**Nep|tun** (Meeresgott)
der	**Nerv,** die Nerven, nervös, nervöser, am nervösesten
das	**Nest,** die Nester
	nett, netter, am nettesten, netterweise, die Nettigkeit

	net|to, das Nettogewicht
das	**Netz,** die Netze, die Netzkarte
	neu, das neue Jahr, aber: das Neue Testament, etwas Neues, nichts Neues, neuerdings, die Neuheit, die Neuigkeit
die	**Neu|gier,** die Neugierde, neugierig, neugieriger, am neugierigsten
das	**Neu|jahr**
	neu|lich
	neun, neunzehn, neunzig, die Neun, neunmal, der Neuner, der Neunte
	neu|tral, neutraler, am neutralsten, die Neutralität
	nicht, die Sitzung findet nicht öffentlich statt, … Sitzung ist nichtöffentlich
	nichts, gar nicht, nichts Neues
die	**Nich|te,** die Nichten
der	**Nicht|schwim|mer,** die Nichtschwimmer
	ni|cken, du nickst, er nickt, er nickte, er hat genickt
der	**Ni|cki** (Pullover), die Nickis
	nie, nie mehr, nie wieder
	nie|der, die Niederlage, die Niederung
die	**Nie|der|lan|de,** niederländisch
	Nie|der|sach|sen, niedersächsisch
der	**Nie|der|schlag,** die Niederschläge
die	**Nie|der|tracht** (Gemeinheit), niederträchtig
	nied|lich, niedlicher, am niedlichsten, die Niedlichkeit
	nied|rig, niedriger, am niedrigsten, die Niederung
	nie|mals
	nie|mand, niemanden
die	**Nie|re,** die Nieren, nierenkrank

161

N

nie|seln, es nieselt, es nieselte, es hat genieselt, der Nieselregen
nie|sen, du niest, er niest, er nieste, er hat geniest, das Niespulver
die **Nie|te,** die Nieten (1. Los ohne Gewinn, 2. Metallstift), **nieten,** du nietest, er nietet, er nietete, er hat genietet
der **Ni|ko|laus,** die Nikolause, auch: Nikoläuse, der Nikolaustag
das **Ni|ko|tin** (Gift im Tabak)
das **Nil|pferd,** die Nilpferde
nim|mer, nimmermehr, der Nimmersatt
nip|pen, du nippst, er nippt, er nippte, er hat genippt
nir|gends, nirgendwo
die **Ni|sche,** die Nischen
die **Nis|se** (Eier der Laus), die Nissen
nis|ten, du nistest, er nistet, er nistete, er hat genistet, der Nistkasten
die **Ni|xe,** die Nixen
noch, noch einmal, noch mal, nochmals
das **No|men** (Hauptwort, Namenwort), die Nomen
der **No|mi|na|tiv** (1. Fall, Werfall)
die **Non|ne,** die Nonnen, das Nonnenkloster
der **Nor|den,** nördlich, der Nordpol, die Nordsee, der Nordwind
Nord|rhein-West|fa|len, nordrhein-westfälisch
nör|geln, du nörgelst, er nörgelt, er nörgelte, er hat genörgelt, die Nörgelei
nor|mal, normaler, am normalsten, die Normalität
Nor|we|gen, norwegisch

die **Not,** die Nöte, der Notarzt, der Notausgang, die Notbremse, notdürftig, notdürftiger, am notdürftigsten, der Notfall, die Notlandung, Not leiden, die Not leidende, auch: notleidende Bevölkerung, die Notlüge, nottun
der **No|tar,** die Notare
die **No|te,** die Noten (1. Tonzeichen in der Musik, 2. Zensur in der Schule, 3. Banknote)
no|tie|ren, du notierst, sie notiert, sie notierte, sie hat notiert
nö|tig, nötiger, am nötigsten, die Nötigung
die **No|tiz,** die Notizen, der Notizblock, das Notizbuch
not|wen|dig, notwendiger, am notwendigsten, die Notwendigkeit
der **No|vem|ber,** das Novemberwetter
im **Nu**
nüch|tern, nüchterner, am nüchternsten, die Nüchternheit
die **Nu|del,** die Nudeln, das Nudelbrett
null, die Null, die Nullen, null Fehler, null Grad
die **Num|mer,** die Nummern, nummerieren, du nummerierst, er nummeriert, er nummerierte, er hat nummeriert, die Nummerierung
nun, von nun an
nun|mehr
nur
die **Nuss,** die Nüsse, nussbraun, der Nussknacker, die Nussschale
die **Nüs|ter,** die Nüstern

N Nu Ny O Oa Ob Oc Od   Of Oh Ok Ol Om On Op

nut|zen, du nutzt, sie nutzt,
sie nutzte, sie hat genutzt,
wir nutzen es aus,
der Nutzen, zunutze machen,
auch: zu Nutze machen, nutzlos
nüt|zen, du nützt, es nützt,
es nützte nichts, es hat
genutzt, nützlich, nützlicher,
am nützlichsten

das **Ny|lon** (Kunstfaser),
der Nylonstrumpf

O

die **Oa|se,** die Oasen
ob, obgleich
die **Ob|acht,** Obacht geben
die **O-Bei|ne**
oben, nach oben, obenauf,
oben liegen, das oben erwähnte
der **Ober** (Kellner), die Ober
die **Ober|flä|che,** die Oberflächen,
oberflächlich, oberflächlicher,
am oberflächlichsten
das **Ober|haupt,** die Oberhäupter
das **Ober|licht,** die Oberlichter
das **Ober|teil,** die Oberteile
das **Ob|jekt** (Gegenstand), die Objekte
ob|jek|tiv, objektiver,
am objektivsten (sachlich),
die Objektivität
die **Ob|la|te,** die Oblaten
die **Oboe** (Blasinstrument), die Oboen
das **Obst,** der Obstbaum,
der Obstgarten, der Obstsaft,
der Obstsalat
ob|wohl
der **Och|se,** die Ochsen
ocker|gelb
öd, auch: öde, öder, am ödsten,
die Einöde
oder, ich oder du

der **Ofen,** die Öfen, das Ofenrohr
of|fen, offener, am offensten,
offenbar, offen bleiben,
offen halten, die Offenheit,
offensichtlich, offen stehen
öf|fent|lich, öffentlicher, am
öffentlichsten, die Öffentlichkeit
der **Of|fi|zier,** die Offiziere
öff|nen, du öffnest, er öffnet,
er öffnete, er hat geöffnet,
die Öffnung, die Öffnungszeit
oft, öfter, auch: öfters,
des Öfteren, oftmalig, oftmals
oh|ne, ohnedies, ohne weiteres
die **Ohn|macht,** die Ohnmachten,
ohnmächtig
das **Ohr,** die Ohren, ohrenbetäubend,
die Ohrenschmerzen,
die Ohrfeige, der Ohrwurm
okay (o.k.), auch: O.K.
die **Öko|lo|gie,** ökologisch
der **Ok|to|ber,** der Oktobertag
das **Öl,** die Öle, ölen, du ölst, sie ölt,
sie ölte, sie hat geölt,
die Ölfarbe, die Ölheizung, ölig,
öliger, am öligsten
die **Oli|ve,** die Oliven
die **Olym|pi|a|de,** die Olympiaden,
die Olympischen Spiele
die **Oma,** die Omas, die Omi
das **Ome|lett,** die Omelette,
auch: die Omeletts
der **Om|ni|bus,** die Omnibusse
der **On|kel,** die Onkel, auch: Onkels
der **Opa,** die Opas, Opi
die **Oper,** die Opern, der Opernball
Open|air, auch: Open Air
(Konzert unter freiem Himmel)
die **Ope|ra|ti|on,** die Operationen,
der Operationssaal, operieren,
du operierst, sie operiert,
sie operierte, sie hat operiert
die **Ope|ret|te,** die Operetten

O Op Or   Os Ou Ov Oz P Pa

das **Op|fer,** die Opfer, opfern,
du opferst, er opfert,
er opferte, er hat geopfert
die **Op|tik,** der Optiker,
die Optikerin
op|ti|mal (sehr gut)
der **Op|ti|mis|mus,** der Optimist,
optimistisch
oran|ge (Farbe)
die **Oran|ge,** die Orangen
der **Orang-Utan,** die Orang-Utans
das **Or|ches|ter,** die Orchester,
das Orchesterkonzert
der **Or|den,** die Orden (1. Auszeichnung, 2. kirchliche Vereinigung)
or|dent|lich, ordentlicher,
am ordentlichsten
ord|nen, du ordnest, er ordnet,
er ordnete, er hat geordnet,
die Ordnung,
ordnungsgemäß
das **Or|gan,** die Organe
die **Or|ga|ni|sa|ti|on,**
die Organisationen, organisieren,
du organisierst, sie organisiert,
sie organisierte,
sie hat organisiert
die **Or|gel,** die Orgeln,
der Organist, die Organistin,
das Orgelkonzert
der **Ori|ent,** orientalisch
sich **ori|en|tie|ren,** du orientierst
dich, sie orientiert sich,
sie orientierte sich, sie hat sich
orientiert, die Orientierung
das **Ori|gi|nal,** die Originale, original
(ursprünglich, echt), **originell**
(neuartig, einzigartig)
der **Or|kan,** die Orkane, orkanartig
der **Ort,** die Orte, örtlich,
die Ortschaft
die **Or|tho|gra|fie,** auch:
Orthographie (Rechtschreibung)

die **Öse** (kleiner Metallring),
die Ösen
der **Os|ten,** östlich, der Ostwind
Os|tern, das Osterei,
das Osterfest, österlich
Ös|ter|reich, österreichisch
die **Ost|see**
out (engl.: draußen)
oval, das Oval
der **Oze|an,** die Ozeane
der/das **Ozon,** das Ozonloch,
die Ozonschicht, der Ozonwert

P

ein **paar** Äpfel, ein paarmal
das **Paar,** ein Paar Schuhe, die
Paare, das Pärchen, paarweise
die **Pacht,** die Pachten, pachten,
der Pächter
pa|cken, du packst, er packt,
er packte, er hat gepackt,
das Päckchen, der Packen,
der Packer, die Packerin,
das Packpapier, die Packung
das **Pad|del,** die Paddel, paddeln,
du paddelst, er paddelt,
er paddelte, er hat gepaddelt,
das Paddelboot, der Paddler
das **Pa|ket,** die Pakete
der **Pa|last,** die Paläste
das **Pa|la|ver** (endloses Gerede),
die Palaver, palavern
die **Pal|me,** die Palmen,
der Palmsonntag
die **Pam|pel|mu|se,**
die Pampelmusen
pa|nie|ren, du panierst,
sie paniert, sie panierte,
sie hat paniert, das Paniermehl
die **Pa|nik,** panisch
die **Pan|ne,** die Pannen, das

P Pa   P Pa Pc Pe

	Pannendreieck, die Pannenhilfe
der	**Pan|ther,** auch: der Panter, die Panther
der	**Pan|tof|fel,** die Pantoffeln
die	**Pan|to|mi|me** (Darstellung von Szenen ohne Worte), die Pantomimen
der	**Pan|zer,** die Panzer (1. feste schützende Hülle, 2. Kriegsfahrzeug)
der	**Pa|pa,** die Papas, Papi
der	**Pa|pa|gei,** die Papageien
das	**Pa|pier,** die Papiere, das Papiergeld, der Papierkorb
die	**Pap|pe,** die Pappen, der Pappdeckel, die Pappmaschee, auch: Pappmaché
die	**Pap|pel,** die Pappeln, die Pappelallee
	pap|pig, pappiger, am pappigsten, der Pappschnee
der	**Pa|pri|ka,** die Paprikas
der	**Papst,** die Päpste, päpstlich
die	**Pa|ra|de,** die Paraden
das	**Pa|ra|dies,** die Paradiese, paradiesisch
der	**Pa|ra|graf** (Teil eines Gesetzes), die Paragrafen, auch: Paragraph
	pa|ral|lel, (par|al|lel), die Parallele
der	**Pa|ra|sit,** die Parasiten
der	**Par|cours** (Hindernisbahn)
das	**Par|füm,** die Parfüms, die Parfümerie, parfümieren
	pa|rie|ren (gehorchen)
der	**Park,** die Parks, die Parkanlage, die Parkbank
der	**Par|ka,** die Parkas
	par|ken, du parkst, sie parkt, sie parkte, sie hat geparkt, der Parkplatz, die Parkuhr, das Parkverbot
das	**Par|kett,** die Parkette, der Parkettboden
das	**Par|la|ment,** die Parlamente
die	**Pa|ro|le,** die Parolen

die	**Par|tei,** die Parteien, das Parteibuch, parteiisch
das	**Par|ter|re** (Erdgeschoss)
der	**Part|ner,** die Partnerin, die Partnerarbeit
die	**Par|ty,** die Partys
der	**Pass** 53, die Pässe (1. Personalausweis, 2. Bergübergang), das Passbild, die Passstraße
die	**Pas|sa|ge** (Durchgang), die Passagen
der	**Pas|sa|gier,** die Passagiere
der	**Pas|sant,** die Passanten
	pas|sen, du passt, es passt, es passte, es hat gepasst, passend
	pas|sie|ren, es passiert, es passierte, es ist passiert
	pas|siv (untätig), die Passivität
die	**Pas|te,** die Pasten
die	**Pas|te|te,** die Pasteten
der	**Pas|tor,** die Pastoren, die Pastorin
der	**Pa|te,** die Paten, die Patin, das Patenkind
das	**Pa|tent,** die Patente, ein patenter Kerl
der	**Pa|ter,** die Patres (Ordensgeistlicher)
der	**Pa|ti|ent,** die Patienten, die Patientin
die	**Pa|tro|ne,** die Patronen
der	**Pat|zer,** die Patzer
die	**Pau|ke,** die Pauken, pauken, der Paukenschlag
die	**Pau|se,** die Pausen, pausenlos, pausieren
	pau|sen, du paust, sie paust, sie pauste, sie hat gepaust, das Pauspapier
der	**Pa|vi|an,** die Paviane
der	**PC** (Personalcomputer), die PCs
das	**Pech** (schwarze, teerige Masse), pechschwarz

165

P Pe

das **Pech** (Unglück), der Pechvogel
das **Pe|dal** (Fußhebel), die Pedale
der **Pe|gel,** der Pegelstand
die **Pein,** peinigen, du peinigst,
er peinigt, er peinigte, er hat
gepeinigt, der Peiniger, peinlich,
peinlicher, am peinlichsten
die **Peit|sche,** die Peitschen,
peitschen, du peitschest,
er peitscht, er peitschte, er hat
gepeitscht, der Peitschenstiel
die **Pel|le,** die Pellen, pellen,
du pellst, er pellt, er pellte,
er hat gepellt, die Pellkartoffel
der **Pelz,** die Pelze, der Pelzkragen,
der Pelzmantel,
die Pelzmütze, pelzig
das **Pen|del,** die Pendel, pendeln,
du pendelst, er pendelt, er
pendelte, sie hat/ist gependelt,
die Pendeluhr, der Pendler
der **Pe|nis,** die Penisse
die **Pen|si|on,** die Pensionen,
(1. in Ruhestand, 2. kleines Hotel)
per|fekt, die Perfektion
das **Per|ga|ment,**
das Pergamentpapier
die **Pe|ri|o|de** (Zeitraum),
die Perioden
die **Per|le,** die Perlen, perlen,
du perlst, es perlt, es perlte,
es hat geperlt, die Perlenkette
das **Per|lon** (synthetische Textilfaser)
die **Per|son,** die Personen,
das Personal, der Personalausweis,
der Personenkraftwagen (Pkw
oder PKW), persönlich,
die Persönlichkeit, das
Personalpronomen (persönliches
Fürwort), die Personalform des
Tunwortes (ich laufe, du läufst,
er läuft, ...)
die **Pe|rü|cke,** die Perücken

Pe Pf

die **Pest**
die **Pe|ter|si|lie**
das **Pe|tro|le|um,**
die Petroleumlampe
pet|zen, du petzt, sie petzt,
sie petzte, sie hat gepetzt
der **Pfad,** die Pfade, der Pfadfinder
der **Pfahl,** die Pfähle, der Pfahlbau,
die Pfahlbauten
die **Pfalz,** die Pfalzen,
der Pfalzgraf, pfälzisch
das **Pfand,** die Pfänder,
die Pfandflasche, pfänden,
du pfändest, er pfändet,
er pfändete, er hat gepfändet
die **Pfan|ne,** die Pfannen, der
Pfannenstiel, der Pfannkuchen
der **Pfar|rer,** die Pfarrer,
die Pfarrerin, das Pfarramt,
das Pfarrhaus, die Pfarrkirche
der **Pfau,** die Pfauen
der **Pfef|fer,** das Pfefferkorn,
pfeffern, du pfefferst, er pfeffert,
er pfefferte, er hat gepfeffert
die **Pfef|fer|min|ze,**
der Pfefferminztee
die **Pfei|fe** [53], die Pfeifen, der
Pfeifentabak, das Pfeifkonzert
pfei|fen, du pfeifst, er pfeift,
er pfiff, er hat gepfiffen
der **Pfeil,** die Pfeile, pfeilschnell
der **Pfei|ler,** die Pfeiler
der **Pfen|nig** (Pf), die Pfennige
das **Pferd,** die Pferde,
die Pferdestärke (PS)
der **Pfiff,** die Pfiffe
der **Pfif|fer|ling** (Speisepilz),
die Pfifferlinge
pfif|fig (schlau), pfiffiger,
am pfiffigsten
Pfings|ten, das Pfingstfest,
der Pfingstsonntag
der **Pfir|sich,** die Pfirsiche,

P Pf Ph

der Pfirsichkern
die **Pflan|ze,** die Pflanzen,
das Pflänzchen, pflanzen,
du pflanzt, sie pflanzt,
sie pflanzte, sie hat gepflanzt
das **Pflas|ter,** die Pflaster (1. Wundpflaster, 2. Steinpflaster), pflastern,
du pflasterst, er pflastert,
er pflasterte, er hat gepflastert
die **Pflau|me,** die Pflaumen,
das Pflaumenmus
pfle|gen, du pflegst, er pflegt,
er pflegte, er hat gepflegt,
die Pflege, pflegebedürftig,
pflegebedürftiger,
am pflegebedürftigsten,
die Pflegeeltern, das Pflegeheim,
der Pfleger, die Pflegerin
die **Pflicht,** die Pflichten,
pflichtbewusst, pflichteifrig, das
Pflichtgefühl, pflichtvergessen
pflü|cken, du pflückst, sie pflückt,
sie pflückte, sie hat gepflückt
der **Pflug,** die Pflüge, pflügen,
du pflügst, er pflügt, er pflügte,
er hat gepflügt, die Pflugschar
die **Pfor|te,** die Pforten,
der Pförtner, die Pförtnerin
der **Pos|ten,** die Posten
die **Pfo|te,** die Pfoten
der **Pfrop|fen,** die Pfropfen,
pfropfen, aufpfropfen
pfui!
das **Pfund,** die Pfunde
pfu|schen, du pfuschst,
er pfuscht, er pfuschte,
er hat gepfuscht, der Pfuscher,
die Pfuscherei
die **Pfüt|ze,** die Pfützen
die **Phan|ta|sie,** die Phantasien,
auch: Fantasie, phantasieren,
du phantasierst, er phantasiert,
er phantasierte, er hat phantasiert,

Ph Pi

phantasievoll, phantastisch
der **Phi|lo|soph,** die Philosophen,
die Philosophie
das **Pho|to,** die Photos, auch: Foto,
photographieren,
du photographierst,
sie photographiert,
sie photographierte,
sie hat photographiert
die **Phy|sik,** physikalisch,
der Physiker, die Physikerin
der **Pi|a|nist,** die Pianisten,
die Pianistin
das **Pi|a|no** (Klavier), die Pianos
pi|a|no (leise)
der **Pi|ckel,** die Pickel (1. Hautpustel, 2. Arbeitsgerät im Bergbau)
pi|cken, du pickst, sie pickt,
sie pickte, sie hat gepickt
das **Pick|nick,** die Picknicks,
picknicken, du picknickst,
er picknickt, er picknickte, er hat
gepicknickt, der Picknickkorb
piek|fein (besonders fein)
piep|sen, du piepst, er piepst,
der Vogel piepste,
er hat gepiepst, der Piepser
pi|kant, pikanter,
am pikantesten, die Pikanterie
pik|ko|lo (klein), auch: piccolo
der **Pik|ko|lo** (Kellnerlehrling),
die Pikkolos
der **Pil|ger,** die Pilger,
die Pilgerfahrt, pilgern,
du pilgerst, er pilgert,
er pilgerte, er hat/ist gepilgert
die **Pil|le,** die Pillen
der **Pi|lot,** die Piloten, die Pilotin
der **Pilz,** die Pilze, das Pilzgericht
der **Pin|gu|in,** die Pinguine
pink (rosafarben)
die **Pinn|wand,** die Pinnwände
der **Pin|sel,** die Pinsel, pinseln,

P Pi Pl   Pl

       du pinselst, er pinselt,
       er pinselte, er hat gepinselt
die **Pin|zet|te,** die Pinzetten
der **Pi|rat,** die Piraten, die Piratin,
       das Piratenschiff, die Piraterie
       pir|schen, du pirschst,
       er pirscht, er pirschte,
       er ist gepirscht, die Pirsch
die **Pis|te,** die Pisten
die **Pis|to|le,** die Pistolen,
       der Pistolenschuss
die **Piz|za,** die Pizzas,
       auch: Pizzen, die Pizzeria
die **Pla|ge,** die Plagen
sich **pla|gen,** du plagst dich,
       sie plagt sich, sie plagte sich,
       sie hat sich geplagt
das **Pla|kat,** die Plakate,
       plakatieren, die Plakatwand
die **Pla|ket|te,** die Plaketten
der **Plan,** die Pläne, planen,
       du planst, er plant, er plante,
       er hat geplant, planlos, planvoll
die **Pla|ne** (Wagendecke), die Planen,
       der Planwagen
der **Pla|net,** die Planeten
       pla|nie|ren, du planierst,
       er planiert, er planierte,
       er hat planiert, die Planierraupe
die **Plan|ke,** die Planken
       plan|schen, auch: plantschen,
       du planschst, sie planscht,
       sie planschte, sie hat
       geplanscht, das Planschbecken
die **Plan|ta|ge,** die Plantagen
       plap|pern, du plapperst,
       er plappert, er plapperte,
       er hat geplappert
       plär|ren, du plärrst, er plärrt,
       er plärrte, er hat geplärrt
das **Plas|tik** (Kunststoff),
       die Plastiktüte
die **Plas|tik** (Werk eines Bildhauers),

       die Plastiken, plastisch
       (hervortretend)
das **Plas|ti|lin** (Knetmasse)
       plät|schern, du plätscherst,
       er plätschert, er plätscherte,
       er hat geplätschert
       platt, platter, am plattesten,
       die Platte, die Platten, plätten,
       der Plattenspieler, die Plattform,
       der Plattfuß
der **Platz,** die Plätze, Platz nehmen,
       die Platzkarte, das Platzkonzert
       plat|zen, du platzt, es platzt,
       es platzte, es ist geplatzt,
       der Platzregen, die Platzwunde
sich **plat|zie|ren,** du platzierst dich,
       er platziert sich, er platzierte
       sich, er hat sich platziert
       plau|dern, du plauderst,
       sie plaudert, sie plauderte, sie
       hat geplaudert, die Plauderei
       plau|schen, du plauschst,
       sie plauscht, sie plauschte,
       sie hat geplauscht
       plau|si|bel
das **Play-back,** auch: Playback
       (synchrone Bildaufnahme zu einer
       vorhandenen Tonaufzeichnung)
die **Play|sta|tion,** die Playstations
       (Spielkonsole mit CD-Rom-Laufwerk)
die **Plei|te,** die Pleiten, er ist pleite
die **Plom|be,** (1. Versiegelung,
       2. Zahnfüllung), die Plomben,
       plombieren
       plötz|lich [36]
       plump, plumper, am plumpsten
       plump|sen, du plumpst,
       er plumpst, er plumpste,
       er ist geplumpst
der **Plun|der** (Kram)
       plün|dern, du plünderst,
       er plündert, er plünderte,
       er hat geplündert,

P Pl Po   Po Pr

	der Plünderer, die Plünderung
der	**Plu|ral** (Mehrzahl)
	plus, der Pluspunkt
der	**Plu|to**
	po|chen, du pochst, es pocht, es pochte, es hat gepocht
die	**Po|cke,** die Pocken, die Pockenschutzimpfung
das	**Po|dest,** die Podeste, das Podium
die	**Po|e|sie,** das Poesiealbum, der Poet, die Poetin, poetisch
der	**Po|kal,** die Pokale, das Pokalspiel
der	**Pol,** die Pole, das Polarlicht, der Polarstern
	Po|len, polnisch
	po|lie|ren, du polierst, sie poliert, sie polierte, sie hat poliert, die Politur
die	**Po|li|tik,** der Politiker, die Politikerin, politisch
die	**Po|li|zei,** das Polizeiauto, der Polizeifunk, polizeilich, der Polizist, die Polizistin
der	**Pol|len,** die Pollen
das	**Pols|ter,** die Polster, polstern
	pol|tern, du polterst, er poltert, er polterte, er hat gepoltert, der Polterabend
	Pom|mern, pommerisch
die	**Pommes frites**
das	**Po|ny,** die Ponys (1. Pferdchen, 2. Frisur)
der	**Pool,** die Pools (Schwimmbecken)
der	**Pop,** die Popmusik
das	**Pop|korn**
der	**Po|po,** die Popos, der Po
	po|pu|lär (beliebt), populärer, am populärsten
die	**Po|re,** die Poren, porentief, porös, poröser, am porösesten
das	**Por|tal,** die Portale
der	**Por|tier,** die Portiers
die	**Por|ti|on,** die Portionen
das	**Port|mo|nee** (Geldtasche), auch: das Portemonnaie, die Portmonees
das	**Por|to,** die Porti, die Portos
das	**Por|trät** (Port|rät), auch: Portrait, die Porträts
	Por|tu|gal, portugiesisch
das	**Por|zel|lan,** die Porzellane, das Porzellangeschirr
die	**Po|sau|ne,** die Posaunen
	po|si|tiv
die	**Post** [47], das Postamt, der Postbote, die Postbotin, die Postkarte, die Postleitzahl
der	**Pos|ten,** die Posten
das/der	**Pos|ter,** die Poster, auch: Posters
die	**Pracht,** prächtig, prächtiger, am prächtigsten, prachtvoll
das	**Prä|di|kat** (Satzkern), die Prädikate
	prä|gen, du prägst, er prägt, er prägte, er hat geprägt, die Prägung
	prah|len, du prahlst, er prahlt, er prahlte, er hat geprahlt
	prak|tisch, praktischer, am praktischsten, der Praktikant, die Praktikantin
die	**Pra|li|ne,** die Pralinen
	prall, praller, am prallsten, der Aufprall
die	**Prä|po|si|ti|on** (Verhältniswort)
die	**Prä|mie** (Belohnung), die Prämien
die	**Pran|ke,** die Pranken
die	**Prä|rie** (Grassteppe), die Prärien
das	**Prä|sens** (Gegenwart)
der	**Prä|si|dent,** die Präsidenten, die Präsidentin
	pras|seln, du prasselst, es prasselt, es prasselte, es hat geprasselt
	pras|sen, du prasst, er prasst, er prasste, er hat geprasst
die	**Pra|xis,** die Praxen

P Pr

Pr

prä|zis, auch: präzise (genau)
pre|di|gen, du predigst,
er predigt, er predigte,
er hat gepredigt, der Prediger,
die Predigerin, die Predigt
der **Preis,** die Preise,
das Preisausschreiben,
das Preisrätsel, preiswert
die **Prei|sel|bee|re,**
die Preiselbeeren
prei|sen, du preist, er preist,
er pries, er hat gepriesen
prel|len (1. stoßen, 2. betrügen),
du prellst, er prellt, er prellte,
er hat geprellt, der Prellball,
die Prellung
die **Pre|mi|e|re,** die Premieren
die **Pres|se** (Zeitungswesen)
pres|sen (zusammendrücken),
du presst, er presst, er presste,
er hat gepresst, die Presse
pri|ckeln, es prickelte, prickelnd
der **Pries|ter,** die Priester,
die Priesterin, die Priesterweihe
pri|ma
die **Pri|mel,** die Primeln
pri|mi|tiv
der **Prinz,** die Prinzen,
die Prinzessin
die **Pri|se,** eine Prise Salz, die Prisen
pri|vat, die Privatschule
die **Pro|be,** die Proben,
die Probefahrt, proben,
du probst, sie probt, sie probte,
sie hat geprobt
pro|bie|ren, du probierst,
er probiert, er probierte,
er hat probiert
das **Pro|blem,** die Probleme,
problemlos
das **Pro|dukt,** die Produkte,
die Produktion, der Produzent,
produzieren

der **Pro|fes|sor,** die Professoren,
die Professorin
der **Pro|fi,** die Profis
das **Pro|gramm,** die Programme,
das Programmheft,
programmieren,
du programmierst,
er programmiert,
er programmierte,
er hat programmiert,
die Programmierung
das **Pro|jekt,** die Projekte,
der Projektor, projizieren
die **Pro|me|na|de,** die Promenaden
prompt
das **Pro|no|men** (Fürwort),
die Pronomen
der **Pro|pel|ler,** die Propeller
der **Pro|phet,** die Propheten,
prophezeien, die Prophezeiung
der **Pros|pekt,** die Prospekte
der **Pro|test,** die Proteste,
protestieren, du protestierst,
sie protestiert, sie protestierte,
sie hat protestiert
der **Pro|tes|tant,** die Protestanten,
die Protestantin, protestantisch
die **Pro|the|se,** die Prothesen
das **Pro|to|koll,** die Protokolle,
protokollieren, du protokollierst,
sie protokolliert, sie protokollierte,
sie hat protokolliert
prot|zen, du protzest, er protzt,
er protzte mit seiner Kraft,
er hat geprotzt, der Protz, protzig
der **Pro|vi|ant**
das **Pro|zent** (%), die Prozente
der **Pro|zess,** die Prozesse
die **Pro|zes|si|on,** die
Prozessionen
prü|fen, du prüfst, sie prüft,
sie prüfte, sie hat geprüft,
der Prüfling, die Prüfung

170

P Pr Pu   P Pu Py Q Qu

	prü|geln, du prügelst, er prügelt, er prügelte, er hat geprügelt, die Prügel, die Prügelei
der	**Prunk,** prunken, du prunkst, er prunkt, er prunkte, er hat geprunkt, prunkvoll
	prus|ten, du prustest, sie prustet, sie prustete, sie hat geprustet
der	**Psalm,** die Psalmen
die	**Pu|ber|tät**
das	**Pu|bli|kum**
der	**Pud|ding,** die Puddinge, auch: die Puddings, das Puddingpulver
der	**Pu|del,** die Pudel, pudelnass, pudelwohl
der	**Pu|der,** die Puderdose, pudern, du puderst, sie pudert, sie puderte, sie hat gepudert
der	**Puf|fer,** die Puffer
der	**Pul|li,** die Pullis
der	**Pul|lo|ver,** die Pullover
der	**Puls,** die Pulsader, pulsieren, das Blut pulsiert in den Adern, der Pulsschlag
das	**Pult,** die Pulte
das	**Pul|ver,** das Pulverfass, pulvrig, pulverisieren, der Pulverschnee
der	**Pu|ma,** die Pumas
die	**Pum|pe,** die Pumpen, pumpen, du pumpst, er pumpt, er pumpte, er hat gepumpt
der	**Punkt,** die Punkte, Punkt acht Uhr, pünktlich, pünktlicher, am pünktlichsten, die Pünktlichkeit
die	**Pu|pil|le,** die Pupillen
die	**Pup|pe,** die Puppen, das Puppenspiel, der Puppenwagen
der	**Pur|pur,** purpurrot

	pur|zeln, du purzelst, sie purzelt, sie purzelte, sie ist gepurzelt, der Purzelbaum
	pus|ten, du pustest, sie pustet, sie pustete, sie hat gepustet, die Puste
der	**Putz,** putzen, du putzt, er putzt, er putzte, er hat geputzt, die Putzfrau, das Putzmittel
	put|zig (drollig)
das	**Puz|zle** (Puzz|le), die Puzzles (Geduldsspiel)
der	**Py|ja|ma,** die Pyjamas
die	**Py|ra|mi|de,** die Pyramiden

Q

der	**Qua|der,** die Quader
das	**Qua|drat,** die Quadrate, quadratisch, der Quadratmeter
	qua|ken, du quakst, er quakt, der Frosch quakte, er hat gequakt
die	**Qual,** die Qualen, quälen, du quälst, sie quält, sie quälte, sie hat gequält, qualvoll, qualvoller, am qualvollsten
die	**Qua|li|tät,** die Qualitäten
die	**Qual|le,** die Quallen
der	**Qualm,** qualmen, du qualmst, es qualmt, es qualmte, es hat gequalmt
der	**Quark** (Weichkäse), der Quarkkuchen, die Quarkspeise
das	**Quar|tett,** die Quartette
das	**Quar|tier,** die Quartiere
der	**Quarz,** die Quarze, die Quarzuhr
	quas|seln, du quasselst, er quasselt, er quasselte, er hat gequasselt

171

Q Qu

die **Quas|te,** die Quasten
quat|schen,
du quatschst,
er quatscht,
er quatschte,
er hat gequatscht, der Quatsch
das **Queck|sil|ber**
die **Quel|le,** die Quellen,
das Quellwasser
quel|len, es quillt, es quoll,
es ist gequollen
quen|geln, du quengelst,
er quengelt, er quengelte,
er hat gequengelt, quengelig,
auch: quenglig
quer, quer gestreift, querbeet,
querfeldein, der Querschnitt
die **Quer|flö|te,** die Querflöten,
Querflöte spielen
quet|schen, du quetschst,
er quetscht, er quetschte, er hat
gequetscht, die Quetschung
quick|le|ben|dig
quie|ken, du quiekst,
er quiekt, das Schwein quiekte,
es hat gequiekt
quiet|schen, du quietschst, es
quietscht, es quietschte, es hat
gequietscht, quietschvergnügt
der **Quirl,** die Quirle, quirlen, quirlig
quitt, quittieren, du quittierst,
er quittiert, er quittierte,
er hat quittiert, die Quittung
die **Quit|te,** die Quitten, quittengelb
das **Quiz,** die Quizfrage,
der Quizmaster
der **Quo|ti|ent** (Ergebnis einer Division),
die Quotienten

R Ra

R

der **Ra|batt** (Preisnachlass),
die Rabatte
der **Ra|be,** die Raben, rabenschwarz
ra|bi|at (wütend, grob)
die **Ra|che,** rächen, du rächst, er
rächt, er rächte, er hat gerächt,
der Rächer, rachsüchtig
der **Ra|chen,** die Rachen,
der Rachenkatarrh,
auch: Rachenkatarr
das **Rad,** die Räder, Rad fahren,
Rad schlagen, der Radfahrer,
die Radfahrerin, das Radfahren,
die Radtour, der Radweg
der/das **Ra|dar,** das Radargerät,
die Radarkontrolle
der **Ra|dau**
der **Rä|dels|füh|rer,**
die Rädelsführerin
ra|die|ren, du radierst,
sie radiert, sie radierte,
sie hat radiert, der Radierer,
der Radiergummi
das **Ra|dies|chen,** die Radieschen
ra|di|kal (gründlich, rücksichtslos),
der Radikalismus
das **Ra|dio,** die Radios
ra|dio|ak|tiv, die Radioaktivität
der **Ra|di|us** (Halbmesser), die Radien
raf|fi|niert, die Raffinesse
ra|gen, du ragst, es ragt,
es ragte, es hat geragt
der **Rahm** (Sahne)
der **Rah|men,** die Rahmen,
einrahmen, du rahmst ein,
er rahmt ein, er rahmte ein,
er hat eingerahmt
der **Rain,** die Raine
die **Ra|ke|te,** die Raketen
die **Ral|lye,** die Rallyes

R Ra   Ra

	ram|men, du rammst, er rammt, er rammte, er hat gerammt
die	Ram|pe, die Rampen, das Rampenlicht
der	Rand, die Ränder, der Randstein, randvoll
die	Ran|ge|lei, die Rangeleien
	ran|gie|ren, du rangierst, er rangiert, er rangierte, sie hat rangiert
die	Ran|ke, die Ranken, ranken, du rankst, es rankt, sie rankte sich, sie hat sich gerankt
der	Ran|zen, die Ranzen
	ran|zig, (die Butter war ranzig)
	ra|pid (sehr schnell)
der	Rap|pe, die Rappen
der	Raps, das Rapsöl
	rar, die Rarität
	ra|sant
	rasch, rascher, am raschesten
	ra|scheln, du raschelst, es raschelt, es raschelte, es hat geraschelt
	ra|sen, du rast, sie rast, sie raste, sie ist gerast, die Raserei
der	Ra|sen, die Rasen, die Rasenfläche, der Rasenmäher
sich	ra|sie|ren, du rasierst dich, er rasiert sich, er rasierte sich, er hat sich rasiert, der Rasierapparat, die Rasierklinge, das Rasiermesser, die Rasur
die	Ras|pel, die Raspeln, raspeln, du raspelst, sie raspelt, sie raspelte, sie hat geraspelt
die	Ras|se, die Rassen
die	Ras|sel, die Rasseln, rasseln, du rasselst, sie rasselt, sie rasselte, sie hat gerasselt
die	Rast, rasten, du rastest, er rastet, er rastete, sie hat gerastet, rastlos, die Raststätte
die	Ra|te (Teilzahlung), die Raten, ratenweise
	ra|ten, du rätst, er rät, er riet, er hat geraten, der Rat, ratlos, ratsam, der Ratschlag, Rat suchen, zu Rate ziehen
das	Rat|haus, die Rathäuser
das	Rät|sel, die Rätsel, rätselhaft, rätseln, du rätselst, er rätselt, er rätselte, er hat gerätselt
die	Rat|te, die Ratten, der Rattenfänger
	rat|tern, du ratterst, sie rattert, sie ratterte, es hat gerattert
	rau (1. nicht glatt, 2. grob), rauer, am rausten, der Raureif
der	Raub, rauben, du raubst, er raubt, er raubte, er hat geraubt, der Räuber, das Raubtier
der	Rauch, rauchen, du rauchst, er raucht, er rauchte, er hat geraucht, der Raucher, die Raucherin, räuchern, rauchig, das Rauchverbot
	rau|fen, du raufst, er rauft, er raufte, sie hat gerauft, der Raufbold, die Rauferei, rauflustig, rauflustiger, am rauflustigsten
der	Raum, die Räume, räumen, du räumst, sie räumt, sie räumte, sie hat geräumt, die Raumfahrt, räumlich, das Raumschiff, die Räumung
die	Rau|pe, die Raupen 53
	raus (heraus), rauskommen
der	Rausch, die Räusche, das Rauschgift
	rau|schen, du rauschst, es rauscht, es rauschte, es hat gerauscht
sich	räus|pern, du räusperst dich, sie räuspert sich, sie räusperte sich,

R Ra Re Re

       sie hat sich geräuspert
die **Ra|vi|o|li** (Nudelgericht)
die **Raz|zia,** die Razzien
re|agie|ren, du reagierst,
er reagiert, er reagierte,
er hat reagiert, die Reaktion
re|al (wirklich), die Realität
die **Re|al|schu|le,** die Realschulen,
der Realschüler,
die Realschülerin
die **Re|be,** die Reben,
der Rebensaft, die Reblaus,
der Rebstock
der **Re|bell,** die Rebellen
das **Reb|huhn,** die Rebhühner
der **Re|chen** (Harke), die Rechen,
rechen, du rechst, sie recht,
sie rechte, sie hat gerecht
rech|nen, du rechnest,
er rechnet, er rechnete, er hat
gerechnet, die Rechenaufgabe,
der Rechenfehler,
die Rechenmaschine,
der Rechner, die Rechnung
recht, das ist mir recht,
das geschieht dir recht
das **Recht,** die Rechte,
recht haben, im Recht sein,
Recht sprechen, zu Recht,
der Rechtsanwalt,
die Rechtsanwältin
das **Recht|eck,** die Rechtecke,
rechteckig, rechtwinklig
rechts, der Rechtsabbieger
recht|schrei|ben, → schreiben,
der Rechtschreibfehler,
die Rechtschreibung
recht|zei|tig
das **Reck,** die Recks,
auch: die Recke
sich **re|cken,** du reckst dich,
er reckt sich, er reckte sich,
er hat sich gereckt

der **Re|cor|der,** auch: Rekorder
das **Re|cyc|ling** (Wiederverwertung),
recyceln
re|den, du redest, sie redet,
sie redete, sie hat geredet,
die Rede, die Redensart,
der Redner, die Rednerin
red|lich, die Redlichkeit
die **Re|form,** die Reformen,
die Reformation, reformieren
das **Re|gal,** die Regale
die **Re|gat|ta,** die Regatten
re|ge, die Regsamkeit
die **Re|gel,** die Regeln, regelrecht,
regelmäßig,
die Regelmäßigkeit, regeln,
du regelst, er regelt, er regelte,
er hat geregelt
sich **re|gen,** du regst dich, er regt
sich, er regte sich, er hat sich
geregt, die Regung, regungslos
der **Re|gen,** regnen, es regnet,
es regnete, es hat geregnet, der
Regenbogen, der Regenschirm,
der Regentropfen, das
Regenwetter, der Regenwurm,
regnerisch, regnerischer,
am regnerischsten
re|gie|ren, du regierst,
er regiert, er regierte,
er hat regiert, die Regierung
das **Reh,** die Rehe, der Rehbock,
die Ricke, das Rehkitz
rei|ben, du reibst, er reibt,
er rieb, er hat gerieben, die Reibe,
die Reibung, reibungslos
reich, reicher, am reichsten,
der Reiche, reichhaltig, reichlich,
der Reichtum, reich geschmückt
das **Reich,** die Reiche
rei|chen, du reichst, er reicht,
es reichte, er hat gereicht,
reif, reifer, am reifsten, reifen,

R Re

    du reifst, sie reift, sie reifte,
sie ist gereift, die Reife,
die Reifeprüfung
der **Reif,** die Reife (Ring)
der **Reif** (Raureif)
der **Rei|fen,** die Reifen,
die Reifenpanne
der **Rei|gen,** die Reigen
die **Rei|he,** die Reihen, reihen,
die Reihenfolge,
das Reihenhaus, reihenweise
der **Reim,** die Reime, sich reimen,
es reimt sich, es reimte sich,
es hat sich gereimt
rein, reiner, am reinsten,
rein machen, ins Reine bringen,
die Reinheit, reinigen, du reinigst,
er reinigt, er reinigte,
er hat gereinigt, die Reinigung,
reinlich, reinlicher,
am reinlichsten, die Reinlichkeit
der **Reis,** der Reisbrei,
das Reiskorn, die Reissuppe
das **Reis** (Zweiglein), die Reiser,
das Reisig, das Reiserbündel
rei|sen, du reist, sie reist, sie
reiste, sie ist gereist, die Reise,
das Reisebüro, der Reiseführer,
das Reisegepäck, der/die
Reisende, der Reisepass
rei|ßen, du reißt, es reißt,
es riss, es ist gerissen, der
Riss, das Reißbrett, reißend,
reißfest, der Reißverschluss
rei|ten, du reitest, er reitet, er
ritt, er ist geritten, der Reiter, die
Reiterin, das Reitpferd, der Ritt
der **Reiz,** die Reize, reizen, du reizt,
er reizt, er reizte, er hat gereizt,
reizend, reizender,
am reizendsten, reizarm
die **Re|kla|me,** die Reklamen,
die Reklamesendung

Re

    re|kla|mie|ren, du reklamierst,
sie reklamiert, sie reklamierte,
sie hat reklamiert,
die Reklamation
der **Re|kord,** die Rekorde
der **Rek|tor,** die Rektoren,
die Rektorin, das Rektorat
re|la|tiv (verhältnismäßig),
die Relativität
die **Re|li|gi|on,** die Religionen,
religiös
die **Re|ling,** die Relings
die **Re|li|quie,** die Reliquien
rem|peln, du rempelst,
er rempelt, er rempelte,
er hat gerempelt, die Rempelei
ren|nen, du rennst, er rennt,
er rannte, er ist gerannt,
das Rennen, der Rennfahrer,
die Rennfahrerin, das Rennpferd,
das Rennrad
re|no|vie|ren, die Renovierung
die **Ren|te,** die Renten,
der Rentner, die Rentnerin
das **Ren|tier,** die Rentiere
die **Re|pa|ra|tur,** die Reparaturen,
reparieren, du reparierst,
sie repariert, sie reparierte,
sie hat repariert
der **Re|por|ter,** die Reporter,
die Reporterin, die Reportage
das **Rep|til,** die Reptilien
die **Re|pu|blik,** die Republiken
die **Re|ser|ve,** die Reserven,
das Reserverad, reservieren,
du reservierst, sie reserviert,
sie reservierte, sie hat reserviert
der **Re|spekt,** respektieren,
du respektierst, sie respektiert,
sie respektierte,
sie hat respektiert, respektlos
der **Rest,** die Reste, restlos
das **Res|tau|rant,** die Restaurants,

R Re Rh Ri   Ri Ro

     die Restauration
das **Re|sul|tat,** die Resultate
ret|ten, du rettest, sie rettet,
sie rettete, sie hat gerettet,
der Retter, die Retterin,
die Rettung, das Rettungsauto
der **Ret|tich,** die Rettiche
die **Reue,** reuen, es reut dich,
es reute dich, es hat dich gereut,
reuig, reumütig
das **Re|vier,** die Reviere,
der Revierförster
die **Re|vo|lu|ti|on,** die
Revolutionen, der Revolutionär
der **Re|vol|ver,** die Revolver
das **Re|zept,** die Rezepte
der **Rha|bar|ber**
der **Rhein,** rheinisch
das **Rhein|land,** rheinländisch
     Rhein|land-Pfalz
das **Rheu|ma,** rheumatisch
der **Rho|do|den|dron**
der **Rhyth|mus,** die Rhythmen,
rhythmisch, rhythmischer,
am rhythmischsten
rich|ten, du richtest, er richtet,
er richtete, er hat gerichtet
der **Rich|ter,** die Richter, die Richterin
rich|tig, die Richtigkeit,
richtig machen
die **Rich|tung,** die Richtungen
rie|chen, du riechst, er riecht,
er roch, er hat gerochen,
der Geruch
die **Rie|ge,** die Riegen
der **Rie|gel,** die Riegel
der **Rie|men,** die Riemen,
der **Rie|se,** die Riesen, die Riesin,
riesengroß, das Riesenrad,
riesig, riesiger, am riesigsten
rie|seln, es rieselt, es rieselte,
es hat gerieselt
das **Riff,** die Riffe (Felsenklippe)

die **Ril|le,** die Rillen
das **Rind,** die Rinder,
der Rinderbraten,
der Rinderwahnsinn,
das Rindfleisch, das Rindvieh
die **Rin|de,** die Rinden
der **Ring,** die Ringe 53,
der Ringordner
die **Rin|gel|nat|ter,**
die Ringelnattern
rin|gen, du ringst, er ringt,
er rang, er hat gerungen,
der Ringer, der Ringkampf
rings, ringsumher
die **Rin|ne,** die Rinnen, rinnen,
es rinnt, es rann, es ist geronnen,
das Rinnsal, der Rinnstein
die **Rip|pe,** die Rippen,
die Rippenfellentzündung
das **Ri|si|ko,** die Risiken, auch:
die Risikos, riskant, riskanter,
am riskantesten, riskieren,
du riskierst, er riskiert,
er riskierte, er hat riskiert
der **Riss,** die Risse, rissig, rissiger,
am rissigsten
sie **riss** (Grundform: reißen)
der **Ritt,** die Ritte, rittlings
der **Rit|ter,** die Ritter, die Ritterburg,
ritterlich, der Rittersporn
rit|zen, du ritzt, sie ritzt,
sie ritzte, sie hat geritzt,
der Ritz, die Ritze
der **Ri|va|le,** die Rivalen, die Rivalin
die **Rob|be,** die Robben
der **Ro|bo|ter,** die Roboter
ro|bust (kräftig), robuster,
am robustesten, die Robustheit
rö|cheln, du röchelst, er röchelt,
er röchelte, er hat geröchelt
der **Rock,** die Röcke
der **Rock,** der Rocker, die Rocker,
die Rockmusik

	ro|deln, du rodelst, sie rodelt, sie rodelte, sie hat/ist gerodelt, der Rodelschlitten
	ro|den, du rodest, er rodet, er rodete, er hat gerodet
der	**Rog|gen,** das Roggenmehl
	roh, die Rohheit, die Rohkost, das Rohöl, der Rohstoff
das	**Rohr,** die Rohre, die Röhre, das Wasserrohr
	röh|ren, der Hirsch röhrte
die	**Rol|le,** die Rollen, rollen, du rollst, er rollt, er rollte, er hat/ist gerollt, der Roller, der Rollladen, der Rollschuh, der Rollstuhl, die Rolltreppe
die	**Rol|ler|blades** (Inlineskates)
der	**Rol|ler|skate,** die Rollerskates (Discoroller)
das	**Rol|lo,** die Rollos
	Rom, die Römer
der	**Ro|man,** die Romane
	ro|man|tisch, die Romantik
	rönt|gen, er wurde geröntgt, die Röntgenaufnahme, die Röntgenstrahlen, die Röntgenuntersuchung
	ro|sa, rosarot, rosig
die	**Ro|se,** die Rosen, der Rosenstock
die	**Ro|si|ne,** die Rosinen
das	**Ross,** die Rosse, oder: die Rösser, das Rosshaar, die Rosskastanie
der	**Rost** (rostiges Eisen), rosten, es rostet, es rostete, es ist gerostet, rostfrei, rostig, rostiger, am rostigsten, rostbraun
der	**Rost** (Gitter), die Roste, rösten, du röstest, sie röstet, sie röstete, sie hat geröstet, der Rostbraten, der Röster
	rot, das Rot, bei Rot, das rote Kleid, aber: das Rote Kreuz, rothaarig, das Rotkäppchen, das Rotkehlchen, rötlich, die Ampel stand auf Rot
die	**Rou|te** (Reiseweg), die Routen
der	**Row|dy,** die Rowdys (junger gewalttätiger Mensch)
	rub|beln, du rubbelst, sie rubbelt, sie rubbelte, sie hat gerubbelt
die	**Rü|be,** die Rüben
der	**Ruck,** die Rucke, ruckartig
	rü|cken, du rückst, er rückt, er rückte, er hat/ist gerückt
der	**Rü|cken,** die Rücken, das Rückenmark, der Rückenwind
die	**Rück|fahrt,** die Rückfahrten, die Rückfahrkarte
die	**Rück|kehr**
das	**Rück|licht,** die Rücklichter
der	**Ruck|sack,** die Rucksäcke
die	**Rück|sicht,** Rücksicht nehmen, rücksichtslos, rücksichtsvoll, rücksichtsvoller, am rücksichtsvollsten
der	**Rück|sitz,** die Rücksitze
der	**Rück|strah|ler,** die Rückstrahler
	rück|wärts, rückwärtsgehen,
der	**Rü|de** (männlicher Hund), die Rüden
das	**Ru|del,** die Rudel, rudelweise
das	**Ru|der,** die Ruder, rudern, du ruderst, er rudert, er ruderte, er hat gerudert, das Ruderboot, der Ruderer
	ru|fen, du rufst, er ruft, er rief er hat gerufen, der Ruf, das Rufzeichen
	rü|gen, du rügst, er rügt, er rügte, er hat gerügt, die Rüge
die	**Ru|he,** ruhen, du ruhst, er ruht, er ruhte, er hat geruht,

177

R Ru

ruhelos, ruhig, ruhiger, am
ruhigsten, ruhen lassen
der **Ruhm,** rühmen, du rühmst,
er rühmt, er rühmte,
er hat gerühmt, ruhmreich
die **Ruhr,** das Ruhrgebiet
rüh|ren, du rührst, er rührt,
er rührte, er hat gerührt,
das Rührei, rührend,
die Rührung
die **Ru|ine,** die Ruinen, ruinieren
rülp|sen, du rülpst, er rülpst,
er rülpste, er hat gerülpst,
der Rülpser
der **Rum,** der Rumtopf
Ru|mä|ni|en, rumänisch
der **Rum|mel,** der Rummelplatz
ru|mo|ren, du rumorst,
er rumort, der Magen rumorte,
es hat rumort
rum|peln, du rumpelst,
es rumpelt, es rumpelte, es hat
gerumpelt, die Rumpelkammer,
das Rumpelstilzchen
der **Rumpf,** die Rümpfe
rümp|fen, du rümpfst,
sie rümpft, sie rümpfte die Nase,
sie hat gerümpft
rund, die Runde, die Rundfahrt,
der Rundfunk, der Rundgang,
rundherum, rundlich, rundlicher,
am rundlichsten, die Rundung
run|ter (herunter)
die **Run|zel,** die Runzeln, runzeln,
du runzelst, er runzelt, er run-
zelte die Stirn, er hat gerunzelt,
runzelig, auch: runzlig,
runzliger, am runzligsten
der **Rü|pel,** die Rüpel, rüpelhaft,
rüpelhafter, am rüpelhaftesten
rup|fen, du rupfst, er rupft,
er rupfte, er hat gerupft
der **Ruß,** rußen, es rußt, es rußte,

R Ru S Sa

es hat gerußt, rußbedeckt,
rußig, rußiger, am rußigsten
der **Rüs|sel,** die Rüssel
Russ|land, russisch
rüs|ten, du rüstest, er rüstet,
er rüstete, er hat gerüstet,
die Rüstung, die Abrüstung,
die Aufrüstung, rüstig,
rüstiger, am rüstigsten
die **Ru|te,** die Ruten
die **Rut|sche,** die Rutschen,
die Rutschbahn, rutschen,
du rutschst, er rutscht,
er rutschte, er hat/ist gerutscht,
rutschig, rutschiger,
am rutschigsten
rüt|teln, du rüttelst, sie rüttelt,
sie rüttelte, sie hat gerüttelt

S

der **Saal,** die Säle
das **Saar|land,** saarländisch
die **Saat,** die Saaten, das Saatgut
der **Sä|bel,** die Säbel
die **Sa|che,** die Sachen, sachlich,
sachlicher, am sachlichsten,
der Sachunterricht
Sach|sen, sächsisch
Sach|sen-An|halt
der **Sack,** die Säcke, die Sackgasse
sä|en, du säst, er sät, er säte,
er hat gesät, die Sämaschine
die **Sa|fa|ri,** die Safaris
der/das **Safe,** die Safes
der **Saft,** die Säfte, saftig, saftiger,
am saftigsten
die **Sa|ge,** die Sagen, sagenhaft
die **Sä|ge,** die Sägen,
das Sägemehl, sägen, du sägst,
er sägt, er sägte, er hat gesägt,
das Sägewerk

S Sa

sa|gen 13 26, du sagst, er sagt,
er sagte, er hat gesagt
die **Sah|ne,** die Sahnetorte, sahnig,
sahniger, am sahnigsten
die **Sai|son,** die Saisons
die **Sai|te,** die Saiten,
das Saiteninstrument
das **Sa|kra|ment,** die Sakramente
der **Sa|la|man|der,** die Salamander
die **Sa|la|mi,** die Salamis
der **Sa|lat,** die Salate
die **Sal|be,** die Salben, salben
der **Sal|bei,** der Salbeitee
der **Sal|to,** die Saltos,
auch: die Salti
das **Salz,** die Salze, salzen,
du salzst, er salzt, er salzte,
er hat gesalzt, salzig, salziger,
am salzigsten, die Salzkartoffel,
das Salzwasser
der **Sa|me,** die Samen (Bewohner Lapplands)
der **Sa|men,** auch: der Same,
die Samen, die Sämerei
sam|meln, du sammelst,
er sammelt, er sammelte, sie
hat gesammelt, der Sammler,
die Sammlerin, die Sammlung
der **Sams|tag** (Sonnabend), die
Samstage, am Samstagabend,
samstagabends, samstags
der **Samt,** die Samthose, samtig
sämt|lich, allesamt
das **Sa|na|to|ri|um** (Heilanstalt),
die Sanatorien
der **Sand,** der Sandhaufen, sandig,
sandiger, am sandigsten,
der Sandkasten
die **San|da|le,** die Sandalen
der/das **Sand|wich,**
die Sandwiche,
auch: die Sandwiches
(belegte Weißbrotschnitte)

Sa

sanft, sanfter, am sanftesten,
sanftmütig, die Sanftmut
die **Sänf|te,** die Sänften
der **Sän|ger,** die Sänger,
die Sängerin
der **Sa|ni|tä|ter,** die Sanitäter,
die Sanitäterin
die **Sar|di|ne,** die Sardinen,
die Sardinendose
der **Sarg,** die Särge
der **Sa|tan,** satanisch
satt, sättigen, gesättigt,
die Sättigung
der **Sat|tel,** die Sättel, sattelfest,
satteln, du sattelst, sie sattelt,
sie sattelte, sie hat gesattelt,
der Sattelschlepper
der **Sa|turn**
der **Satz,** die Sätze,
die Satzaussage,
der Satzgegenstand,
das Satzzeichen
der **Sa|tel|lit,** die Satelliten
die **Sau,** die Säue, auch: die Sauen
sau|ber, sauberer,
am saubersten, die Sauberkeit,
säubern, du säuberst,
er säubert, er säuberte,
er hat gesäubert
die **Sau|ce,** die Saucen,
auch: Soße
sau|er, saurer, am sauersten,
das Sauerkraut, säuerlich,
der Sauerstoff, die Säure
sau|fen, du säufst, er säuft,
er soff, sie hat gesoffen,
der Säufer
sau|gen, du saugst, er saugt,
er saugte, auch: sog,
er hat gesaugt, auch: gesogen
säu|gen, sie säugt, sie säugte,
sie hat gesäugt, das Säugetier,
der Säugling

S Sa Sb Scha

die **Säu|le,** die Säulen
der **Saum,** die Säume, säumen,
du säumst, er säumt, er säumte,
sie hat gesäumt
die **Sau|na,** die Saunas,
auch: die Saunen
die **Säu|re,** die Säuren
der **Sau|ri|er,** die Saurier
sau|sen, du saust, er saust,
er sauste, er ist gesaust,
säuseln
das **Sa|xo|fon,** die Saxofone,
auch: Saxophon
die **S-Bahn** (Stadtbahn),
die S-Bahnen
scha|ben, du schabst,
sie schabt, sie schabte,
sie hat geschabt, schäbig,
schäbiger, am schäbigsten
die **Scha|blo|ne,** die Schablonen
das **Schach,** das Schachbrett,
schachmatt, das Schachspiel
der **Schacht,** die Schächte,
ausschachten
die **Schach|tel,** die Schachteln
scha|de, das ist schade!
der **Schä|del,** die Schädel
scha|den, du schadest,
er schadet, er schadete,
er hat geschadet, der Schaden,
die Schadenfreude,
schadenfroh, schadhaft,
schädlich, schädlicher,
am schädlichsten, der Schädling
das **Schaf,** die Schafe, der Schäfer,
der Schäferhund, die Schafwolle
schaf|fen, du schaffst,
er schafft, er schaffte,
auch: er schuf, er hat geschafft,
er hat geschaffen
der **Schaff|ner,** die Schaffner,
die Schaffnerin
schal (fade), schmeckt das schal!

Scha

der **Schal,** die Schals, auch: Schale
die **Scha|le,** die Schalen 53
schä|len, du schälst, sie schält,
sie schälte, sie hat geschält
der **Schall,** schalldicht, schallen,
du schallst, es schallt,
es schallte, es hat geschallt,
die Schallmauer, die Schallplatte
schal|ten, du schaltest,
er schaltet, er schaltete,
er hat geschaltet, der Schalter 53
das Schaltjahr
die **Scham,** sich schämen,
du schämst dich, sie schämt
sich, sie schämte sich,
sie hat sich geschämt
die **Schan|de,** der Schandfleck,
schändlich, schändlicher,
am schändlichsten
die **Schän|ke,** auch: die Schenke,
die Schänken
die **Schan|ze,** die Schanzen
die **Schar,** die Scharen,
scharenweise
scharf, schärfer, am schärfsten,
die Schärfe, schärfen,
du schärfst, er schärft,
er schärfte, er hat geschärft,
scharfsinnig, scharfsinniger,
am scharfsinnigsten
der **Schar|lach,** scharlachrot
das **Schar|nier,** die Scharniere
schar|ren, du scharrst,
er scharrt, er scharrte,
er hat gescharrt
der/das **Schasch|lik,** die Schaschliks
der **Schat|ten,** die Schatten,
die Schattenseite, schattieren,
schattig, schattiger,
am schattigsten,
Schatten spenden
die **Scha|tul|le,** die Schatullen
der **Schatz,** die Schätze,

S Scha Sche

    die Schatztruhe
    schät|zen, du schätzt,
    er schätzt, er schätzte,
    er hat geschätzt, die Schätzung
    schau|en, du schaust,
    sie schaut, sie schaute,
    sie hat geschaut, die Schau,
    das Schaufenster
der **Schau|er,** die Schauer,
    schauerlich, schauerlicher,
    am schauerlichsten
die **Schau|fel,** die Schaufeln,
    schaufeln, du schaufelst,
    er schaufelt, er schaufelte,
    er hat geschaufelt
die **Schau|kel,** die Schaukeln,
    schaukeln, du schaukelst, er
    schaukelt, er schaukelte, er hat
    geschaukelt, das Schaukelpferd
der **Schaum,** das Schaumbad,
    schäumen, du schäumst,
    er schäumt, er schäumte,
    er hat geschäumt, schaumig,
    schaumiger, am schaumigsten
    schau|rig (gruselig), schauriger,
    am schaurigsten
das **Schau|spiel,** die Schauspiele,
    der Schauspieler,
    die Schauspielerin
der **Scheck,** die Schecks
    sche|ckig, der Schecke (Pferd)
die **Schei|be** [53], die Scheiben,
    der Scheibenwischer
die **Schei|de,** die Scheiden
    schei|den, du scheidest,
    er scheidet, er schied, er hat/ist
    geschieden, die Scheidung
    schei|nen, du scheinst,
    die Sonne scheint, sie schien,
    sie hat geschienen, der Schein,
    scheinbar, scheinheilig,
    scheintot, die Scheinwerfer
das **Scheit,** die Scheite,

Sche Schi

    der Scheiterhaufen
der **Schei|tel,** die Scheitel,
    scheiteln, der Scheitelpunkt
    schei|tern, du scheiterst,
    er scheitert, er scheiterte,
    er ist gescheitert
die **Schel|le,** die Schellen,
    schellen, du schellst, er schellt,
    er schellte, er hat geschellt
der **Sche|mel,** die Schemel
die **Schen|ke,** auch: die Schänke,
    die Schenken
der **Schen|kel,** die Schenkel
    schen|ken, du schenkst,
    sie schenkt, sie schenkte,
    sie hat geschenkt,
    die Schenkung, das Geschenk
die **Scher|be,** die Scherben
die **Sche|re,** die Scheren, scheren,
    du scherst, er schert, er schor,
    er hat geschoren
die **Sche|re|rei,** die Schereien
der **Scherz,** die Scherze, scherzen,
    du scherzt, er scherzt,
    er scherzte, er hat gescherzt,
    die Scherzfrage, scherzhaft
    scheu, die Pferde scheuen,
    die Scheu
    scheu|chen, du scheuchst,
    sie scheucht, sie scheuchte,
    sie hat gescheucht
    scheu|ern, du scheuerst, sie
    scheuert, sie scheuerte, sie hat
    gescheuert, das Scheuertuch
die **Scheu|ne,** die Scheunen
das **Scheu|sal,** die Scheusale
    scheuß|lich, scheußlicher,
    am scheußlichsten
der **Schi,** auch: der Ski, die Schier,
    der Schifahrer, die Schifahrerin,
    der Schilauf, Schi laufen,
    das Schispringen
die **Schicht,** die Schichten

schick, schicker,
am schicksten, auch: chic
schi|cken, du schickst,
sie schickt, sie schickte,
sie hat geschickt

das **Schick|sal,** die Schicksale,
schicksalhaft,
der Schicksalsschlag
schie|ben, du schiebst,
er schiebt, er schob,
er hat geschoben, das
Schiebefenster, der Schieber,
die Schiebetür, die Schiebung

der **Schieds|rich|ter,**
die Schiedsrichter,
die Schiedsrichterin
schief, schiefer, am schiefsten,
schief gehen, stehen,
aber: schiefIachen

der **Schie|fer,** das Schieferdach
schie|len, du schielst,
er schielt, er schielte,
er hat geschielt

das **Schien|bein,** die Schienbeine
die **Schie|ne** 53, die Schienen,
der Schienenstrang
schie|ßen, du schießt,
er schießt, er schoss, er hat
geschossen, das Schießpulver,
die Schießscheibe,
der Schießstand

das **Schiff,** die Schiffe, schiffbar,
der Schiffbrüchige, die
Schifffahrt, die Schiffsschraube

die **Schi|ka|ne,** die Schikanen,
schikanieren

der **Schild** 53 (des Ritters), die Schilde
das **Schild** 53 (Hinweistafel),
die Schilder, der Schildermaler
schil|dern, du schilderst,
er schildert, er schilderte, er hat
geschildert, die Schilderung

die **Schild|krö|te,** die Schildkröten

das **Schilf,** das Schilfrohr
schil|lern, du schillerst,
es schillert, es schillerte,
es hat geschillert

der **Schim|mel** (1. weißes Pferd, 2. Pilz),
die Schimmel
schim|meln, du schimmelst,
es schimmelt, es schimmelte,
es hat geschimmelt,
der Schimmel, schimmelig,
auch: schimmlig, schimmliger,
am schimmligsten
schim|mern, du schimmerst,
es schimmert, es schimmerte,
es hat geschimmert, der Schimmer

der **Schim|pan|se,**
die Schimpansen
schimp|fen, du schimpfst,
er schimpft, er schimpfte, er hat
geschimpft, das Schimpfwort

die **Schin|del,** die Schindeln,
das Schindeldach

sich **schin|den,** du schindest dich, er
schindet sich, er schindete sich,
er hat sich geschunden,
die Schinderei

der **Schin|ken,** die Schinken
der **Schirm,** die Schirme, die
Schirmmütze, der Schirmständer

die **Schlacht,** die Schlachten
schlach|ten, du schlachtest,
er schlachtet, er schlachtete,
er hat geschlachtet,
der Schlachter, der Schlächter

die **Schlä|fe,** die Schläfen
schla|fen 14, du schläfst,
er schläft, er schlief,
er hat geschlafen, der Schlaf,
der Schläfer, der Schlafanzug,
schlaflos, schläfrig, schläfriger,
am schläfrigsten, das
Schlafzimmer, schlafwandeln
schlaff, schlaffer,

Schl

    am schlaffsten, die Schlaffheit
    schla|gen, du schlägst,
    er schlägt, er schlug,
    er hat geschlagen, der Schlag,
    der Schläger, die Schlägerei,
    die Schlagsahne, das Schlagzeug
der **Schla|ger,** die Schlager
    schlag|fer|tig, schlagfertiger,
    am schlagfertigsten
der/das **Schla|mas|sel**
der **Schlamm,** das Schlammbad,
    schlammig, schlammiger,
    am schlammigsten
    schlam|pig, schlampiger,
    am schlampigsten
die **Schlan|ge,** die Schlangen,
    Schlange stehen
sich **schlän|geln,** du schlängelst
    dich, sie schlängelt sich,
    sie schlängelte sich,
    sie hat sich geschlängelt
    schlank, schlanker,
    am schlanksten, die Schlankheit
    schlapp, schlapper,
    am schlappsten, die Schlappheit
das **Schla|raf|fen|land**
    schlau, schlauer, am schlausten, die Schläue, die Schlauheit
der **Schlauch,** die Schläuche,
    das Schlauchboot
die **Schlau|fe,** die Schlaufen
    schlecht, schlechter,
    am schlechtesten,
    die Schlechtigkeit
    schle|cken, du schleckst,
    er schleckt, er schleckte, er hat
    geschleckt, die Schleckerei
    schlei|chen, du schleichst,
    er schleicht, er schlich,
    er ist geschlichen
der **Schlei|er,** die Schleier,
    schleierhaft
die **Schlei|fe,** die Schleifen

    schlei|fen, du schleifst,
    er schleift, er schliff,
    er hat geschliffen,
    der Schleifstein, der Schliff
der **Schleim,** schleimig,
    schleimiger, am schleimigsten
    schlem|men, du schlemmst,
    er schlemmt, er schlemmte,
    er hat geschlemmt, der Schlemmer
    schlen|dern, du schlenderst,
    sie schlendert, sie schlenderte,
    sie ist geschlendert,
    der Schlendrian
    schlen|kern, du schlenkerst,
    sie schlenkert, sie schlenkerte,
    sie hat geschlenkert
    schlep|pen, du schleppst,
    sie schleppt, sie schleppte,
    sie hat geschleppt, die Schleppe,
    der Schlepper, das Schlepptau
    Schle|si|en, schlesisch
    Schles|wig-Hol|stein,
    schleswig-holsteinisch
die **Schleu|der,** die Schleudern,
    schleudern, du schleuderst,
    er schleudert, er schleuderte,
    er hat geschleudert
    schleu|nig (schnell), schleunigst
die **Schleu|se,** die Schleusen,
    schleusen, du schleust,
    sie schleust, sie schleuste,
    sie hat geschleust
    schlicht, schlichter, am
    schlichtesten, die Schlichtheit
    schlich|ten, du schlichtest,
    er schlichtet, er schlichtete,
    er hat geschlichtet, die Schlichtung
    schlie|ßen, du schließt,
    er schließt, er schloss, er hat
    geschlossen, das Schließfach
    schließ|lich
    schlimm, schlimmer, am
    schlimmsten, schlimmstenfalls

S Schl   Schl Schm

die **Schlin|ge,** die Schlingen
schlin|gen, du schlingst,
er schlingt, er schlang,
er hat geschlungen,
die Schlinge, die Schlingpflanze
der **Schlips,** die Schlipse
der **Schlit|ten,** die Schlitten,
Schlitten fahren,
die Schlittenfahrt
schlit|tern, du schlitterst,
er schlittert, er schlitterte,
sie hat/ist geschlittert
der **Schlitt|schuh,**
die Schlittschuhe,
Schlittschuh laufen
der **Schlitz,** die Schlitze
das **Schloss,** die Schlösser
(1. Türschloss, 2. Königsschloss)
der **Schlos|ser,** die Schlosser
der **Schlot,** die Schlote
schlot|tern, du schlotterst,
er schlottert, sie schlotterte,
sie hat geschlottert
die **Schlucht,** die Schluchten
schluch|zen, du schluchzt,
er schluchzt, er schluchzte,
er hat geschluchzt
schlu|cken, du schluckst,
sie schluckt, sie schluckte,
sie hat geschluckt, der Schluck,
der Schluckauf,
die Schluckimpfung
schlu|dern, du schluderst,
er schludert, er schluderte,
er hat geschludert
schlum|mern, du schlummerst,
sie schlummert, sie schlummerte,
sie hat geschlummert,
der Schlummer
schlüp|fen, du schlüpfst,
er schlüpft, er schlüpfte,
er ist geschlüpft, der Schlüpfer,
schlüpfrig, der Schlupfwinkel

schlur|fen, du schlurfst,
sie schlurft, sie schlurfte,
sie hat/ist geschlurft
schlür|fen, du schlürfst,
er schlürft, er schlürfte,
er hat geschlürft
der **Schluss,** die Schlüsse,
das Schlusslicht, schlussfolgern
der **Schlüs|sel,** die Schlüssel,
der/das Schlüsselbund,
das Schlüsselloch
schmäch|tig, die Schmächtigkeit
schmack|haft, schmackhafter,
am schmackhaftesten,
die Schmackhaftigkeit
schmä|hen, du schmähst,
sie schmäht, sie schmähte,
sie hat geschmäht
schmal, schmaler,
am schmalsten, die Schmalspur
das **Schmalz,** das Schmalzbrot
schmat|zen, du schmatzt,
er schmatzt, er schmatzte,
er hat geschmatzt
schmau|sen, du schmaust,
sie schmaust, sie schmauste,
sie hat geschmaust, der Schmaus
schme|cken, du schmeckst,
es schmeckt, es schmeckte, es
hat geschmeckt, der Geschmack
schmei|cheln, du schmeichelst,
sie schmeichelt,
sie schmeichelte,
sie hat geschmeichelt,
die Schmeichelei, schmeichelhaft,
der Schmeichler
schmei|ßen, du schmeißt,
er schmeißt, er schmiss,
er hat geschmissen
schmel|zen, das Eis schmilzt,
es schmolz, es ist geschmolzen,
der Schmelz,
der Schmelzpunkt,

184

S Schm

    das Schmelzwasser
der **Schmerz,** die Schmerzen,
    die Füße schmerzen,
    schmerzhaft, schmerzhafter,
    am schmerzhaftesten, schmerzlich,
    schmerzlos, schmerzstillend
der **Schmet|ter|ling,**
    die Schmetterlinge
    schmet|tern, du schmetterst,
    er schmettert, er schmetterte,
    er hat geschmettert
der **Schmied,** die Schmiede,
    schmieden, du schmiedest,
    er schmiedet, er schmiedete,
    er hat geschmiedet
    schmie|gen, du schmiegst,
    sie schmiegt, sie schmiegte sich
    an, sie hat sich angeschmiegt,
    schmiegsam
    schmie|ren, du schmierst,
    er schmiert, er schmierte,
    er hat geschmiert, die Schmiere,
    die Schmiererei, schmierig,
    schmieriger, am schmierigsten,
    der Schmierfink, die
    Schmierseife, der Schmierzettel
die **Schmin|ke,** sich schminken,
    du schminkst dich, sie schminkt
    sich, sie schminkte sich,
    sie hat sich geschminkt
    schmir|geln, du schmirgelst, sie
    schmirgelt, sie schmirgelte, sie hat
    geschmirgelt, das Schmirgelpapier
der **Schmö|ker,** die Schmöker,
    schmökern
    schmol|len, du schmollst,
    sie schmollt, sie schmollte,
    sie hat geschmollt
    schmo|ren, du schmorst,
    er schmort, er schmorte, er hat
    geschmort, der Schmorbraten
    schmü|cken, du schmückst,
    sie schmückt, sie schmückte,

Schm Schn

    sie hat geschmückt,
    der Schmuck, das Schmuckstück
    schmug|geln, du schmuggelst,
    er schmuggelt, er schmuggelte,
    er hat geschmuggelt,
    der Schmuggler
    schmun|zeln, du schmunzelst,
    sie schmunzelt,
    sie schmunzelte,
    sie hat geschmunzelt
    schmu|sen, du schmust,
    er schmust, er schmuste,
    er hat geschmust
der **Schmutz,** schmutzig,
    schmutziger, am schmutzigsten
der **Schna|bel,** die Schnäbel
die **Schna|ke,** die Schnaken
die **Schnal|le,** die Schnallen,
    der Schnallenschuh
    schnal|len, du schnallst,
    er schnallt, er schnallte,
    er hat geschnallt
    schnal|zen, du schnalzt,
    er schnalzt, er schnalzte,
    er hat geschnalzt
    schnap|pen, du schnappst,
    sie schnappt, sie schnappte,
    sie hat geschnappt,
    der Schnappschuss
der **Schnaps,** die Schnäpse
    schnar|chen, du schnarchst,
    er schnarcht, er schnarchte, er
    hat geschnarcht, der Schnarcher
    schnat|tern, du schnatterst,
    sie schnattert, sie schnatterte,
    sie hat geschnattert
    schnau|ben, du schnaubst,
    er schnaubt, er schnaubte,
    er hat geschnaubt
    schnau|fen, du schnaufst,
    sie schnauft, sie schnaufte,
    sie hat geschnauft
die **Schnau|ze,** die Schnauzen,

der Schnauzbart
sich **schnäu|zen,** du schnäuzt dich, er schnäuzt sich, er schnäuzte sich, er hat sich geschnäuzt
die **Schne|cke,** die Schnecken, das Schneckentempo
der **Schnee,** der Schneeball, die Schneeflocke, das Schneeglöckchen, der Schneepflug, schneeweiß
schnei|den, du schneidest, er schneidet, er schnitt, er hat geschnitten
der **Schnei|der,** die Schneider, die Schneiderin, schneidern
schnei|en, es schneit, es schneite, es hat geschneit
die **Schnei|se,** die Schneisen
schnell 34, schneller, am schnellsten, die Schnelligkeit, schnelllebig, die Schnellstraße, der Schnellzug
schnip|pisch
der **Schnip|sel,** die Schnipsel
der **Schnitt,** die Schnitte, der Haarschnitt
die **Schnit|te** (Brot), die Schnitten
der **Schnitt|lauch**
das **Schnit|zel,** die Schnitzel
schnit|zen, du schnitzt, er schnitzt, er schnitzte, er hat geschnitzt, die Schnitzerei
der **Schnor|chel,** die Schnorchel, schnorcheln, du schnorchelst, sie schnorchelt, sie schnorchelte, sie hat geschnorchelt
der **Schnör|kel,** die Schnörkel
schnüf|feln, du schnüffelst, er schnüffelt, er schnüffelte, er hat geschnüffelt, der Schnüffler, die Schnüffelei
der **Schnup|fen,** schnupfen, du schnupfst, sie schnupft,

sie schnupfte, sie hat geschnupft
schnup|pern, du schnupperst, er schnuppert, er schnupperte, er hat geschnuppert
die **Schnur,** die Schnüre, schnüren, du schnürst, er schnürt, er schnürte, er hat geschnürt, schnurgerade, der Schnürriemen, der Schnürsenkel, schnurstracks
der **Schnurr|bart,** die Schnurrbärte
schnur|ren, du schnurrst, sie schnurrt, sie schnurrte, sie hat geschnurrt
der **Schock,** die Schocks, schocken, du schockst, er schockt, er schockte, er hat geschockt, schockiert
die **Scho|ko|la|de,** die Schokoladen, der Schokoladenpudding, der Schokoriegel
die **Schol|le** (1. Eisscholle, 2. Plattfisch), die Schollen
schon
schön, schöner, am schönsten, die Schönheit, das Schönschreiben
scho|nen, du schonst, er schont, er schonte, er hat sich geschont, die Schonung, schonungslos, die Schonzeit
der **Schopf,** die Schöpfe
schöp|fen, du schöpfst, er schöpft, er schöpfte, er hat geschöpft
der **Schöp|fer,** die Schöpfung, das Geschöpf
der **Schorn|stein,** die Schornsteine, der Schornsteinfeger
der **Schoß** (Mutterleib), die Schöße
der **Schoss** (junger Trieb), die Schosse, der Schössling
die **Scho|te,** die Schoten

S Scho Schr   Schr Schu

der **Schot|ter**
schräg, schräger,
am schrägsten, die Schräge
die **Schram|me,** die Schrammen
der **Schrank,** die Schränke,
die Schrankwand
die **Schran|ke,** die Schranken,
schrankenlos,
der Schrankenwärter
die **Schrau|be,** die Schrauben,
schrauben, du schraubst,
er schraubt, er schraubte,
er hat geschraubt,
der Schraubenschlüssel,
der Schraubenzieher,
der Schraubstock,
der Schraubverschluss
der **Schreck,** auch: Schrecken, die
Schrecken, schreckensbleich,
schreckhaft, schreckhafter,
am schreckhaftesten, schrecklich,
schrecklicher, am schrecklichsten,
erschrecken, du erschrickst,
sie erschrickt, sie erschrak,
sie ist erschrocken
der **Schrei,** die Schreie,
der Schreihals
schrei|ben [15], du schreibst,
er schreibt, er schrieb, er hat
geschrieben, das Schreiben,
die Schreibmaschine
schrei|en, du schreist,
er schreit, er schrie, er hat
geschrien, auch: geschrieen
der **Schrei|ner,** die Schreiner
schrei|ten, du schreitest,
er schreitet, er schritt,
er ist geschritten
die **Schrift,** die Schriften,
schriftlich, der Schriftsteller,
die Schriftstellerin
schrill, schriller, am schrillsten,
ein schriller Schrei

(durchdringender Schrei)
der **Schritt,** die Schritte
schroff, schroffer,
am schroffsten, die Schroffheit
der **Schrott,** der Schrotthändler,
der Schrotthaufen,
der Schrottplatz, verschrotten
schrub|ben, du schrubbst,
er schrubbt, er schrubbte,
er hat geschrubbt, der Schrubber
(Scheuerbürste mit langem Stiel)
schrump|fen, du schrumpfst,
er schrumpft, er schrumpfte,
er ist geschrumpft
der **Schub,** die Schübe,
die Schubkarre, auch:
der Schubkarren, die Schublade
der **Schubs,** schubsen, du schubst,
er schubst, er schubste,
er hat geschubst
schüch|tern, schüchterner,
am schüchternsten,
die Schüchternheit
der **Schuft,** die Schufte, schuftig
schuf|ten, du schuftest,
er schuftet, er schuftete,
er hat geschuftet
der **Schuh,** die Schuhe,
der Schuhmacher, die Schuhsohle
die **Schuld,** schuld sein, es ist
meine Schuld, schuldbewusst,
schuldig, schuldiger,
am schuldigsten, der Schuldige,
die Schuldige
die **Schul|den,** Schulden haben,
schuldenfrei, Schuld haben
die **Schu|le** [48], die Schulen,
die Schularbeiten,
der Schulbus, schulfrei,
der Schulfunk, das Schuljahr,
das Schulsparen, der Schultag
die **Schul|ter,** die Schultern,
das Schulterblatt, schultern

S Schu Schw

schum|meln, du schummelst,
er schummelt, er schummelte,
sie hat geschummelt
der Schund
schun|keln, du schunkelst, sie
schunkelt, sie schunkelte, sie
hat geschunkelt, das Schunkeln
die Schup|pe, die Schuppen,
schuppig
der Schup|pen, die Schuppen
die Schur (die Schafschur),
die Schuren
schür|fen, du schürfst,
er schürft, er schürfte,
er hat geschürft, die Schürfwunde
der Schur|ke, die Schurken
die Schür|ze, die Schürzen,
schürzen, der Schurz
der Schuss, die Schüsse
die Schüs|sel, die Schüsseln
der Schus|ter, die Schuster
der Schutt, der Schutthaufen
schüt|teln, du schüttelst,
er schüttelt, er schüttelte, er hat
geschüttelt, der Schüttelfrost
schüt|ten, du schüttest,
sie schüttet, sie schüttete,
sie hat geschüttet
der Schüt|ze, die Schützen,
das Schützenfest
schüt|zen, du schützt,
sie schützt, sie schützte,
sie hat geschützt, der Schutz,
die Schutzhütte, der Schützling,
der Schutzmann
schwach, schwächer, am
schwächsten, die Schwäche,
schwächen, du schwächst, sie
schwächt, sie schwächte, sie
hat geschwächt, schwächlich,
schwachsinnig, schwach betont
der Schwa|den, die Schwaden
der Schwa|ger, die Schwäger,

Schw

die Schwägerin
die Schwal|be, die Schwalben,
das Schwalbennest
der Schwamm, die Schwämme,
schwammig
der Schwan, die Schwäne
schwan|ger sein, du bist
schwanger, sie ist schwanger,
die Schwangere,
die Schwangerschaft
schwan|ken, du schwankst,
er schwankt, er schwankte,
er hat geschwankt
der Schwanz, die Schwänze
schwän|zen, du schwänzt,
er schwänzt die Schule,
er schwänzte die Schule,
er hat die Schule geschwänzt
der Schwarm, die Schwärme,
der Schwärmer,
die Schwärmerei, schwärmen,
du schwärmst, er schwärmt,
er schwärmte, er hat geschwärmt
die Schwar|te, die Schwarten
schwarz , das Schwarz, aus
Schwarz Weiß machen, ein
schwarzer Tag, schwärzen,
schwarzfahren, schwarz gefärbt,
schwarzhaarig, schwarzsehen,
schwarzweiß, auch: schwarz-weiß
malen, der Schwarzwald
schwat|zen, auch: schwätzen,
du schwatzt, er schwatzt,
er schwatzte, er hat geschwatzt
der Schwatz, der Schwätzer,
schwatzhaft
schwe|ben, du schwebst,
er schwebt, sie schwebte,
er hat geschwebt, die Schwebe,
die Schwebebahn,
der Schwebebalken
Schwe|den, schwedisch
der Schwe|fel, schweflig,

schwefelgelb
der **Schweif,** die Schweife
schwei|gen, du schweigst,
er schweigt, er schwieg, er hat
geschwiegen, das Schweigen,
schweigsam, schweigsamer,
am schweigsamsten
das **Schwein,** die Schweine,
das Schweinefleisch,
die Schweinerei
der **Schweiß,** schweißgebadet,
schweißtreibend,
der Schweißtropfen
schwei|ßen, du schweißt,
er schweißt, er schweißte,
er hat geschweißt, der Schweißer
die **Schweiz,** schweizerisch
schwel|len, es schwelt,
das Feuer schwelte,
es hat geschwelt
die **Schwel|le,** die Schwellen
schwel|len, du schwillst,
er schwillt, er schwoll, er ist
geschwollen, die Schwellung
schwem|men, du schwemmst,
er schwemmt, er schwemmte,
er hat geschwemmt
schwen|ken, du schwenkst,
er schwenkt, er schwenkte,
er hat geschwenkt, schwenkbar,
die Schwenkung
schwer 35, schwerer, am
schwersten, schwer beladen,
die Schwere, schwerelos,
schwerfallen, schwerfällig,
schwerhörig, schwerverletzt,
auch: schwer verletzt
das **Schwert,** die Schwerter
die **Schwes|ter,** die Schwestern,
schwesterlich
die **Schwie|ger|el|tern,** die
Schwiegermutter, der Schwiegersohn, die Schwiegertochter,
der Schwiegervater
die **Schwie|le,** die Schwielen,
schwielig
schwie|rig, schwieriger, am
schwierigsten, die Schwierigkeit
schwim|men, du schwimmst,
er schwimmt, er schwamm,
er ist geschwommen,
das Schwimmbad, der Schwimmer,
die Schwimmerin,
die Schwimmflosse
schwin|deln (lügen),
du schwindelst, sie schwindelt,
sie schwindelte, sie hat
geschwindelt, der Schwindel,
der Schwindler, die Schwindlerin
schwind|lig, auch: schwindelig,
schwindelfrei
schwin|den, du schwindest,
es schwindet, es schwand,
es ist geschwunden
schwin|gen, du schwingst,
er schwingt, er schwang, er hat
geschwungen, die Schwingung
schwir|ren, du schwirrst,
es schwirrt, es schwirrte,
es hat geschwirrt
schwit|zen, du schwitzt,
er schwitzt, er schwitzte,
er hat geschwitzt, die Schwitzkur
schwö|ren, du schwörst,
er schwört, er schwor,
sie hat geschworen
schwül, schwüler,
am schwülsten, die Schwüle
der **Schwung,** die Schwünge,
das Schwungrad, schwungvoll
der **Schwur,** die Schwüre
sechs, sechzehn, sechzig,
sechsmal, ein Sechstel
der **See** (im Land), die Seen,
die Seerose, die Seerundfahrt
die **See** (das Meer), der Seehund,

S Se

	seekrank, der Seemann
die	**See|le,** die Seelen, seelenruhig, seelisch, der Seelsorger
das	**Se|gel,** die Segel, das Segelboot, der Segelflieger, segeln, du segelst, er segelt, er segelte, er hat/ist gesegelt
der	**Se|gen,** die Segen, segnen, du segnest, er segnet, er segnete, er hat gesegnet, Segen spendend, segensreich, segensreicher, am segensreichsten
	se|hen 27, du siehst, sie sieht, sie sah, sie hat gesehen, sehenswert, sehenswerter, am sehenswertesten, die Sehenswürdigkeit
die	**Seh|ne,** die Sehnen, die Sehnenzerrung, sehnig
sich	**seh|nen,** du sehnst dich, er sehnt sich, er sehnte sich, er hat sich gesehnt, sehnlichst, die Sehnsucht, sehnsüchtig, sehnsuchtsvoll
	sehr, sehr gut, sehr viel
	seicht (flach)
ihr	**seid** (Grundform: sein)
die	**Sei|de,** die Seiden, seiden (das seidene Kleid), das Seidenpapier, seidig, seidiger, am seidigsten
die	**Sei|fe,** die Seifen, die Seifenblase, seifig
das	**Seil,** die Seile, die Seilbahn, seilspringen, seiltanzen, der Seiltänzer, die Seiltänzerin
	sein, sein Buch
	sein, brav sein, ich bin, du bist, er ist, wir sind, ihr seid, sie sind, sie ist gewesen, sie war, sein lassen, jedem das Seine
	seit, sie sind seit gestern da, seitdem, seither

Se

die	**Sei|te,** die Seiten, seitenlang, der Seitenweg, seitlich, seitwärts
der	**Se|kre|tär,** die Sekretärin, das Sekretariat
der	**Sekt,** die Sektflasche
die	**Sek|te,** die Sekten
die	**Se|kun|de** (s), die Sekunden, der Sekundenzeiger
	sel|ber, selber machen
	selbst, selbstbewusst, der Selbstlaut, selbstsüchtig, selbsttätig, aber: selbst gemacht, selbstverständlich, das Selbstvertrauen
	selb|stän|dig, auch: selbstständig, selbstständiger, am selbstständigsten
	se|lig, die Seligkeit, seligsprechen
der/die	**Sel|le|rie,** der Selleriesalat
	sel|ten, die Seltenheit
	selt|sam, seltsamer, am seltsamsten, die Seltsamkeit
die	**Sem|mel** (Brötchen), die Semmeln
der	**Se|nat,** die Senate, der Senator
	sen|den, du sendest, er sendet, er sandte, auch: er sendete, er hat gesandt, auch: er hat gesendet, der Sender, die Sendung
der	**Senf,** die Senfgurke
	sen|gen, sengende Hitze
	sen|ken, du senkst, sie senkt, sie senkte, sie hat gesenkt
	senk|recht, die Senkrechte
der	**Senn,** die Sennerin, die Sennhütte
die	**Sen|sa|ti|on,** die Sensationen, sensationell, sensationeller, am sensationellsten, sensationslüstern
die	**Sen|se,** die Sensen

S Se Sh Si   Si

die **Se|rie,** die Serien, serienmäßig, serienweise
die **Ser|pen|ti|ne,** die Serpentinen
das **Ser|vice** (Geschirr), die Service
der/das **Ser|vice** (Kundendienst), die Services
ser|vie|ren, du servierst, sie serviert, sie servierte, sie hat serviert, die Serviererin, die Serviette
der **Ses|sel,** die Sessel, der Sessellift, sesshaft
der/das **Set,** die Sets
set|zen 16, du setzt, er setzt, er setzte, er hat gesetzt, der Setzling (junge Pflanze), besetzt
die **Seu|che,** die Seuchen, der Seuchenherd, verseucht
seuf|zen, du seufzt, sie seufzt, sie seufzte, sie hat geseufzt, der Seufzer
das **Sham|poo,** die Shampoos (flüssiges Haarwaschmittel)
der **She|riff,** die Sheriffs (Polizeibeamter in USA)
das **Shirt,** die Shirts (Baumwollhemd mit kurzem Ärmel)
der **Shop** (Geschäft), die Shops
die **Shorts** (kurze sportliche Hose)
die **Show** (Schau, Vorführung), die Shows, der Showmaster
sich, er freut sich
die **Si|chel,** die Sicheln, sichelförmig
si|cher, sicherer, am sichersten, die Sicherheit, der Sicherheitsgurt, die Sicherheitsnadel, sicherlich, sichern, du sicherst, er sichert, er sicherte, er hat gesichert, die Sicherung
die **Sicht,** sichtbar, sichten, sichtlich, kurzsichtig

si|ckern, es sickert, es sickerte, es ist gesickert, die Sickergrube
sie ist schön, kommen Sie bitte zu uns
das **Sieb,** die Siebe, sieben, du siebst, sie siebt, sie siebte, sie hat gesiebt
sie|ben, siebzehn, siebzig, siebenmal, der Siebte, die Sieben Schwaben
sie|den, du siedest, es siedet, es siedete, es hat gesiedet, der Siedepunkt, der Tauchsieder
die **Sied|lung,** die Siedlungen, siedeln, du siedelst, er siedelt, er siedelte, er hat gesiedelt, der Siedler
der **Sieg,** die Siege, siegen, du siegst, er siegt, er siegte, er hat gesiegt, der Sieger, die Siegerin, die Siegerehrung, siegreich
das **Sie|gel,** die Siegel
das **Sig|nal,** die Signale, signalisieren
die **Sil|be,** die Silben, das Silbenrätsel, silbenweise
das **Sil|ber,** die Silberhochzeit, die Silbermedaille, silbern, silbrig
der/das **Si|lo,** die Silos
der/das **Sil|ves|ter,** der Silvesterabend
sim|pel (einfach), simpler, am simpelsten
wir **sind** froh (Grundform: sein)
die **Sin|fo|nie,** die Sinfonien: auch: Symphonie, das Sinfonieorchester
sin|gen, du singst, er singt, er sang, er hat gesungen, das Singen, der Singvogel
der **Sin|gu|lar** (Einzahl)
sin|ken, du sinkst, es sinkt,

S Si Sk Sl Sm   Sm So

es sank, es ist gesunken
der **Sinn,** die Sinne, sinngemäß, sinnlos, sinnvoll, sinnvoller, am sinnvollsten
das **Sin|nes|or|gan,** die Sinnesorgane, die Sinnestäuschung
die **Sint|flut**
die **Sip|pe,** die Sippen
der **Si|re|ne,** die Sirenen
der **Si|rup**
die **Sit|te,** die Sitten, sittsam
die **Si|tu|a|ti|on,** die Situationen
sit|zen, du sitzt, er sitzt, er saß, er hat gesessen, der Sitz, der Sitzplatz, die Sitzung, der/die Vorsitzende, sitzen bleiben, auch: sitzenbleiben (nicht versetzt werden)
die **Ska|la,** die Skalen, auch: die Skalas
der **Skan|dal,** die Skandale
der **Skat,** der Skatspieler
das **Skate|board,** die Skateboards
das **Ske|lett,** die Skelette
der **Sketsch,** auch: der Sketch, die Sketsche
der **Ski,** auch: Schi, die Skier, der Skilauf, die Skipiste, das Skispringen
die **Skiz|ze,** die Skizzen, skizzenhaft
skiz|zie|ren, du skizzierst, sie skizziert, sie skizzierte, sie hat skizziert
der **Skla|ve,** die Sklaven, die Sklavin
der **Skru|pel,** die Skrupel, skrupellos
der **Sla|lom,** die Slaloms
der **Slip,** die Slips
der **Sma|ragd,** die Smaragde, smaragdgrün

der **Smog,** der Smogalarm
so, so genannt, so viele
so|bald
die **So|cke,** auch: der Socken, die Socken
der **So|ckel,** die Sockel
so|dann
so|dass, auch: so dass
das **Sod|bren|nen**
so|eben
das **So|fa,** die Sofas
so|fort ㊲
der **Soft|drink,** auch: Soft Drink
das **Soft|eis**
die **Soft|ware**
so|gar
so|gleich
die **Soh|le,** die Sohlen
der **Sohn,** die Söhne
so|lan|ge (während)
die **So|lar|ener|gie**
solch, solche
der **Sol|dat,** die Soldaten, die Soldatin
die **So|le** (Salzwasser), die Solen
sol|len, du sollst, er soll, er sollte, er hat gesollt
das **So|lo,** die Solos, auch: die Soli, der Solist, die Solistin, der Solotänzer, die Solotänzerin
der **Som|mer,** die Sommer, die Sommerferien, sommerlich, sommerlicher, am sommerlichsten
son|der (für ohne, sonder allen Zweifel), das Sonderangebot, sonderbar, der Sondermüll, der Sonderzug, aussondern
der **Song,** die Songs (Lieder)
der **Sonn|abend** (Samstag), die Sonnabende, sonnabends
die **Son|ne,** die Sonnen, sich sonnen, du sonnst dich,

S So Spa   Spa Spe

er sonnt sich, er sonnte sich,
er hat sich gesonnt, die
Sonnenblume, der Sonnenbrand,
die Sonnenuhr, sonnig, sonniger,
am sonnigsten
der **Sonn|tag,** die Sonntage,
sonntäglich, sonntags,
am Sonntag
sonst jemand
so|oft (sooft du zu mir kommst, aber:
ich habe es dir so oft gesagt, ...)
der **So|pran,** die Soprane,
die Sopranistin
die **Sor|ge,** die Sorgen, sorgen, du
sorgst, er sorgt, er sorgte, sie
hat gesorgt, sorglos, sorgsam
die **Sorg|falt,** sorgfältig,
sorgfältiger, am sorgfältigsten
die **Sor|te,** die Sorten, sortieren,
du sortierst, er sortiert,
er sortierte, er hat sortiert
SOS, der SOS-Ruf (Notruf)
die **So|ße,** auch: die Sauce,
die Soßen
der **Sound,** die Sounds (musikalische Klangwirkung)
so|und|so viel
das **Sou|ve|nir,** die Souvenirs
so viel (so viel Geld, aber: soviel ich weiß)
so|weit (soweit ich weiß, aber: er wirft den Ball so weit)
so|wie (sobald: sowie er kommt)
so|wie|so
so|wohl ... als auch ...
so|zi|al, sozialer, am sozialsten
der **Spach|tel,** die Spachtel,
spachteln
die **Spa|get|ti,** auch: Spaghetti
spä|hen, du spähst, er späht,
er spähte, er hat gespäht,
der Späher
der **Spalt,** die Spalte, spalten,

du spaltest, sie spaltet,
sie spaltete, sie hat gespaltet,
die Spaltung
der **Span,** die Späne,
die Spanplatte
das **Span|fer|kel,** die Spanferkel
die **Span|ge,** die Spangen
Spa|ni|en, spanisch
span|nen, du spannst,
sie spannt, sie spannte,
sie hat/ist gespannt, spannend,
spannender, am spannendsten,
die Spannung
spa|ren, du sparst, er spart,
er sparte, er hat gespart,
das Sparbuch, der Sparer,
die Sparkasse, sparsam,
sparsamer, am sparsamsten,
die Sparsamkeit
der **Spar|gel,** die Spargel
spär|lich (dürftig), spärlicher,
am spärlichsten
der **Spaß,** die Späße, spaßen, du
spaßt, sie spaßt, sie spaßte, sie
hat gespaßt, spaßig, spaßiger,
am spaßigsten, der Spaßvogel
spät, später, am spätesten,
spätabends, spätestens,
der Spätherbst, sich verspäten
der **Spa|ten,** die Spaten,
der Spatenstich
der **Spatz,** die Spatzen
spa|zie|ren, du spazierst,
sie spaziert, sie spazierte, sie ist
spaziert, spazieren gehen, der
Spaziergang, der Spaziergänger,
der Spazierstock
der **Specht,** die Spechte
der **Speck,** speckig
der **Speer,** die Speere
die **Spei|che,** die Speichen,
das Speichenrad
der **Spei|chel,** die Speicheldrüse

S Spe Spi   Spi Spo Spr

der **Spei|cher,** die Speicher,
speichern, du speicherst,
sie speichert, sie speicherte,
sie hat gespeichert, das Wasser
wurde gespeichert
spei|en, du speist, er speit,
er spie, sie hat gespien

die **Spei|se,** die Speisen,
die Speisekarte, speisen,
du speist, er speist, er speiste,
er hat gespeist, der Speisesaal
spen|den, du spendest,
er spendet, sie spendete,
er hat gespendet, die Spende,
der Spender, spendieren

der **Sper|ber,** die Sperber (Greifvogel)

der **Sper|ling** (Spatz), die Sperlinge
sper|ren, du sperrst, sie sperrt,
sie sperrte, sie hat gesperrt,
sperrangelweit, die Sperre,
das Sperrholz, sperrig,
der Sperrmüll

der **Spe|zi|a|list,** die Spezialisten,
die Spezialistin, spezialisieren,
die Spezialität, speziell,
im Speziellen
spi|cken (1. Fleisch zum Braten mit Speckstreifen versehen,
2. abschreiben), du spickst,
er spickt, er spickte,
er hat gespickt, der Spickzettel

der **Spie|gel,** die Spiegel,
das Spiegelbild, spiegelblank,
das Spiegelei, spiegelglatt,
die Spiegelschrift, spiegeln
spie|len [17], du spielst, er spielt,
er spielte, er hat gespielt, das
Spiel, der Spieler, der Spielfilm,
der Spielplatz, das Spielzeug

der **Spieß,** die Spieße,
der Spießbraten
spie|ßig

der **Spi|nat**

die **Spin|del,** die Spindeln,
spindeldürr

die **Spin|ne,** die Spinnen,
spinnefeind, das Spinnennetz
spin|nen, du spinnst, sie spinnt,
sie spann, sie hat gesponnen

der **Spi|on,** die Spione, die Spionin,
die Spionage, spionieren,
du spionierst, er spioniert,
er spionierte, er hat spioniert

die **Spi|ra|le,** die Spiralen,
die Spiralfeder

der **Spi|ri|tus**
spitz, spitzer, am spitzesten,
der Spitz, die Spitze,
der Spitzbub, spitzfindig,
der Spitzel, der Spitzname
spit|zen, du spitzt, sie spitzt,
sie spitzte, sie hat gespitzt,
der Spitzer

der **Split|ter,** die Splitter, splittern,
es splittert, es splitterte,
es ist gesplittert

der **Sporn** (Stachel), die Sporne

der **Sport,** die Sportart,
der Sportler, die Sportlerin,
sportlich, sportlicher,
am sportlichsten, der Sportplatz

der **Spot,** die Spots (Werbespots)
spot|ten, du spottest, er spottet,
er spottete, er hat gespottet,
der Spott, spottbillig,
der Spötter, spöttisch

die **Spra|che,** die Sprachen, der
Sprachfehler, sprachgewandt,
die Sprachlehre, sprachlich,
sprachlos

das/der **Spray,** die Spraydose
(Zerstäuber von Flüssigkeit)
spre|chen [18], [26], du sprichst,
sie spricht, sie sprach, sie hat
gesprochen, die Sprechblase,
der Sprecher, die Sprecherin,

die Sprechstunde
sprei|zen, er spreizte die Beine, der Spreizfuß
spren|gen, du sprengst, er sprengt, er sprengte, er hat gesprengt, der Sprengkörper, die Sprengung
die **Spreu,** spreuig
das **Sprich|wort,** die Sprichwörter, sprichwörtlich
sprie|ßen, es sprießt, es spross, es ist gesprossen, der Spross
sprin|gen, du springst, sie springt, sie sprang, sie ist gesprungen, der Springbrunnen, der Springer, springlebendig
der **Sprit**
sprit|zen, du spritzt, sie spritzt, sie spritzte, sie hat gespritzt, die Spritze, der Spritzer, spritzig
der **Spross,** die Sprossen, sprossen, es sprosst, es sprosste, es ist gesprossen, der Sprössling
die **Spros|se,** die Sprossen, die Sprossenwand
der **Spruch,** die Sprüche, spruchreif
spru|deln, du sprudelst, er sprudelt, er sprudelte, er hat gesprudelt, der Sprudel
sprü|hen, du sprühst, sie sprüht, sie sprühte, sie hat gesprüht, die Sprühdose, der Sprühregen
der **Sprung,** die Sprünge, das Sprungbrett, die Sprungschanze, das Sprungtuch
spu|cken, du spuckst, er spuckt, er spuckte, er hat gespuckt, die Spucke
der **Spuk,** spuken, du spukst, es spukt, es spukte,

es hat gespukt, die Spukgeschichte, spukhaft
die **Spu|le,** die Spulen, spulen, du spulst, sie spult, sie spulte, sie hat gespult
spü|len, du spülst, er spült, er spülte, er hat gespült, die Spüle, die Spülmaschine, die Spülung
die **Spur,** die Spuren, spuren, spurlos
spü|ren, du spürst, sie spürt, sie spürte, sie hat gespürt, spürbar, spürbarer, am spürbarsten, der Spürhund, die Spürnase
der **Spurt,** die Spurts, spurten, du spurtest, er spurtet, er spurtete, er hat/ist gespurtet
der **Staat,** die Staaten, staatlich, der Staatsbürger, die Staatsbürgerin
der **Stab,** die Stäbe, der Stabhochsprung
sta|bil, stabiler, am stabilsten, die Stabilität, der Stabilbaukasten
der **Sta|chel,** die Stacheln, die Stachelbeere, stachelig, stacheliger, am stacheligsten
das **Sta|di|on,** die Stadien
die **Stadt,** die Städte, stadtbekannt, städtisch, die Stadtmauer, der Stadtplan, der Stadtrat, die Stadtväter
die **Staf|fel,** die Staffeln, der Staffellauf
der **Stahl,** die Stähle, der Stahlbeton, stählen, er stählt seinen Körper, stählern, die Stahlfeder, stahlhart
der **Stall,** die Ställe, die Stalllaterne, der Stallmist, die Stallung

der	**Stamm,** die Stämme, der Stammbaum, das Stammbuch, stammen, du stammst, er stammt, er stammte, er hat gestammt, stämmig, stämmiger, am stämmigsten
	stam|meln, du stammelst, sie stammelt, sie stammelte, sie hat gestammelt
	stampfen, du stampfst, er stampft, er stampfte, er hat/ist gestampft, der Stampfer
der	**Stand,** die Stände, standfest, standhaft, standhafter, am standhaftesten, standhalten, das Standlicht, der Standort, der Standpunkt
der	**Stän|der,** die Ständer
das	**Stan|des|amt,** die Standesämter
	stän|dig (dauernd)
die	**Stan|ge,** die Stangen
der	**Stän|gel,** die Stängel (Stange)
	stän|kern, du stänkerst, er stänkert, er stänkerte, er hat gestänkert
der	**Sta|pel,** die Stapel, der Stapellauf
	sta|peln, du stapelst, sie stapelt, sie stapelte, sie hat gestapelt
	stap|fen, du stapfst, er stapft, er stapfte, er ist gestapft
der	**Star** 53 (Vogel), die Stare
der	**Star** 53 (Künstler), die Stars
	stark, stärker, am stärksten, stark verdünnt, stärken, du stärkst, sie stärkt, sie stärkte, sie hat gestärkt, die Stärkung
	starr, starrer, am starrsten, starren, du starrst, er starrt, er starrte, er hat gestarrt,

	der Starrkopf, der Starrsinn
der	**Start,** die Starts, startbereit, starten, du startest, er startet, er startete, er hat/ist gestartet, der Startschuss
das	**Sta|tiv,** die Stative
	statt, stattdessen, auch: statt dessen war der … gekommen, anstatt, stattgeben
	statt|fin|den → finden
	statt|lich
die	**Sta|tue,** die Statuen
der	**Stau,** die Staus, der Staudamm, stauen, der Stauraum, der Stausee
der	**Staub,** staubig, Staub saugen, auch: staubsaugen
die	**Stau|de,** die Stauden, der/die Staudensellerie
	stau|en, du staust, er staut, er staute, er hat gestaut
	stau|nen, du staunst, sie staunt, sie staunte, sie hat gestaunt, Staunen erregen, staunenswert, erstaunt, erstaunter, am erstauntesten
das	**Steak,** die Steaks
	ste|chen, du stichst, er sticht, er stach, er hat gestochen, die Stechmücke
	ste|cken, du steckst, sie steckt, sie steckte, sie hat gesteckt, stecken bleiben, der Steckbrief, die Steckdose, der Stecken, das Steckenpferd, der Stecker, die Stecknadel
der	**Steg,** die Stege
	ste|hen, du stehst, sie steht, sie stand, sie hat/ist gestanden, stehen lassen, aber: stehenlassen (sich abwenden), die Stehlampe, der Stehplatz
	steh|len, du stiehlst, er stiehlt,

S Ste

er stahl, er hat gestohlen
steif, steifer, am steifsten,
die Steifheit
stei|gen, du steigst, sie steigt,
sie stieg, sie ist gestiegen,
das Steigeisen, die Steigung
stei|gern, du steigerst,
sie steigert, sie steigerte,
sie hat gesteigert, die Steigerung
steil, steiler, am steilsten,
der Steilgang
der **Stein,** die Steine, steinalt,
der Steinbruch, steinhart,
steinig, steiniger, am steinigsten,
die Steinkohle, das Steinobst,
steinreich, die Steinzeit
stel|len, du stellst, er stellt,
er stellte, er hat gestellt,
die Stelle, stellenweise,
die Stellung, der Stellvertreter,
die Stellvertreterin, das Stelldichein
die **Stel|ze,** die Stelzen, stelzen,
du stelzt, sie stelzt, sie stelzte,
sie ist gestelzt
stem|men, du stemmst,
er stemmt, er stemmte, er hat
gestemmt, der Stemmbogen,
das Stemmeisen
der **Stem|pel,** die Stempel,
das Stempelkissen, stempeln,
du stempelst, er stempelt,
er stempelte, er hat gestempelt
die **Ste|no|gra|fie,** stenografieren
die **Step|pe,** die Steppen,
das Steppengras
step|pen, du steppst, sie steppt,
sie steppte, sie hat gesteppt,
die Steppdecke
der **Stepp** (Tanz)
ster|ben, du stirbst, er stirbt,
er starb, er ist gestorben,
sterbenskrank, sterblich
die **Ste|reo|an|la|ge,**

Ste Sti

die Stereoanlagen
ste|ril (keimfrei, unfruchtbar),
sterilisieren, die Sterilisation
der **Stern,** die Sterne, das Sternbild,
sternklar, auch: sternenklar, die
Sternschnuppe, die Sternwarte,
das Sternzeichen
stets, stetig
das **Steu|er** (zum Lenken), steuern,
du steuerst, sie steuert,
sie steuerte, sie hat gesteuert,
steuerlos, der Steuermann,
das Steuerrad, die Steuerung
die **Steu|er** (Abgabe), die Steuern,
der Steuerzahler
der **Stel|ward,** die Stewards,
die Stewardess
der **Stich,** die Stiche, sticheln,
du stichelst, er stichelt,
er stichelte, er hat gestichelt,
die Stichflamme, das Stichwort,
im Stich lassen
sti|cken, du stickst, sie stickt,
sie stickte, sie hat gestickt,
die Stickerei
der **Sti|cker,** die Sticker
sti|ckig, stickiger,
am stickigsten (eine stickige Luft)
der **Stie|fel,** die Stiefel, stiefeln
die **Stief|el|tern,** die Stiefmutter,
der Stiefvater
das **Stief|müt|ter|chen,**
die Stiefmütterchen
die **Stie|ge** (schmale Treppe), die Stiegen
der **Stiel,** die Stiele
der **Stier,** die Stiere
der **Stift,** die Stifte, der Stiftzahn
das **Stift** (Kloster), die Stifte,
die Stiftskirche
stif|ten, du stiftest, er stiftet,
er stiftete, er hat gestiftet,
der Stifter, die Stiftung
still, stiller, am stillsten,

197

S Sti Sto — Sto Str

still bleiben, die Stille,
stillschweigend
still|len, du stillst,
sie stillt den Säugling, sie stillte,
sie hat gestillt

die **Stim|me,** die Stimmen,
bestimmen, stimmen,
du stimmst, er stimmt,
er stimmte, er hat gestimmt,
die Stimmgabel, die Stimmung,
stimmungsvoll
stin|ken, du stinkst, es stinkt,
es stank, es hat gestunken,
stinkfaul

die **Stirn,** auch: die Stirne, die Stirnen
stö|bern, du stöberst,
sie stöbert, sie stöberte,
sie hat gestöbert
sto|chern, du stocherst,
er stochert, er stocherte,
er hat gestochert

der **Stock** (Stab), die Stöcke
der **Stock** (Etage), das Stockwerk
stock|dun|kel, stockfinster
sto|cken, du stockst, er stockt,
der Verkehr stockte,
er hat gestockt

der **Stoff,** die Stoffe, das Stofftier
stöh|nen, du stöhnst, er stöhnt,
er stöhnte, er hat gestöhnt

der **Stol|len** 53, die Stollen
(1. Gebäck, 2. unterirdischer Gang)
stol|pern, du stolperst,
er stolpert, er stolperte,
er ist gestolpert
stolz sein, stolzer, am
stolzesten, der Stolz, stolzieren
STOP (auf Verkehrsschildern),
sonst aber: der Stopp (Halt)
stop|fen, du stopfst, sie stopft,
sie stopfte, sie hat gestopft,
die Stopfnadel

der **Stop|fen,** die Stopfen

stop|pen, du stoppst,
sie stoppt, sie stoppte,
sie hat gestoppt, der Stopp,
das Stopplicht, die Stoppuhr

der **Stöp|sel,** die Stöpsel
der **Storch,** die Störche,
das Storchennest
stö|ren, du störst, er stört,
er störte, er hat gestört,
der Störenfried, die Störung
stör|risch, störrischer,
am störrischsten

die **Sto|ry,** die Storys
sto|ßen, du stößt, sie stößt,
sie stieß, sie hat gestoßen,
der Stoß, der Stoßdämpfer,
stoßsicher, die Stoßstange
stot|tern, du stotterst,
er stottert, er stotterte,
er hat gestottert, der Stotterer,
die Stotterin

die **Stra|fe,** die Strafen, strafen,
du strafst, sie straft, sie strafte,
sie hat gestraft, die Strafarbeit,
strafbar, straffrei, sträflich,
der Sträfling, der Strafraum,
der Strafstoß, der Strafzettel
straff, straffer, am straffsten,
die Straffheit

der **Strahl,** die Strahlen, strahlen,
du strahlst, er strahlt,
er strahlte, er hat gestrahlt,
die Strahlung

die **Sträh|ne,** die Strähnen,
strähnig, strähniger,
am strähnigsten
stramm, strammer,
am strammsten, stramm ziehen,
auch: strammziehen
stram|peln, du strampelst,
sie strampelt, sie strampelte,
sie hat gestrampelt

der **Strand,** die Strände, stranden,

S Str Str

	du strandest, er strandet, er strandete, er ist gestrandet
die	**Stra|pa|ze,** die Strapazen, strapazieren, strapazierfähig, strapazierfähiger, am strapazierfähigsten
die	**Stra|ße** 49, die Straßen, die Straßenbahn, der Straßengraben, die Straßenkreuzung, der Straßenname, der Straßenverkehr
sich	**sträu|ben,** du sträubst dich, er sträubt sich, er sträubte sich, er hat sich gesträubt
der	**Strauch,** die Sträucher **strau|cheln,** du strauchelst, sie strauchelt, sie strauchelte, sie ist gestrauchelt
der	**Strauß** 53, die Sträuße (1. Wiesenblumen, 2. Vogel) **stre|ben,** du strebst, sie strebt, sie strebte, sie hat gestrebt, der Streber, die Streberin, strebsam, strebsamer, am strebsamsten
sich	**stre|cken,** du streckst dich, er streckt sich, er streckte sich, er hat sich gestreckt, die Strecke, streckenweise
der	**Streich,** die Streiche **strei|cheln,** du streichelst, sie streichelt, sie streichelte, sie hat gestreichelt **strei|chen,** du streichst, er streicht, er strich, er hat gestrichen, streichfähig, das Streichholz, der Strich **strei|fen,** du streifst, sie streift, sie streifte durch den Wald, sie ist durch den Wald gestreift, die Streife (Polizei), der Streifen
der	**Streik,** die Streiks, streiken, du streikst, er streikt, er streikte, er hat gestreikt **strei|ten** 28, du streitest, er streitet, er stritt, er hat gestritten, der Streit, die Streitigkeit, streitsüchtig, streitsüchtiger, am streitsüchtigsten **streng,** strenger, am strengsten, die Strenge
der	**Stress,** die Stresssituation **streu|en,** du streust, er streut, er streute, er hat gestreut, die Streu, der Streusand, die Streusel
der	**Strich,** die Striche, stricheln, du strichelst, sie strichelt, sie strichelte, sie hat gestrichelt, der Strichpunkt
der	**Strick,** die Stricke, die Strickleiter **stri|cken,** du strickst, sie strickt, sie strickte, sie hat gestrickt
der	**Strie|men,** die Striemen **strit|tig**
das	**Stroh,** der Strohhalm, der Strohhut
der	**Strolch,** die Strolche, strolchen, du strolchst, er strolcht, er strolchte, er ist gestrolcht
der	**Strom** (großer Fluss), die Ströme, stromabwärts, stromaufwärts, strömen, du strömst, es strömt, es strömte, es hat geströmt, die Strömung
der	**Strom** (Elektrizität), der Stromkreis, die Stromleitung
die	**Stro|phe,** die Strophen **strot|zen,** du strotzt, er strotzt, er strotzte vor Schmutz, er hat gestrotzt **strub|be|lig,** auch: strubblig, der Strubbelkopf

199

S Str Stu   Stu Su

der	**Stru|del,** die Strudel
der	**Strumpf,** die Strümpfe, die Strumpfhose
	strup|pig, struppiger, am struppigsten
der	**Struw|wel|pe|ter**
die	**Stu|be,** die Stuben, der Stubenhocker
das	**Stück,** die Stücke, stückeln, du stückelst, er stückelt, er stückelte, er hat gestückelt, stückweise
	stu|die|ren, du studierst, er studiert, er studierte, er hat studiert, der Student, die Studentin, das Studium
das	**Stu|dio,** die Studios
die	**Stu|fe,** die Stufen, stufenweise
der	**Stuhl,** die Stühle,
die	**Stul|le** (belegtes Brot), die Stullen
	stül|pen, du stülpst, sie stülpt, sie stülpte, sie hat gestülpt
	stumm, stummer, am stummsten, der Stummfilm
der	**Stum|mel,** die Stummel
der	**Stüm|per,** die Stümper, stümperhaft
	stumpf, stumpfer, am stumpfesten, der Stumpfsinn, stumpfsinnig
der	**Stumpf,** die Stümpfe, der Baumstumpf
die	**Stun|de,** die Stunden, stundenlang, der Stundenplan, stündlich
	stur, sturer, am stursten, die Sturheit
der	**Sturm,** die Stürme, stürmen, du stürmst, es stürmt, es stürmte, es hat gestürmt, der Stürmer, die Sturmflut, stürmisch, stürmischer, am stürmischsten
	stür|zen, du stürzt, sie stürzt, sie stürzte, sie ist/hat gestürzt, der Sturz, der Sturzbach, der Sturzhelm
die	**Stu|te,** die Stuten
	stut|zen, du stutzt, sie stutzt, sie stutzte, sie hat gestutzt, stutzig
	stüt|zen, du stützt, er stützt, er stützte, er hat gestützt, die Stütze, der Stützpunkt
das	**Sty|ro|por**
das	**Sub|jekt** (Satzgegenstand), die Subjekte
das	**Sub|stan|tiv** (Namenwort), die Substantive
	sub|tra|hie|ren, du subtrahierst, er subtrahiert, er subtrahierte, er hat subtrahiert, der Subtrahend, die Subtraktion
	su|chen, du suchst, sie sucht, sie suchte, sie hat gesucht, die Suche
die	**Sucht**, die Süchte, das Suchtgift, süchtig
der	**Sü|den,** die Südfrucht, südlich, südlicher, am südlichsten, der Südpol, der Südwind
die	**Süh|ne,** sühnen, du sühnst, sie sühnt, sie sühnte, sie hat gesühnt
die	**Sum|me,** die Summen, der Summand, summieren
	sum|men, du summst, er summt, er summte, er hat gesummt, der Summton
der	**Sumpf,** die Sümpfe, sumpfig, sumpfiger, am sumpfigsten
die	**Sün|de,** die Sünden, der Sünder, die Sünderin, sündigen, du sündigst, sie sündigt, sie sündigte, sie hat gesündigt
	su|per (hervorragend), das Superbenzin, der Supermarkt,

S Su Sw Sy Sz T Ta   Ta

  der **Superstar**
die **Sup|pe,** die Suppen,
  der Suppenlöffel
  sur|fen (auf dem Surfbrett fahren; im Internet nach Informationen suchen), du surfst, sie surft, sie surfte, sie hat/ist gesurft, das Surfbrett, der Surfer, die Surferin
  sur|ren, es surrt, es surrte, es hat gesurrt
  süß, süßer, am süßesten, die Süße, süßen, du süßt, er süßt, er süßte, er hat gesüßt, die Süßigkeit, süßlich, süßsauer, das Süßwasser
das **Sweat|shirt,** engl.: die Sweatshirts (weitgeschnittener Pullover)
der **Swim|ming|pool,** die Swimmingpools
das **Sym|bol,** die Symbole, symbolisch
die **Sym|met|rie,** symmetrisch (spiegelbildlich)
die **Sym|pa|thie,** die Sympathien, sympathisch, sympathischer, am sympathischsten
die **Sym|pho|nie,** auch: Sinfonie, die Symphonien
das **Sys|tem,** die Systeme, systematisch
die **Sze|ne,** die Szenen

T

der **Ta|bak,** die Tabaksdose
die **Ta|bel|le,** die Tabellen, der Tabellenstand
das **Ta|blett,** die Tabletts
die **Ta|blet|te,** die Tabletten
der **Ta|cho** (Tachometer), die Tachos

der **Ta|del,** die Tadel, tadellos, tadeln, du tadelst, er tadelt, er tadelte, er hat getadelt
die **Ta|fel** 53, die Tafeln, tafeln (speisen)
  tä|feln, du täfelst, er täfelt, er täfelte, er hat getäfelt, die Täfelung
der **Tag,** die Tage, das Tagebuch, tagelang, das Tageslicht, die Tageszeit, die Tageszeitung, täglich, tagsüber, tagtäglich
der **Takt,** die Takte, das Taktgefühl, taktlos, der Taktstock, taktvoll
das **Tal,** die Täler, die Talfahrt, die Talsohle, die Talsperre
das **Ta|lent,** die Talente, talentiert
der **Ta|ler,** die Taler
der **Talg,** die Talgdrüse
der **Ta|lis|man,** die Talismane
die **Talk|show,** die Talkshows, der Talkmaster, die Talkmasterin
das **Tam|bu|rin** (Handtrommel), die Tamburine
das **Tan|dem** (Fahrrad für 2 Personen), die Tandems
  tan|ken, du tankst, sie tankt, sie tankte, sie hat getankt, der Tank, der Tanker, die Tankstelle, der Tankwart
die **Tan|ne,** die Tannen, der Tannenbaum, der Tannenzapfen
die **Tan|te,** die Tanten
der **Tanz,** die Tänze, tanzen, du tanzt, er tanzt, er tanzte, er hat getanzt, tänzeln, der Tänzer, die Tänzerin, der Tanzsaal, die Tanzschule
die **Ta|pe|te,** die Tapeten, der Tapetenkleister, tapezieren, du tapezierst, sie tapeziert, sie tapezierte, sie hat tapeziert

T Ta

tap|fer, tapferer, am tapfersten,
die Tapferkeit
tap|pen, du tappst, sie tappt,
sie tappte im Dunklen,
sie hat getappt
sich **tar|nen,** du tarnst dich,
sie tarnt sich, sie tarnte sich,
sie hat sich getarnt,
die Tarnkappe, die Tarnung
die **Ta|sche,** die Taschen,
das Taschengeld,
die Taschenlampe,
das Taschenmesser,
der Taschenrechner,
das Taschentuch
die **Tas|se,** die Tassen
die **Tas|te,** die Tasten, die Tastatur,
der Tastsinn
tas|ten, du tastest, sie tastet,
sie tastete, sie hat getastet
die **Tat,** die Taten, tatenfroh,
tatenlos, der Täter, die Täterin,
tatkräftig, der Tatort
tä|tig, die Tätigkeit,
das Tätigkeitswort
die **Tat|sa|che,** die Tatsachen,
tatsächlich
tät|scheln, du tätschelst,
sie tätschelt, sie tätschelte,
sie hat getätschelt
die **Tat|ze,** die Tatzen
das **Tau** (langes Seil), die Taue,
das Tauziehen
der **Tau** (Niederschlag), tauen,
du taust, es taut, es taute,
es hat getaut, der Tautropfen,
das Tauwetter
taub (gehörlos), der/die Taube,
die Taubheit, taubstumm
die **Tau|be,** die Tauben,
taubengrau, das Taubenhaus,
der Taubenschlag, der Tauber,
auch: Täuberich

Ta Te

tau|chen, du tauchst, er taucht,
er tauchte, er hat/ist getaucht,
der Tauchanzug, der Taucher,
die Taucherin, der Tauchsieder
tau|en, du taust, es taut,
es taute, es hat getaut,
das Tauwetter
die **Tau|fe,** die Taufen, taufen,
du taufst, er tauft, er taufte,
er hat getauft, der Täufling,
der Taufname, die Taufpaten
tau|gen, du taugst, es taugt,
es taugte nichts, es hat getaugt,
der Taugenichts, tauglich
tau|meln, du taumelst,
sie taumelt, sie taumelte,
sie hat/ist getaumelt,
der Taumel, taumelig
tau|schen, du tauschst,
er tauscht, er tauschte,
er hat getauscht, der Tausch
täu|schen, du täuschst,
sie täuscht, sie täuschte,
sie hat getäuscht, die Täuschung
tau|send, tausendfach,
tausendmal, Tausende,
das erste Tausend Schrauben
der **Tau|send|füß|ler,**
die Tausendfüßler
das **Ta|xi,** die Taxis, auch: die Taxe,
die Taxen, der Taxifahrer
das **Team,** die Teams (Arbeitsgruppe, Mannschaft), die Teamarbeit
die **Tech|nik,** die Techniken,
der Techniker, die Technikerin,
technisch
der **Ted|dy,** die Teddys,
der Teddybär
der **Tee,** die Tees, der Teebeutel,
das Tee-Ei, die Teekanne,
der Teelöffel, die Teestube
der **Teen|ager,**
die Teenager

T Te

der **Teer,** die Teerpappe, teeren, du teerst, sie teert, sie teerte, sie hat geteert
der **Teich,** die Teiche
der **Teig,** die Teige, teigig, die Teigwaren
der/das **Teil,** die Teile, zum Teil
tei|len, du teilst, er teilt, er teilte, er hat geteilt, teilbar, der Teiler, die Teilung, teilweise, teilhaben
teil|neh|men, du nimmst teil, er nimmt teil, er nahm teil, er hat teilgenommen, die Teilnahme, teilnahmslos, der Teilnehmer, die Teilnehmerin
der **Teint** (Gesichtsfarbe)
das **Te|le|fax,** die Telefaxe
das **Te|le|fon,** die Telefone, telefonieren, du telefonierst, sie telefoniert, sie telefonierte, sie hat telefoniert, telefonisch, die Telefonkarte, die Telefonzelle, das Mobiltelefon
das **Te|le|gramm,** die Telegramme, telegrafieren, du telegrafierst, er telegrafiert, er telegrafierte, er hat telegrafiert, telegrafisch
der **Tel|ler,** die Teller
der **Tem|pel,** die Tempel
das **Tem|pe|ra|ment,** die Temperamente, temperamentvoll
die **Tem|pe|ra|tur,** die Temperaturen
das **Tem|po,** die Tempos, auch: Tempi
die **Ten|ne** (der Dreschboden), die Tennen
das **Ten|nis,** der Tennisball, der Tennisschläger, das Tennisspiel, Tennis spielen
der **Te|nor,** die Tenöre
der **Tep|pich,** die Teppiche, der Teppichboden,

Te Th Ti

die Teppichstange
der **Ter|min,** die Termine
die **Ter|ras|se,** die Terrassen
der **Ter|ri|er,** die Terrier
die **Ter|ri|ne** (Suppenschüssel), die Terrinen
der **Ter|ror,** terrorisieren, der Terrorist, die Terroristin, der Terrorismus
der **Test,** die Tests, auch: Teste, testen, du testest, er testet, er testete, er hat getestet, das Testbild
das **Tes|ta|ment,** die Testamente
teu|er, teurer, am teuersten, die Teuerung
der **Teu|fel,** die Teufel, teuflisch
der **Text,** die Texte
die **Tex|ti|li|en**
das **The|a|ter,** die Theater, die Theaterkarte, das Theaterstück
die **The|ke** (Schanktisch), die Theken
das **The|ma,** die Themen, auch: die Themata
die **The|o|rie,** die Theorien
die **The|ra|pie** (Heilbehandlung), die Therapien
das **Ther|mal|bad,** die Thermalbäder
das/die **Ther|mo|me|ter**
die **Ther|mos|fla|sche,** die Thermosflaschen
der **Thron,** die Throne
der **Thun|fisch,** auch: Tunfisch, die Thunfische
Thü|rin|gen, thüringisch
der **Thy|mi|an** (Gewürzpflanze)
der **Tick,** die Ticks
ti|cken, du tickst, sie tickt, die Uhr tickte, sie hat getickt
das **Ti|cket,** die Tickets
der/das **Tie|break,** auch: Tie-Break (Spielregel beim Tennis)

T Ti To To

        tief, tiefer, am tiefsten, das Tief,
die Tiefe, die Tiefgarage,
tiefgefroren, tiefgekühlt,
die Tiefkühltruhe

das **Tier,** die Tiere, der Tierarzt,
die Tierärztin, tierlieb,
die Tierquälerei, der Tierschutz

der **Ti|ger,** die Tiger
til|gen, du tilgst, er tilgt, er tilgte
seine Schulden, er hat getilgt

die **Tin|te,** die Tinten, der
Tintenfisch, der Tintenklecks

der **Tipp,** die Tipps, der Tippzettel
tip|pen, du tippst, sie tippt,
sie tippte einen Brief, sie hat
getippt, der Tippfehler, tipptopp

der **Tisch,** die Tische,
die Tischdecke, das Tischtennis

der **Tisch|ler,** die Tischler,
die Tischlerei, tischlern,
du tischlerst, er tischlert,
er tischlerte, er hat getischlert

der/die **Ti|tel,** das Titelbild,
das Titelblatt

der **Toast,** die Toaste, auch: die
Toasts (geröstete Weißbrotscheibe;
Trinkspruch), toasten, du toastest,
er toastet, er toastete,
er hat getoastet, der Toaster
to|ben, du tobst, sie tobt,
sie tobte, sie hat getobt,
die Tobsucht, tobsüchtig

die **Toch|ter,** die Töchter

der **Tod,** todernst, der Todesfall, der
Todfeind, todkrank, tödlich,
todsicher, aber: tot sein

die **Toi|let|te,** die Toiletten,
das Toilettenpapier
to|le|rant sein (duldsam)
toll, toller, am tollsten,
die Tollkirsche, tollkühn
tol|len (herumspringen), du tollst,
sie tollt, sie tollte,
sie hat/ist getollt

der **Toll|patsch,** die Tollpatsche,
tollpatschig, tollpatschiger,
am tollpatschigsten

die **Toll|wut,** tollwütig

der **Töl|pel,** die Tölpel, tölpelhaft

die **To|ma|te,** die Tomaten,
der Tomatensaft

die **Tom|bo|la,** die Tombolas

der **Ton,** die Töne (Laute),
die Tonart, das Tonband, tönen,
du tönst, es tönt, es tönte,
es hat getönt, die Tonleiter

der **Ton** (Lehm), die Tone,
das Tongefäß

die **Ton|ne** (t), die Tonnen,
tonnenweise

der **Topf,** die Töpfe, die Topfpflanze
töp|fern, du töpferst, sie töpfert,
sie töpferte, sie hat getöpfert,
der Töpfer

das **Tor** 53, die Tore, der Torlauf,
der Torwart

der **Tor** (Narr), die Toren, die Torheit,
töricht, törichterweise

der **Torf,** das Torfmoor, der Torfmull
tor|keln, du torkelst, er torkelt,
er torkelte, er ist/hat getorkelt

der **Tor|nis|ter,** die Tornister

der **Tor|na|do** (Wirbelsturm),
die Tornados

die **Tor|te,** die Torten
to|sen, er tost, der Fluss toste,
er hat getost
tot, tot sein, der Tote, die Tote,
töten, du tötest, er tötet, er
tötete, er hat getötet, totenblass,
der Totengräber, sich totlachen,
totenstill, die Tötung
to|tal, der Totalschaden

der/das **To|to,** der Totogewinn,
der Tototreffer

die **Tour** (Fahrt), die Touren,

T To Tr Tr

die Tournee (Künstler sind auf einer Gastspielreise)
der **Tou|rist,** die Touristen, die Touristin (Urlaubsreisende), der Tourismus
tra|ben, du trabst, er trabt, er trabte, er hat/ist getrabt, der Trab
die **Tracht,** die Trachten, der Trachtenanzug, das Trachtenfest, das Trachtenkleid
trach|ten, du trachtest, sie trachtet, sie trachtete, sie hat getrachtet
trächtig (tragend)
die **Tra|di|ti|on,** die Traditionen, traditionell
der **Tra|fo** (Transformator), die Trafos
trä|ge, träger, am trägsten, die Trägheit
tra|gen, du trägst, er trägt, er trug, er hat getragen, tragbar, der Träger, tragfähig, tragfähiger, am tragfähigsten, die Tragfläche
tra|gisch, die Tragik
trai|nie|ren (üben;vorbereiten), du trainierst, sie trainiert, sie trainierte, sie hat trainiert, der Trainer, die Trainerin, das Training, der Trainingsanzug
der **Trak|tor** (Zugmaschine), die Traktoren
die **Tram** (Straßenbahn), die Trams
tram|peln, du trampelst, er trampelt, er trampelte, er hat getrampelt
tram|pen, du trampst, sie trampt, sie trampte, sie hat/ist getrampt, der Tramper, die Tramperin
das **Tram|po|lin,** die Trampoline
die **Trä|ne,** die Tränen, tränen, das Auge tränt, es tränte, es hat getränt
trän|ken, du tränkst, er tränkt, er tränkte, er hat getränkt, die Tränke
der **Tran|sis|tor,** die Transistoren
das **Trans|pa|rent,** die Transparente
der **Trans|port,** die Transporte, transportieren, du transportierst, sie transportiert, sie transportierte, sie hat transportiert
das **Tra|pez,** die Trapeze, der Trapezkünstler
die **Tras|se** (Verlauf eines Verkehrsweges), die Trassen
die **Trau|be,** die Trauben, der Traubensaft, der Traubenzucker
trau|en, du traust mir, er traut mir (glaubt mir), er traute mir, er hat mir getraut
trau|en (verheiraten), du traust mich, er traut mich, er traute mich, er hat mich getraut, der Pfarrer traut das Brautpaar, die Trauung, der Trauzeuge
trau|ern, du trauerst, er trauert, er trauerte, er hat getrauert, die Trauer, traurig, trauriger, am traurigsten, die Traurigkeit
der **Traum,** die Träume, träumen, du träumst, er träumt, er träumte, er hat geträumt, träumerisch, traumhaft, das Traumpaar
der **Tre|cker,** die Trecker
tref|fen, du triffst, er trifft, er traf, er hat getroffen, das Treffen, treffend, der Treffer, der Treffpunkt, treffsicher
trei|ben, du treibst, er treibt, er trieb, er hat/ist getrieben, das Treiben, der Treiber, die Treibjagd, der Treibstoff

205

	tren|nen, du trennst, sie trennt, sie trennte, sie hat getrennt, die Trennung, die Trennwand
die	**Trep|pe,** die Treppen, treppauf, treppab, das Treppengeländer, das Treppenhaus
der	**Tre|sor,** die Tresore
	tre|ten, du trittst, er tritt, er trat, er hat getreten
	treu, treuer, am treusten, auch: am treuesten, die Treue, treu ergeben, treuherzig, treulos
die	**Tri|an|gel,** die Triangeln
die	**Tri|bü|ne,** die Tribünen
der	**Trich|ter,** die Trichter, trichterförmig, eintrichtern
der	**Trick,** die Tricks, der Trickfilm
der	**Trieb,** die Triebe, der Triebwagen, das Triebwerk
	trif|tig (stichhaltig), er hat einen triftigen Grund
das	**Tri|kot,** die Trikots
	tril|lern, du trillerst, sie trillert, sie trillerte, sie hat getrillert, der Triller, die Trillerpfeife
sich	**trim|men,** du trimmst dich, er trimmt sich, er trimmte sich, er hat sich getrimmt, der Trimm-dich-Pfad
	trin|ken 23, du trinkst, er trinkt, er trank, er hat getrunken, der Trank, trinkbar, das Trinkgeld, das Trinkwasser
	trip|peln, du trippelst, er trippelt, er trippelte, er hat/ist getrippelt
der	**Tritt,** die Tritte, das Trittbrett
der	**Tri|umph,** die Triumphe, triumphieren, du triumphierst, sie triumphiert, sie triumphierte, sie hat triumphiert
	tro|cken, die Trockenheit, trocknen, du trocknest, er trocknet, er trocknete, er hat/ist getrocknet
der	**Trö|del,** trödeln, du trödelst, sie trödelt, sie trödelte, sie hat getrödelt, der Trödelmarkt, der Trödler
der	**Trog,** die Tröge
die	**Trom|mel,** die Trommeln, das Trommelfell, trommeln, du trommelst, er trommelt, er trommelte, er hat getrommelt, der Trommler
die	**Trom|pe|te,** die Trompeten, trompeten, du trompetest, sie trompetet, sie trompetete, sie hat trompetet, der Trompeter, die Trompeterin
die	**Tro|pen,** tropisch
	trop|fen, du tropfst, er tropft, er tropfte, er hat getropft, der Tropfen, tropfnass, die Tropfsteinhöhle
der	**Trost,** trösten, du tröstest, er tröstet, er tröstete, er hat getröstet, tröstlich, tröstlicher, am tröstlichsten, trostlos
der	**Trot|tel** (Dummkopf), die Trottel trot|ten, du trottest, er trottet, er trottete, er ist getrottet trotz, trotzdem
der	**Trotz,** zum Trotz, der Trotzkopf trot|zen, du trotzt, sie trotzt, sie trotzte, sie hat getrotzt, trotzig, trotziger, am trotzigsten
	trüb, trüber, am trübsten, die Trübsal, betrübt, trüben, du trübst, sie trübt, sie trübte, sie hat getrübt, das Wasser trübte sich, trübselig, trübsinnig
der	**Tru|bel**
	trü|gen, du trügst, er trügt, er trog, er hat getrogen, trügerisch
die	**Tru|he,** die Truhen
die	**Trüm|mer,** der Trümmerhaufen
der	**Trumpf,** die Trümpfe

T Tr Ts Tu   Tu Ty U Ub

der	**Trut|hahn,** die Truthähne
	Tsche|chi|en, tschechisch
	tschüs, auch: tschüss
das	**T-Shirt,** die T-Shirts (Oberteil mit kurzem Ärmel)
die	**Tu|be,** die Tuben
die	**Tu|ber|ku|lo|se,** tuberkulös
das	**Tuch,** die Tücher
	tüch|tig, tüchtiger, am tüchtigsten, die Tüchtigkeit
die	**Tü|cke,** die Tücken, tückisch
die	**Tu|gend,** tugendhaft
die	**Tul|pe,** die Tulpen
sich	**tum|meln,** du tummelst dich, er tummelt sich, er tummelte sich, er hat sich getummelt
der	**Tüm|pel,** die Tümpel
der	**Tu|mult,** die Tumulte
	tun, du tust, er tut, er tat, er hat getan, das Tun
der	**Tun|fisch,** auch: Thunfisch, die Tunfische
	tun|ken, du tunkst, er tunkt, er tunkte, er hat getunkt, die Tunke
der	**Tun|nel,** die Tunnel, auch: Tunnels
das	**Tun|wort** (Verb), auch: Tuwort, die Tunwörter
	tup|fen, du tupfst, er tupft, er tupfte, er hat getupft, der Tupfer
die	**Tür,** die Türen, die Türklinke, das Türschloss
der	**Tur|ban,** die Turbane
die	**Tur|bi|ne,** die Turbinen
	tur|bu|lent (stürmisch, ungestüm), turbulenter, am turbulentesten
die	**Tür|kei,** türkisch
der	**Turm,** die Türme, turmhoch
	tur|nen, du turnst, sie turnt, sie turnte, sie hat geturnt, der Turner, die Turnerin, die Turnhalle
das	**Tur|nier,** die Turniere

die	**Tu|sche,** die Tuschen
	tu|scheln, du tuschelst, sie tuschelt, sie tuschelte, sie hat getuschelt
die	**Tü|te,** die Tüten
der	**Typ,** die Typen, typisch, typischer, am typischsten
der	**Ty|rann,** die Tyrannen, tyrannisieren

U

die	**U-Bahn** (Untergrundbahn), die U-Bahnen
	übel, übel gelaunt, auch: übelgelaunt, übel nehmen, auch: übelnehmen, das Übel, die Übelkeit, der Übeltäter
	üben, du übst, sie übt, sie übte, sie hat geübt, die Übung
	über
	über|all
das	**Über|bleib|sel,** die Überbleibsel
der	**Über|blick,** überblicken
	über|drüs|sig, der Überdruss
	über|ein|an|der, übereinanderlegen, übereinander reden
	über|emp|find|lich
der	**Über|fall,** die Überfälle, überfallen, du überfällst, er überfällt, er überfiel, er hat überfallen
der	**Über|fluss,** überflüssig
	über|flu|ten, du überflutest, er überflutet, er überflutete, er hat überflutet
	über|for|dern → fordern
der	**Über|gang,** die Übergänge
	über|ge|ben → geben
	über|glück|lich
	über|haupt
	über|heb|lich

207

U Ub   U Ub Uf Uh Uk Ul Um

über|ho|len → holen,
sie überholte
über|le|gen → legen,
er überlegte, die Überlegenheit,
die Überlegung
über|lis|ten, du überlistest,
er überlistet, er überlistete,
er hat überlistet
über|mor|gen, übermorgen früh
über|mü|det, die Übermüdung
der Über|mut, übermütig,
übermütiger, am übermütigsten
über|nach|ten,
du übernachtest, sie übernachtet,
sie übernachtete, sie hat
übernachtet, die Übernachtung
über|que|ren, du überquerst,
er überquert, er überquerte,
er hat überquert
über|ra|schen, du überraschst,
er überrascht, er überraschte,
er hat/ist überrascht,
die Überraschung
über|re|den → reden,
die Überredung
über|rei|chen → reichen,
sie überreichte
über|reif, die Überreife
die Über|schrift, die Überschriften
der Über|schuss, die Überschüsse,
überschüssig
der Über|schwang,
überschwänglich,
überschwänglicher,
am überschwänglichsten
über|schwem|men,
du überschwemmst,
er überschwemmt,
er überschwemmte,
er hat überschwemmt,
die Überschwemmung
über|set|zen → setzen,
die Übersetzung

die Über|sicht, übersichtlich,
übersichtlicher,
am übersichtlichsten
über|sie|deln → siedeln,
der Übersiedler
über|trei|ben → treiben,
die Übertreibung
über|wäl|ti|gen,
du überwältigst, er überwältigt,
er überwältigte, er hat
überwältigt, überwältigend
über|wei|sen, du überweist,
er überweist, er überwies,
er hat überwiesen, die Überweisung
über|zeu|gen → zeugen,
die Überzeugung
der Über|zug, die Überzüge
üb|lich
das U-Boot (das Unterseeboot),
die U-Boote
üb|rig, übrig bleiben,
auch: übrigbleiben, übrig lassen
üb|ri|gens, im Übrigen
die Übung, die Übungen,
die Übungsstunde
das Ufer, die Ufer,
die Uferböschung, uferlos
das Ufo, die Ufos
die Uhr, die Uhren, der Uhrmacher,
die Uhrzeit
der Uhu, die Uhus
der UKW-Sen|der (Ultakurzwelle)
der Ulk, ulken, ulkig
die Ul|me (Laubbaum), die Ulmen
um, um ein Uhr
um|än|dern, sie ändert um
um|ar|men, du umarmst,
er umarmt, er umarmte mich,
er hat mich umarmt
der Um|bau, die Umbaue,
auch: die Umbauten
um|dre|hen → drehen,
die Umdrehung

U Um Un

der **Um|fang,** die Umfänge, umfangen, umfangreich, umfangreicher, am umfangreichsten
die **Um|fra|ge,** die Umfragen
der **Um|gang,** die Umgänge, umgänglich
um|ge|ben → geben, die Umgebung
um|hän|gen → hängen, der Umhang
um|keh|ren → kehren, die Umkehr
der **Um|laut,** die Umlaute
um|lei|ten → leiten, sie leitete um, die Umleitung
der **Um|riss,** die Umrisse
der **Um|schlag,** die Umschläge
um|so, umso besser, umso mehr, umso weniger
um|sonst
der **Um|stand,** die Umstände, umständlich, umständlicher, am umständlichsten
der **Um|tausch,** umtauschen → tauschen
der **Um|weg,** die Umwege
die **Um|welt,** umweltfreundlich, der Umweltschutz, die Umweltverschmutzung
um|zie|hen, du ziehst um, er zieht um, er zog um, er ist umgezogen
der **Um|zug,** die Umzüge
un|ab|än|der|lich
un|ab|hän|gig, die Unabhängigkeit
un|an|ge|nehm, unangenehmer, am unangenehmsten
un|auf|hör|lich
un|aus|steh|lich
un|barm|her|zig
un|be|dingt
un|be|kannt
un|be|liebt
un|be|quem
un|be|schreib|lich
un|be|zahl|bar
und
un|ei|nig, uneins
un|end|lich
un|ent|behr|lich → entbehren
un|ent|schie|den → entscheiden
un|er|mess|lich
un|er|müd|lich
un|er|war|tet → erwarten
un|fair
der **Un|fall,** die Unfälle, die Unfallgefahr, der Unfallort, die Unfallstation
der **Un|fug**
Un|garn, ungarisch
un|ge|fähr
das **Un|ge|heu|er,** die Ungeheuer
un|ge|nü|gend
un|ge|ra|de
un|ge|recht, die Ungerechtigkeit
das **Un|ge|tüm,** die Ungetüme
un|ge|wiss, die Ungewissheit, im Ungewissen lassen
das **Un|ge|zie|fer**
un|ge|zo|gen
un|glaub|lich
das **Un|glück,** die Unglücke, unglücklich, unglücklicher, am unglücklichsten
un|gül|tig, die Ungültigkeit
das **Un|heil,** Unheil verkünden, du verkündest, er verkündet, er verkündete, er hat Unheil verkündet
un|heim|lich, unheimlicher, am unheimlichsten
un|höf|lich, unhöflicher,

U Un

am unhöflichsten
die **Uni|form,** die Uniformen, uniformiert
die **Uni|ver|si|tät,** die Universitäten
un|klar, im Unklaren lassen
das **Un|kraut,** die Unkräuter
un|mög|lich, die Unmöglichkeit
un|nö|tig
un|par|tei|isch
un|päss|lich
das **Un|recht,** Unrecht haben, aber: sie hat unrecht gehandelt
die **Un|ru|he,** unruhig, unruhiger, am unruhigsten
uns, unser, unsere
die **Un|schuld,** unschuldig
un|si|cher, die Unsicherheit
un|sicht|bar
der **Un|sinn,** unsinnig
un|tä|tig
un|ten
un|ter, unter anderem (u.a.)
der **Un|ter|arm,** die Unterarme
un|ter|bre|chen, du unterbrichst, er unterbricht, er unterbrach, er hat unterbrochen, die Unterbrechung
un|ter|ein|an|der, untereinandersetzen, untereinanderschreiben
die **Un|ter|füh|rung,** die Unterführungen
der **Un|ter|gang,** untergehen, du gehst unter, er geht unter, er ging unter, er ist untergegangen
un|ter|halb
un|ter|hal|ten, du unterhältst, er unterhält, er unterhielt, er hat unterhalten, die Unterhaltung, unterhaltsam
das **Un|ter|hemd,** die Unterhemden
die **Un|ter|ho|se,** die Unterhosen
un|ter|ir|disch

die **Un|ter|kunft,** die Unterkünfte
die **Un|ter|la|ge,** die Unterlagen
die **Un|ter|mie|te,** die Untermieten, der Untermieter
das **Un|ter|neh|men,** die Unternehmen, etwas unternehmen, du unternimmst, sie unternimmt, sie unternahm, sie hat unternommen, der Unternehmer, die Unternehmerin, die Unternehmung, unternehmungslustig
die **Un|ter|re|dung,** die Unterredungen
der **Un|ter|richt,** unterrichten, du unterrichtest, er unterrichtet, er unterrichtete, er hat unterrichtet, die Unterrichtsstunde
der **Un|ter|satz,** die Untersätze
un|ter|schei|den, du unterscheidest, er unterscheidet, er unterschied, er hat unterschieden, die Unterscheidung, der Unterschied
die **Un|ter|schrift,** die Unterschriften, unterschreiben, du unterschreibst, er unterschreibt, er unterschrieb, er hat unterschrieben
un|ter|stüt|zen, du unterstützt, sie unterstützt, sie unterstützte, sie hat unterstützt, die Unterstützung
un|ter|su|chen, du untersuchst, er untersucht, er untersuchte, er hat untersucht, die Untersuchung
die **Un|ter|tas|se,** die Untertassen
die **Un|ter|wä|sche**
un|ter|wegs
un|ter|wer|fen, du unterwirfst, er unterwirft, er unterwarf, er hat unterworfen,

U Un Up Ur Us  V Va Ve

die Unterwerfung, unterwürfig
die **Un|tie|fe,** die Untiefen
un|treu, die Untreue
un|ver|dau|lich
un|ver|gess|lich
un|ver|nünf|tig, die Unvernunft
un|ver|schämt,
die Unverschämtheit
un|ver|ständ|lich,
unverständlicher,
am unverständlichsten
un|ver|zeih|lich
das **Un|wet|ter,** die Unwetter
un|wis|send
un|wohl, das Unwohlsein
un|zäh|lig, Unzählige kamen
un|zer|trenn|lich
üp|pig, üppiger, am üppigsten,
die Üppigkeit
ur|alt, das Alter
der **Ura|nus**
die **Ur|auf|füh|rung,**
die Uraufführungen
die **Ur|groß|el|tern,**
die Urgroßmutter, der Urgroßvater
der **Urin** (Harn)
die **Ur|kun|de,** die Urkunden
der **Ur|laub,** die Urlaube,
der Urlauber, die Urlauberin
die **Ur|ne,** die Urnen
die **Ur|sa|che,** die Ursachen
der **Ur|sprung,** die Ursprünge,
ursprünglich
das **Ur|teil,** die Urteile, urteilen,
du urteilst, er urteilt, er urteilte,
er hat geurteilt
der **Ur|wald,** die Urwälder
ur|wüch|sig, urwüchsiger,
am urwüchsigsten,
die Urwüchsigkeit
die **USA** (Vereinigte Staaten von Amerika)

der **Va|ga|bund,** die Vagabunden
die **Va|nil|le,** das Vanilleeis,
der Vanillepudding
die **Va|se,** die Vasen
der **Va|ter,** die Väter, Vati, das
Vaterland, väterlich, vaterlos,
das Vaterunser, Vater unser, ...
die **Ve|ge|ta|ti|on,**
die Vegetationen, vegetarisch
das **Veil|chen,** die Veilchen,
veilchenblau
die **Ve|ne,** die Venen,
die Venenentzündung
das **Ven|til,** die Ventile
der **Ven|ti|la|tor,** die Ventilatoren
die **Ve|nus**
sich **ver|ab|re|den,** du verabredest
dich, er verabredet sich,
er verabredete sich, er hat sich
verabredet, die Verabredung
sich **ver|ab|schie|den,**
du verabschiedest dich,
er verabschiedet sich,
er verabschiedete sich,
er hat sich verabschiedet,
die Verabschiedung
ver|ach|ten, du verachtest,
sie verachtet, sie verachtete,
sie hat verachtet, verächtlich,
die Verachtung
die **Ve|ran|da,** die Veranden
ver|än|dern, du veränderst,
er verändert, er veränderte,
er hat verändert, veränderlich,
die Veränderung
ver|an|stal|ten,
du veranstaltest, sie veranstaltet,
sie veranstaltete, sie hat
veranstaltet, die Veranstaltung
ver|ant|wor|ten → antworten,
er verantwortete,

211

V Ve   Ve

die Verantwortung, verantwortlich
das **Verb** (Tuwort, Tunwort, Zeitwort), die Verben
der **Ver|band,** die Verbände, das Verbandszeug
sich **ver|ber|gen,** du verbirgst dich, er verbirgt sich, er verbarg sich, er hat sich verborgen, im Verborgenen
ver|bes|sern, du verbesserst, sie verbessert, sie verbesserte, sie hat verbessert, die Verbesserung
sich **ver|beu|gen,** du verbeugst dich, er verbeugt sich, er verbeugte sich, er hat sich verbeugt, die Verbeugung
ver|beu|len, du verbeulst, er verbeult, er verbeulte, er hat verbeult
ver|bie|ten, du verbietest, sie verbietet, sie verbot, sie hat verboten
ver|bin|den, du verbindest, er verbindet, er verband, er hat verbunden, die Verbindung
ver|blü|hen, du verblühst, es verblüht, es verblühte, es ist verblüht, die Blume ist verblüht
der **Ver|brauch,** verbrauchen, du verbrauchst, er verbraucht, er verbrauchte, er hat verbraucht, der Verbraucher, die Verbraucherin
das **Ver|bre|chen,** die Verbrechen, der Verbrecher
ver|bren|nen, du verbrennst, sie verbrennt, sie verbrannte, sie ist/hat verbrannt, die Verbrennung
ver|brü|hen, du verbrühst, sie verbrüht, sie verbrühte, sie hat verbrüht
der **Ver|dacht,** verdächtig,

verdächtiger, am verdächtigsten, verdächtigen, du verdächtigst, er verdächtigt, er verdächtigte, er hat verdächtigt, die Verdächtigung
ver|dau|en, du verdaust, er verdaut, er verdaute, er hat verdaut, die Verdauung, verdaulich, verdaulicher, am verdaulichsten
das **Ver|deck,** die Verdecke, verdecken, du verdeckst, er verdeckt, er verdeckte, er hat verdeckt
ver|der|ben, es verdirbt, es verdarb, es ist verdorben, das Verderben, verderblich
ver|die|nen, du verdienst, sie verdient, sie verdiente, sie hat verdient, der Verdienst (Einkommen, Lohn)
ver|dop|peln, du verdoppelst, sie verdoppelt, sie verdoppelte, sie hat verdoppelt, die Verdopplung
ver|drie|ßen, es verdrießt mich, es verdross mich, es hat mich verdrossen, verdrießlich, verdrießlicher, am verdrießlichsten, der Verdruss
ver|dün|nen, du verdünnst, er verdünnt, er verdünnte, er hat verdünnt, die Verdünnung
ver|duns|ten, du verdunstest, es verdunstet, es verdunstete, es ist verdunstet, die Verdunstung
ver|dutzt (verblüfft)
ver|eh|ren, du verehrst, er verehrt, er verehrte, er hat verehrt, die Verehrung
der **Ver|ein,** die Vereine
ver|ein|ba|ren, du vereinbarst,

V Ve

er vereinbart, er vereinbarte,
er hat vereinbart,
die Vereinbarung, vereinbar
ver|ei|ni|gen, du vereinigst,
er vereinigt, er vereinigte, er hat vereinigt, die Vereinigung, vereint
ver|ein|zelt

sich **ver|fah|ren,** du verfährst dich,
er verfährt sich, er verfuhr sich,
er hat sich verfahren → fahren
ver|fas|sen, du verfasst,
sie verfasst, sie verfasste,
sie hat verfasst, der Verfasser,
die Verfasserin, die Verfassung
ver|fol|gen, du verfolgst,
er verfolgt, er verfolgte,
er hat verfolgt, der Verfolger,
die Verfolgung

die **Ver|gan|gen|heit,** vergänglich
ver|ge|ben → geben, sie vergab, vergeblich, die Vergebung
ver|ges|sen, du vergisst,
er vergisst, er vergaß,
er hat vergessen, vergesslich,
vergesslicher,
am vergesslichsten,
die Vergesslichkeit
ver|gif|ten, du vergiftest,
er vergiftet, er vergiftete,
er hat vergiftet, die Vergiftung

das **Ver|giss|mein|nicht**
ver|glei|chen, du vergleichst,
er vergleicht, er verglich,
er hat verglichen, der Vergleich,
vergleichbar

das **Ver|gnü|gen,** sich vergnügen,
du vergnügst dich, er vergnügt sich, er vergnügte sich,
er hat sich vergnügt,
vergnügungssüchtig
ver|grö|ßern, du vergrößerst,
sie vergrößert, sie vergrößerte,
sie hat vergrößert,

die Vergrößerung
ver|haf|ten, du verhaftest,
sie verhaftet, sie verhaftete,
sie hat verhaftet, die Verhaftung

das **Ver|hal|ten,** sich verhalten
das **Ver|hält|nis,** die Verhältnisse,
verhältnismäßig
das **Ver|hält|nis|wort** (Präposition),
die Verhältniswörter
ver|han|deln, du verhandelst,
er verhandelt, er verhandelte,
sie hat verhandelt,
die Verhandlung
ver|hasst → hassen
ver|heim|li|chen, du verheimlichst, er verheimlicht, er verheimlichte, er hat verheimlicht
ver|hei|ra|tet → heiraten,
die Verheiratung
ver|hin|dern, du verhinderst,
er verhindert, er verhinderte, er hat verhindert, die Verhinderung
ver|höh|nen, du verhöhnst,
sie verhöhnt, sie verhöhnte,
sie hat verhöhnt

das **Ver|hör,** verhören, du verhörst, er verhört, er verhörte, er hat verhört
ver|hü|ten, du verhütest,
er verhütet, er verhütete,
er hat verhütet, die Verhütung

sich **ver|ir|ren,** du verirrst dich,
sie verirrt sich, sie verirrte sich,
sie hat sich verirrt
ver|kau|fen, du verkaufst,
sie verkauft, sie verkaufte,
sie hat verkauft, der Verkauf,
der Verkäufer, die Verkäuferin,
verkäuflich

der **Ver|kehr,** die Verkehrserziehung, verkehrssicher,
verkehrssicherer,
am verkehrssichersten, der Verkehrsunfall, verkehrswidrig,

213

das Verkehrszeichen
ver|kehrt
sich **ver|klei|den,** du verkleidest dich, sie verkleidet sich, sie verkleidete sich, sie hat sich verkleidet, die Verkleidung
der **Ver|lag,** die Verlage
ver|lan|gen, du verlangst, er verlangt, er verlangte, er hat verlangt, das Verlangen
ver|län|gern, du verlängerst, sie verlängert, sie verlängerte, sie hat verlängert, die Verlängerung
ver|las|sen, du verlässt, er verlässt, er verließ, er hat verlassen
ver|läss|lich, verlässlicher, am verlässlichsten
sich **ver|lau|fen,** du verläufst dich, sie verläuft sich, sie verlief sich, sie hat sich verlaufen
ver|le|gen → legen, die Verlegenheit
ver|lei|hen, du verleihst, sie verleiht, sie verlieh, sie hat verliehen, der Verleih, die Verleihung
sich **ver|let|zen,** du verletzt dich, er verletzt sich, er verletzte sich, er hat sich verletzt, der Verletzte, die Verletzung
sich **ver|lie|ben,** du verliebst dich, sie verliebt sich, sie verliebte sich, sie hat sich verliebt, die Verliebten
ver|lie|ren, du verlierst, er verliert, er verlor, er hat verloren, verloren gehen, auch: verlorengehen
die **Ver|lo|bung,** die Verlobungen, sich verloben, du verlobst dich, er verlobt sich, er verlobte sich, er hat sich verlobt, die Verlobten
ver|lo|sen, du verlost, sie verlost, sie verloste, sie hat verlost, die Verlosung
der **Ver|lust,** die Verluste
sich **ver|mäh|len,** du vermählst dich, er vermählt sich, er vermählte sich, er hat sich vermählt, die Vermählung, die Vermählten
ver|mei|den, du vermeidest, er vermeidet, er vermied, er hat vermieden, vermeidbar
ver|mie|ten, du vermietest, er vermietet, er vermietete, er hat vermietet, der Vermieter, die Vermieterin
ver|mis|sen, du vermisst, er vermisst, er vermisste, sie hat vermisst, der Vermisste, die Vermisste
das **Ver|mö|gen,** die Vermögen, vermögend, vermögender, am vermögendsten
ver|mu|ten, du vermutest, sie vermutet, sie vermutete, sie hat vermutet, vermutlich, die Vermutung
ver|nach|läs|si|gen, du vernachlässigst, er vernachlässigt, er vernachlässigte, er hat vernachlässigt
ver|nich|ten, du vernichtest, er vernichtet, er vernichtete, er hat vernichtet, die Vernichtung
die **Ver|nunft,** vernünftig, vernünftiger, am vernünftigsten
ver|ord|nen, du verordnest, er verordnet, er verordnete, er hat verordnet, die Verordnung
ver|pa|cken, du verpackst,

V Ve   Ve

sie verpackt, sie verpackte, sie hat verpackt, die Verpackung
ver|pas|sen, du verpasst, sie verpasst, sie verpasste den Bus, sie hat den Bus verpasst
ver|pet|zen → petzen, er verpetzte ihn
ver|pfle|gen → pflegen, die Verpflegung
ver|ra|ten, du verrätst, er verrät, er verriet, er hat verraten, der Verrat, der Verräter, die Verräterin
sich **ver|rech|nen** → rechnen
ver|rei|sen → reisen, sie verreiste
sich **ver|ren|ken,** du verrenkst dich, sie verrenkt sich, sie verrenkte sich, sie hat sich verrenkt, die Verrenkung
ver|ros|ten → rosten, es verrostete
ver|rückt, der Verrückte, die Verrücktheit
der **Vers,** die Verse
ver|sam|meln, du versammelst, sie versammelt, sie versammelte, sie hat versammelt, die Versammlung
der **Ver|sand,** das Versandhaus, versenden → senden
ver|säu|men, du versäumst, er versäumt, er versäumte, er hat versäumt, das Versäumnis
ver|schie|den, verschiedenartig, die Verschiedenartigkeit
ver|schla|fen, du verschläfst, er verschläft, er verschlief, er hat verschlafen
ver|schlei|ßen, du verschleißt, er verschleißt, er verschliss, auch: verschleißte, er hat verschlissen, auch: verschleißt
ver|schlie|ßen → schließen, sie verschloss, der Verschluss, die Verschlüsse
ver|schmut|zen, du verschmutzt, sie verschmutzt, sie verschmutzte, sie hat verschmutzt, die Verschmutzung
ver|schwen|den, du verschwendest, er verschwendet, er verschwendete, er hat verschwendet, verschwenderisch, die Verschwendung
ver|schwin|den, du verschwindest, er verschwindet, er verschwand, er ist verschwunden
das **Ver|se|hen,** aus Versehen
ver|set|zen → setzen, die Versetzung
ver|si|chern, du versicherst, er versichert, er versicherte, er hat versichert, der/die Versicherte, die Versicherung
ver|si|ckern, es versickert, es versickerte, es ist versickert, das Wasser versickert
ver|söh|nen, du versöhnst, sie versöhnt, sie versöhnte, sie hat versöhnt, die Versöhnung
ver|sor|gen, du versorgst, er versorgt, er versorgte, er hat versorgt, die Versorgung
sich **ver|spä|ten,** du verspätest dich, er verspätet sich, er verspätete sich, er hat sich verspätet, die Verspätung
ver|spre|chen, du versprichst, er verspricht, er versprach, er hat versprochen, das Versprechen
der **Ver|stand**
ver|stän|di|gen,

215

V Ve

du verständigst, sie verständigt, sie verständigte ihn, sie hat ihn verständigt, die Verständigung, verständlich, verständlicher, am verständlichsten, das Verständnis
ver|stau|chen, du verstauchst, er verstaucht, er verstauchte, er hat verstaucht, die Verstauchung

das **Ver|steck,** die Verstecke, verstecken, du versteckst, er versteckt, er versteckte, er hat versteckt, das Versteckspiel
ver|ste|hen, du verstehst, sie versteht, sie verstand, sie hat verstanden

der **Ver|such,** die Versuche, versuchen, du versuchst, sie versucht, sie versuchte, sie hat versucht, die Versuchung, versuchsweise
ver|tei|di|gen, du verteidigst, sie verteidigt, sie verteidigte, sie hat verteidigt, die Verteidigung
ver|tei|len, du verteilst, sie verteilt, sie verteilte, sie hat verteilt, die Verteilung

der **Ver|trag,** die Verträge

sich **ver|tra|gen,** du verträgst dich, er verträgt sich, er vertrug sich, er hat sich vertragen
ver|trau|en, du vertraust, sie vertraut, sie vertraute, sie hat vertraut, das Vertrauen, vertrauenswürdig, vertraulich
ver|tre|ten, du vertrittst, er vertritt, er vertrat, er hat vertreten, der Vertreter, die Vertretung
ver|trei|ben, du vertreibst, er vertreibt, er vertrieb, er hat vertrieben, die Vertreibung,

Ve

der Vertriebene
ver|un|glü|cken, du verunglückst, er verunglückt, er verunglückte, er ist verunglückt, der/die Verunglückte
ver|ur|tei|len, du verurteilst, er verurteilt, sie verurteilte, er hat verurteilt, die Verurteilung
ver|viel|fäl|ti|gen, du vervielfältigst, er vervielfältigt, er vervielfältigte, er hat vervielfältigt
ver|wah|ren, du verwahrst, sie verwahrt, sie verwahrte, sie hat verwahrt
ver|wahr|lo|sen, du verwahrlost, er verwahrlost, er verwahrloste, er ist verwahrlost, die Verwahrlosung
ver|wal|ten, du verwaltest, er verwaltet, er verwaltete, er hat verwaltet, die Verwaltung

sich **ver|wan|deln,** du verwandelst dich, er verwandelt sich, er verwandelte sich, er hat sich verwandelt, die Verwandlung
ver|wandt, die Verwandte, der Verwandte, die Verwandtschaft, verwandtschaftlich
ver|wech|seln → wechseln, er verwechselte, die Verwechslung

der **Ver|weis,** die Verweise, verweisen
ver|wen|den, du verwendest, er verwendet, sie verwendete, er hat verwendet, verwendbar, die Verwendung
ver|wir|ren, du verwirrst, er verwirrt, er verwirrte, er ist verwirrt, die Verwirrung
ver|wit|tern, es verwittert, es verwitterte, es ist verwittert, die Verwitterung

V Ve Vi Vie　　　　　Vie Vo

ver|wöh|nen, du verwöhnst,
er verwöhnt, er verwöhnte,
er hat/ist verwöhnt
ver|wun|den, du verwundest,
er verwundet, er verwundete,
er ist/hat verwundet,
der Verwundete, die
Verwundete, die Verwundung
ver|zau|bern, du verzauberst,
er verzaubert, er verzauberte,
er hat/ist verzaubert
das **Ver|zeich|nis,**
die Verzeichnisse
ver|zei|hen, du verzeihst,
er verzeiht, er verzieh,
er hat verziehen, verzeihlich,
die Verzeihung
ver|zich|ten, du verzichtest,
sie verzichtet, sie verzichtete,
sie hat verzichtet, der Verzicht
ver|zie|ren, du verzierst,
er verziert, er verzierte,
er hat verziert, die Verzierung
ver|zwei|feln, du verzweifelst,
sie verzweifelt, sie verzweifelte,
sie hat/ist verzweifelt,
die Verzweiflung
ves|pern, du vesperst,
sie vespert, sie vesperte, sie hat
gevespert, das/die Vesper,
das Vesperbrot
der **Vet|ter,** die Vettern
das **Vi|deo,** die Videos,
die Videokamera,
die Videokassette, der
Videorekorder, die Videothek
das **Vieh,** die Viehherde,
die Viehzucht
viel, mehr, am meisten, viel
Glück, viel befahren, vielerlei
viel|fach
viel|leicht
viel|mals

vier, vierzehn, vierzig,
das Viereck, viereckig, vierfach,
viermal, das Viertel,
die Viertelstunde
die **Vil|la,** die Villen
vi|o|lett
die **Vi|o|li|ne,** die Violinen,
Violine spielen
der/das **Vi|rus** (Krankheitserreger),
die Viren, die Virusgrippe
das **Vi|sum,** die Visa
das **Vi|ta|min,** die Vitamine
der **Vo|gel,** die Vögel,
das Vogelhäuschen
die **Vo|ka|bel,** die Vokabeln (einzelne
Wörter)
der **Vo|kal** (Selbstlaut), die Vokale
das **Volk,** die Völker,
die Volksmusik, der Volkstanz,
volkstümlich
voll, völlig, vollkommen,
das Vollkornbrot, die Vollmilch,
der Vollmond, vollzählig,
vollständig, vollbringen,
vollenden, vollquatschen
der **Vol|ley|ball**
vom (von dem)
vor, vor der Schule
vo|ran (vor|an), vorangehen
vo|raus (vor|aus), im Voraus,
vorausfahren → fahren,
die Voraussage
vo|raus|sicht|lich
(vor|aus|sicht|lich)
vor|bei, vorbeikommen
vor|be|rei|ten, du bereitest vor,
er bereitet vor, er bereitete vor,
er hat vorbereitet,
die Vorbereitung
das **Vor|bild,** die Vorbilder,
vorbildlich, vorbildlicher,
am vorbildlichsten
vor|de|re, der vordere Wagen,

217

V Vo Vo Vu

der Vordergrund,
der Vordermann,
das Vorderrad,
die Vorderseite
vor|ei|lig, voreiliger,
am voreiligsten
vor|fah|ren → fahren
die Vor|fahrt, das Vorfahrtszeichen
der Vor|fall, die Vorfälle, vorfallen
→ fallen
vor|ges|tern
der Vor|hang, die Vorhänge
vor|her, die Vorhersage
vor|hin
vo|ri|ge, vorige Woche
vor|läu|fig
vor|laut
vor|lieb, vorliebnehmen
der Vor|mit|tag, die Vormittage,
am Vormittag,
heute Vormittag, vormittags
der Vor|mund, die Vormunde,
die Vormundschaft
vorn, vorne, von vorn
der Vor|na|me, die Vornamen
vor|nehm, vornehmer,
am vornehmsten
der Vor|ort, die Vororte
der Vor|rat, die Vorräte, vorrätig,
die Vorratskammer
die Vor|run|de,
die Vorrunden
vor|sa|gen → sagen,
sie sagte vor
der Vor|satz, die Vorsätze
der Vor|schlag, die Vorschläge,
vorschlagen → schlagen
die Vor|schrift, die Vorschriften,
vorschriftsmäßig
die Vor|schu|le, die Vorschulen
die Vor|sicht, vorsichtig,
vorsichtiger, am vorsichtigsten
die Vor|sil|be, die Vorsilben

die Vor|spei|se, die Vorspeisen
der Vor|sprung, die Vorsprünge
der Vor|stand, die Vorstände
die Vor|stel|lung,
die Vorstellungen,
vorstellen → stellen
der Vor|teil, die Vorteile, vorteilhaft,
vorteilhafter, am vorteilhaftesten
der Vor|trag, die Vorträge,
vortragen → tragen
vor|treff|lich, die Vortrefflichkeit
vor|über
vorübergehen → gehen,
vorübergehend
der Vor|ver|kauf, die Vorverkäufe
die Vor|wahl, die Vorwahlen
vor|wärts, vorwärtskommen
vor|wie|gend
der Vor|wurf, die Vorwürfe,
vorwerfen → werfen,
vorwurfsvoll
vor|zie|hen, du ziehst ihn vor,
er zieht ihn vor, er zog ihn vor,
er hat ihn vorgezogen
das Vor|zim|mer, die Vorzimmer
der Vor|zug, die Vorzüge,
vorzüglich
der Vul|kan, die Vulkane,
vulkanisch, vulkanisieren

W Wa

W

- die **Waa|ge,** die Waagen, waagerecht, auch: waagrecht, die Waagschale
- die **Wa|be,** die Waben
- **wa|chen,** du wachst, er wacht, er wachte, er hat gewacht, wachsam, wachsamer, am wachsamsten, die Wacht, der Wächter
- das **Wachs,** die Wachskerze, der Wachsmalstift, wachsweich
- **wach|sen,** du wächst, er wächst, er wuchs, er ist gewachsen, das Wachstum, der Wuchs, das Gewächs
- **wa|ckeln,** du wackelst, sie wackelt, sie wackelte, sie hat gewackelt, wackelig, auch: wacklig, wackliger, am wackligsten, der Wackelkontakt
- die **Wa|de,** die Waden
- die **Waf|fe,** die Waffen, waffenlos, der Waffenstillstand
- die **Waf|fel,** die Waffeln, das Waffeleisen
- **wa|gen,** du wagst, er wagt, er wagte, er hat gewagt, wagemutig, wagemutiger, am wagemutigsten, waghalsig, das Wagnis
- der **Wa|gen,** die Wagen, die Wagenladung, das Wagenrad
- der **Wag|gon,** auch: Wagon, die Waggons
- die **Wahl,** die Wahlen, wählen, du wählst, er wählt, er wählte, er hat gewählt, der Wähler, die Wählerin, wählerisch, wahllos
- der **Wahn|sinn,** wahnsinnig
- **wahr,** die Wahrheit, wahrsagen
- **wäh|rend**
- **wahr|neh|men,** du nimmst wahr, er nimmt wahr, er nahm wahr, sie hat wahrgenommen, die Wahrnehmung
- **wahr|sa|gen** → sagen, er wahrsagte, der Wahrsager, die Wahrsagerin
- **wahr|schein|lich,** die Wahrscheinlichkeit
- die **Wäh|rung,** die Währungen
- das **Wahr|zei|chen,** die Wahrzeichen
- die **Wai|se,** die Waisen, das Waisenhaus, das Waisenkind, verwaist
- der **Wal,** die Wale, das Walross
- der **Wald,** die Wälder, der Waldbrand, der Waldrand, das Waldsterben
- der **Walk|man,** die Walkmans, auch: Walkmen (kleiner Kassettenrekorder mit Kopfhörern)
- der **Wall,** die Wälle
- die **Wall|fahrt,** die Wallfahrten, wallfahren, du wallfahrtest, sie wallfahrtet, sie wallfahrtete, sie ist gewallfahrt, der Wallfahrtsort
- die **Wal|nuss,** die Walnüsse
- das **Wal|ross,** die Walrosse
- die **Wal|ze,** die Walzen, walzen, du walzt, er walzt, er walzte, er hat gewalzt
- **wäl|zen,** du wälzt, er wälzt, er wälzte sich im Dreck, er hat sich im Dreck gewälzt
- der **Wal|zer,** die Walzer
- die **Wand,** die Wände, die Wandkarte, die Wandtafel, die Wanduhr
- der **Wan|del,** wandeln, du wandelst, er wandelt, er wandelte, er ist gewandelt, die Wandlung
- **wan|dern,** du wanderst,

219

W Wa   Wa Wc We

    er wandert, er wanderte,
    er ist gewandert, der Wanderer,
    die Wanderin, die Wanderkarte,
    die Wanderschuhe,
    der Wandertag, die Wanderung
die **Wan|ge,** die Wangen
    wan|ken, du wankst, er wankt,
    er wankte, er hat/ist gewankt
    wann
die **Wan|ne,** die Wannen
das **Wap|pen,** die Wappen,
    das Wappentier
es **war,** es wäre (Grundform: sein)
die **Wa|re,** die Waren,
    das Warenhaus
    warm, wärmer, am wärmsten,
    warm halten,
    auch: warmhalten, die Wärme
    wär|men, du wärmst, sie wärmt,
    sie wärmte, sie hat gewärmt,
    die Wärmflasche, warmherzig
    war|nen, du warnst, er warnt,
    er warnte, er hat gewarnt,
    das Warndreieck,
    das Warnlicht, die Warnung
    war|ten, du wartest, er wartet,
    er wartete, er hat gewartet, der
    Wartesaal, das Wartezimmer
der **Wär|ter,** die Wärter, die Wärterin
    wa|rum, auch: war|um
die **War|ze,** die Warzen
    was, was ist das?
    wa|schen, du wäschst,
    er wäscht, er wusch,
    er hat gewaschen, die Wäsche,
    die Wäscherei,
    der Wäschetrockner,
    der Waschlappen,
    die Waschmaschine,
    das Waschpulver
das **Was|ser** [19], [50], wasserdicht,
    der Wasserdampf,
    der Wasserfall, der Wasserhahn,
    die Wasserleitung,
    wasserscheu, wässrig,
    wässriger, am wässrigsten,
    die Wasserverschmutzung,
    die Wasserwaage,
    das Wasserwerk,
    die wasserführende Schicht
    wa|ten, du watest, er watet,
    er watete, er hat/ist gewatet
    wat|scheln, du watschelst,
    sie watschelt, sie watschelte,
    sie hat/ist gewatschelt
das **Watt** (1. Glühbirne von 60 Watt,
    2. Land, das bei Flut überspült wird),
    das Wattenmeer
die **Wat|te,** der Wattebausch,
    wattieren, wattiert
das **WC** (Toilette), die WCs
    we|ben, du webst, sie webt,
    sie webte, auch: sie wob,
    sie hat gewebt, der Weber,
    die Weberin, der Webrahmen,
    der Webstuhl
    wech|seln, du wechselst,
    er wechselt, er wechselte,
    er hat gewechselt, der Wechsel,
    das Wechselgeld, wechselhaft,
    der Wechselstrom
    we|cken, du weckst, sie weckt,
    sie weckte, sie hat geweckt,
    der Wecker, aufwecken
der **We|cken** (Weizenbrötchen),
    auch: der Weck, die Wecken,
    auch: die Wecke
    we|deln, du wedelst, er wedelt,
    er wedelte, er hat gewedelt
    we|der, weder ... noch ...
    weg, wegfahren, weggehen,
    wegnehmen, wegwerfen
der **Weg,** die Wege, der Wegweiser
    we|gen, wegen des Sturms
    weh, es tut weh, wehleidig,
    wehleidiger, am wehleidigsten,

W We

wehmütig
die **We|he** (Schneewehe), die Wehen
die **We|hen** (bei der Geburt)
we|hen, du wehst, es weht,
der Wind wehte, es hat geweht
sich **weh|ren,** du wehrst dich,
er wehrt sich, er wehrte sich,
er hat sich gewehrt, das Wehr
(Stauwerk), wehrlos, die Wehrpflicht
das **Weib,** die Weiber (frühere
Bezeichnung für Frau), weiblich
weich, weicher, am weichsten,
weich gekocht, der Weichspüler
die **Wei|che,** die Weichen
wei|chen, du weichst, er weicht,
er wich, er ist gewichen,
die **Wei|de,** die Weiden (1. Baum,
Strauch, 2. Platz auf dem Vieh weidet),
weiden, die Kuh weidet,
der Weidenbaum,
die Weidenkätzchen
sich **wei|gern,** du weigerst dich,
sie weigert sich, sie weigerte
sich, sie hat sich geweigert,
die Weigerung
wei|hen, der Weihrauch,
der Weihbischof
der **Wei|her** (kleiner Teich),
die Weiher
Weih|nach|ten,
auch: Weihnacht, weihnachtlich,
der Weihnachtsabend,
der Weihnachtsbaum,
das Weihnachtsfest
weil
die **Wei|le,** ein Weilchen
der **Wein,** die Weine, der Weinberg,
der Weinkeller, der Weinstock,
die Weintraube
wei|nen [29], du weinst, sie weint,
sie weinte, sie hat geweint,
weinerlich, weinerlicher,
am weinerlichsten

wei|se (klug), weiser,
am weisesten, der/die Weise,
die Weisheit, der Weisheitszahn
die **Wei|se,** die Weisen (1. Melodie,
2. Art und Weise), weissagen
weiß, das Weißbrot,
weißhaarig, der Weiße Sonntag
der **Weiß|kä|se** (Quark)
weit, weiter, am weitesten,
von Weitem, die Weite,
das Weite suchen, weitläufig
wei|ter, ohne weiteres,
weitersagen → sagen
der **Wei|zen,** das Weizenmehl
wel|cher, welche, welches
welk, welker, am welksten,
welken, sie welkt, sie welkte,
sie ist gewelkt
die **Wel|le,** die Wellen,
das Wellblech, die Wellenlinie,
die Wellpappe
der **Wel|len|sit|tich,**
die Wellensittiche
die **Welt,** die Welten, das Weltall,
weltfremd, der Weltmeister,
der Weltraum, der Weltrekord,
weltweit, die Dritte Welt
wem, wem glaubst du?
der **Wem|fall** (3. Fall, Dativ)
wen, wen hörst du?
wen|den, du wendest, er wendet,
er wendete, auch: wandte,
er hat gewendet, auch: gewandt,
die Wende, die Wendeltreppe, der
Wendepunkt, wendig, wendiger,
am wendigsten, die Wendung
der **Wen|fall** (4. Fall, Akkusativ)
we|nig, wenigstens,
wenig befahren
wenn, wenn du willst …
wer, wer ruft mich?
wer|ben, du wirbst, er wirbt,
er warb, er hat geworben,

W We Wi Wi

die Werbung
wer|den, du wirst, er wird,
er wurde, er ist geworden
der **Wer|fall** (1. Fall, Nominativ)
wer|fen, du wirfst, er wirft,
er warf, sie hat geworfen
die **Werft,** die Werften
das **Werk,** die Werke, werken,
du werkst, er werkt, er werkte,
er hat gewerkt, die Werkstatt,
der Werktag, werktags,
werktätig, das Werkzeug
der **Wert,** die Werte, wert sein,
werten, wertlos, wertvoll,
wertvoller, am wertvollsten
we|sent|lich, wesentlicher, am
wesentlichsten, im Wesentlichen
die **We|ser** (Fluss)
der **Wes|fall** (2. Fall, Genitiv)
wes|halb
die **Wes|pe,** die Wespen,
das Wespennest
wes|sen
die **Wes|te,** die Westen,
die Westentasche
der **Wes|ten,** der Western, westlich,
der Westwind, der Wilde Westen
West|fa|len, westfälisch
wes|we|gen
wet|ten, du wettest, sie wettet,
sie wettete, sie hat gewettet,
der Wettbewerb, die Wette,
der Wettkampf, wettlaufen,
das Wettrennen
das **Wet|ter** 51, der Wetterbericht,
wetterfest, wetterfester,
am wetterfestesten,
die Wettervorhersage
wet|zen, du wetzt, er wetzt, er
wetzte das Messer, er hat gewetzt
der **Wicht,** die Wichte
wich|tig, wichtiger,
am wichtigsten, die Wichtigkeit,

der Wichtigtuer
wi|ckeln, du wickelst,
er wickelt, er wickelte,
er hat gewickelt, der Wickel
wi|der (gegen), der Widerhaken,
der Widerhall, widerlegen
→ legen, widerlich, widerrufen,
der Widersacher,
widerspenstig, widersprechen
→ sprechen, der Widerstand,
der Widerwille
wid|men, du widmest,
sie widmet, sie widmete,
sie hat gewidmet, die Widmung
wie, wie viel, wie viele,
wie viele Male, wie weit
wie|der (noch einmal)
wie|der|ho|len, du wiederholst,
er wiederholt, er wiederholte,
er hat wiederholt, auch: wieder
holen, die Wiederholung
wie|der|se|hen, du siehst
wieder, er sieht wieder, er sah
wieder, sie hat ihn wiedergesehen,
das Wiedersehen,
nach der Augenoperation
wieder sehen
die **Wie|ge,** die Wiegen,
das Wiegenlied
wie|gen, du wiegst, er wiegt,
er wog, sie hat gewogen
wie|hern, du wieherst, es wiehert,
es wieherte, es hat gewiehert
die **Wie|se,** die Wiesen
das **Wie|sel,** die Wiesel, wieselflink
wie|so
der **Wi|kin|ger,** die Wikinger
wild, wildern, du wilderst,
er wildert, er wilderte,
er hat gewildert, der Wilderer,
wildfremd, die Wildnis,
das Wildschwein, wild wachsend
der **Wil|le,** willensstark, willig

W Wi   Wi Wo

     will|kom|men
     wim|meln, du wimmelst,
     es wimmelt, es wimmelte, es
     hat gewimmelt, das Gewimmel
     wim|mern, du wimmerst, er
     wimmert, das Baby wimmerte,
     es hat gewimmert
der **Wim|pel,** die Wimpel
die **Wim|per,** die Wimpern
der **Wind,** die Winde, windig,
     windiger, am windigsten, die
     Windjacke, die Windmühle, die
     Windschutzscheibe, windstill
die **Win|del,** die Windeln
     win|den, du windest, er windet,
     er wand, er hat gewunden,
     die Windung
der **Win|kel,** die Winkel,
     der Winkelmesser, winklig
     win|ken, du winkst, sie winkt,
     sie winkte, sie hat gewunken,
     der Wink
     win|seln, du winselst,
     er winselt, er winselte,
     er hat gewinselt, das Gewinsel
der **Win|ter,** die Winter, winterlich,
     der Wintermantel,
     der Winterschlaf,
     der Wintersport, die Winterzeit
der **Win|zer,** die Winzer,
     die Winzerin
     win|zig, winziger,
     am winzigsten, der Winzling
der **Wip|fel,** die Wipfel
die **Wip|pe,** die Wippen, wippen,
     du wippst, er wippt, er wippte,
     er hat gewippt
     wir
der **Wir|bel,** die Wirbel,
     die Wirbelsäule
     wir|beln, du wirbelst, er wirbelt,
     er wirbelte, er hat/ist gewirbelt,
     der Wirbelsturm

     wir|ken, du wirkst, sie wirkt,
     sie wirkte, sie hat gewirkt,
     wirksam, wirksamer,
     am wirksamsten, die Wirkung
     wirk|lich, die Wirklichkeit
die **Wirk|wa|ren**
     wirr, wirrer, am wirrsten,
     der Wirrwarr
der **Wirt,** die Wirte, die Wirtin,
     die Wirtschaft, wirtschaften,
     das Wirtshaus
     wi|schen, du wischst, er wischt,
     er wischte, er hat gewischt,
     der Wisch, der Wischer
     wis|pern, du wisperst,
     er wispert, er wisperte,
     er hat gewispert
     wis|sen, du weißt, er weiß,
     er wusste, er hat gewusst,
     wissbegierig, das Wissen,
     die Wissenschaft, der
     Wissenschaftler, wissenswert
     wit|tern, er wittert, er witterte,
     er hat gewittert, die Witterung
die **Wit|we,** die Witwen
der **Wit|wer,** die Witwer
der **Witz,** die Witze, der Witzbold,
     witzeln, du witzelst, er witzelt, er
     witzelte, er hat gewitzelt, witzig,
     witziger, am witzigsten, witzlos
     wo, wo bist du? woanders,
     wobei
die **Wo|che,** die Wochen,
     das Wochenende, wochenlang,
     der Wochenmarkt,
     der Wochentag, wöchentlich
     wo|durch
     wo|für
die **Wo|ge,** die Wogen, wogen,
     hin und her wogen
     wo|her, wohin
     wohl, sich wohlfühlen,
     auch: wohl fühlen, das Wohl,

W Wo Wr Wu   Wu

zum Wohl, wohlauf,
das Wohlbefinden, die Wohltat,
wohlhabend
woh|nen, 52, du wohnst,
er wohnt, er wohnte,
er hat gewohnt, wohnhaft,
das Wohnhaus, wohnlich,
wohnlicher, am wohnlichsten,
der Wohnort, die Wohnung,
das Wohnzimmer,
das Wohnungsleerräumen
der **Wolf,** die Wölfe
die **Wol|ke,** die Wolken,
der Wolkenbruch,
der Wolkenkratzer, wolkenlos,
wolkig, wolkiger, am wolkigsten
die **Wol|le,** die Wolldecke,
die Wolljacke, das Wollknäuel
wol|len, du willst, er will,
er wollte, er hat gewollt
wo|mit
wo|mög|lich
wo|ran, auch: wor|an, worauf,
woraus, worin
der **Work|shop,** die Workshops
das **Wort,** die Wörter, auch: die
Worte, die Wortart, das Wörter-
buch, die Wortfamilie, wörtlich,
wortlos, der Wortschatz
wo|rü|ber
wo|rum
wo|von
wo|vor
wo|zu
das **Wrack,** die Wracks
wrin|gen, du wringst, er wringt,
er wrang, er hat gewrungen
wu|chern, du wucherst,
es wuchert, es wucherte,
es hat gewuchert
die **Wucht,** wuchtig
wüh|len, du wühlst, er wühlt,
er wühlte, er hat gewühlt

die **Wun|de,** die Wunden,
wund sein, der Wundstarrkrampf
das **Wun|der,** die Wunder,
wunderbar, wunderschön,
wundernehmen
sich **wun|dern,** du wunderst dich,
er wundert sich, er wunderte
sich, er hat sich gewundert
der **Wunsch,** die Wünsche,
der Wunschtraum,
der Wunschzettel
wün|schen, du wünschst,
sie wünscht, sie wünschte, sie
hat gewünscht, wünschenswert
die **Wür|de,** die Würden, würdig,
würdiger, am würdigsten
der **Wurf,** die Würfe 53
der **Wür|fel,** die Würfel, würfeln, du
würfelst, er würfelt, er würfelte,
er hat gewürfelt,
das Würfelspiel, der Würfelzucker
wür|gen, du würgst, er würgt,
er würgte, er hat gewürgt
der **Wurm,** die Würmer, wurmstichig
die **Wurst,** die Würste,
das Würstchen
Würt|tem|berg, württembergisch
die **Wür|ze,** würzen, du würzt, sie
würzt, sie würzte, sie hat gewürzt,
würzig, würziger, am würzigsten
die **Wur|zel,** die Wurzeln, wurzeln,
der Wurzelstock
die **Wüs|te,** die Wüsten, wüst,
wüster, am wüstesten
die **Wut,** der Wutanfall, wüten,
du wütest, er wütet, er wütete,
er hat gewütet, wütend,
wütender, am wütendsten

X Y Z Za — Za

X

die **X-Bei|ne,** x-beinig
x-be|lie|big (irgendein)
x-fach (vielfach)
x-mal (sehr oft)
zum **x-ten** Mal
das **Xy|lo|phon,** auch: Xylofon,
die Xylophone

Y

die **Yacht,** auch: die Jacht,
die Yachten, auch: die Jachten
der **Yak,** auch: der Jak, die Yaks,
(Grunzochse oder Hausrind aus Asien)
der **Ye|ti,** die Yetis (Schneemensch)
das/der **Yo|ga,** auch: Joga
das **Yo|yo,** auch: das Jo-Jo
das **Yp|si|lon,** die Ypsilons

Z

die **Za|cke,** auch: der Zacken,
die Zacken, zackig, zackiger,
am zackigsten, gezackt
zag|haft, zaghafter,

am zaghaftesten
zäh, zäher, am zähsten,
zähflüssig, die Zähigkeit
die **Zahl,** die Zahlen,
die Zahlenreihe, zahllos,
zahlreich, zahlreicher,
am zahlreichsten, das Zahlwort
zah|len, du zahlst, er zahlt,
er zahlte, er hat gezahlt,
die Zahlkarte, die Zahlung
zäh|len [20], du zählst, sie zählt,
sie zählte, sie hat gezählt,
zählbar, der Zähler, die Zählung
zahm, zahmer, am zahmsten,
zähmen, du zähmst, er zähmt,
er zähmte, er hat gezähmt,
die Zähmung
der **Zahn** [53], die Zähne,
der Zahnarzt, die Zahnärztin,
die Zahnbürste, die Zahnpasta,
das Zahnrad, die Zahnschmerzen
die **Zan|ge,** die Zangen
zan|ken, du zankst, er zankt,
er zankte, er hat gezankt,
der Zank, zänkisch
der **Zap|fen,** die Zapfen,
das Zäpfchen, zapfen,
du zapfst, er zapft, er zapfte,
er hat gezapft, die Zapfsäule
zap|peln, du zappelst,
sie zappelt, sie zappelte,
sie hat gezappelt, zappelig,
auch: zapplig, zappliger,
am zappligsten
zap|pen (drücken, die
Fernbedienung beim Fernsehen rasch
schalten), du zappst, er zappt,
er zappte, er hat gezappt
zart, zarter, am zartesten,
die Zartheit
zärt|lich, zärtlicher,
am zärtlichsten, die Zärtlichkeit
zau|bern, du zauberst,

Z Za Ze   Ze

er zaubert, er zauberte,
er hat gezaubert, der Zauber,
die Zauberei, der Zauberer, die
Zauberin, das Zauberkunststück
der **Zaum,** die Zäume,
das Zaumzeug
der **Zaun,** die Zäune,
der Zaunkönig, der Zaunpfahl
das **Ze|bra,** die Zebras,
der Zebrastreifen
die **Ze|che,** die Zechen
(Kohlebergwerk)
die **Ze|cke,** die Zecken
die **Ze|he,** auch: der Zeh,
die Zehen, die Zehenspitze
zehn, die Zehn, der Zehner,
zehnfach, zehnmal, ein Zehntel
zeh|ren, du zehrst, er zehrt,
er zehrte, er hat gezehrt
das **Zei|chen,** die Zeichen,
die Zeichensetzung,
die Zeichensprache
zeich|nen, du zeichnest,
sie zeichnet, sie zeichnete,
sie hat gezeichnet,
der Zeichenblock, die Zeichnung
zei|gen, du zeigst, er zeigt,
er zeigte, er hat gezeigt,
der Zeigefinger, der Zeiger
die **Zei|le,** die Zeilen, zeilenweise
die **Zeit,** die Zeiten, eine Zeit lang,
das Zeitalter, die Zeitform,
zeitgemäß, zeitig, zeitiger,
am zeitigsten, zeitraubend,
zeitweise
die **Zeit|schrift,** die Zeitschriften
die **Zei|tung,** die Zeitungen,
der Zeitungsartikel
das **Zeit|wort** (Tuwort, Tunwort,
Tätigkeitswort, Verb)
die **Zel|le,** die Zellen
das **Zelt,** die Zelte, zelten,
du zeltest, er zeltet, er zeltete,

er hat gezeltet, das Zeltlager
der **Ze|ment,** zementieren, du
zementierst, er zementiert, er
zementierte, er hat zementiert
die **Zen|sur,** die Zensuren,
zensieren, du zensierst,
sie zensiert, sie zensierte,
sie hat zensiert
das **Zen|ti|me|ter** (cm),
die Zentimeter
der **Zent|ner** (50 kg), die Zentner,
zentnerschwer
zen|tral, die Zentrale,
die Zentralheizung
das **Zen|trum,** die Zentren
der **Zep|pe|lin,** die Zeppeline
zer|bre|chen, du zerbrichst,
er zerbricht, er zerbrach, er hat/
ist zerbrochen, zerbrechlich
der **Zer|fall,** zerfallen → fallen
zer|klei|nern, du zerkleinerst,
er zerkleinert, er zerkleinerte,
er hat zerkleinert
zer|knül|len, du zerknüllst,
sie zerknüllt, sie zerknüllte,
sie hat zerknüllt
zer|le|gen, du zerlegst,
er zerlegt, er zerlegte,
er hat zerlegt, die Zerlegung
zer|lumpt
zer|quet|schen → quetschen,
er zerquetschte
zer|rei|ben → reiben,
sie zerrieb
zer|rei|ßen → reißen, es zerriss
zer|ren, du zerrst, sie zerrt,
sie zerrte, sie hat gezerrt,
die Zerrung
zer|stö|ren → stören [30],
er zerstörte, die Zerstörung
zer|streu|en → streuen,
zerstreut, die Zerstreuung
zer|zaust

Z Ze Zi   Zi Zo Zu

der	**Zet∣tel,** die Zettel		der	**Zir∣kel,** die Zirkel
das	**Zeug,** das Werkzeug		der	**Zir∣kus,** die Zirkusse
der	**Zeu∣ge,** die Zeugen, die Zeugin, die Zeugenaussage			**zir∣pen,** du zirpst, sie zirpt, die Grille zirpte, sie hat gezirpt
	zeu∣gen, du zeugst, er zeugt, er zeugte, er hat gezeugt, die Zeugung			**zi∣schen,** du zischst, sie zischt, sie zischte, sie hat gezischt
das	**Zeug∣nis,** die Zeugnisse		die	**Zi∣ther,** die Zithern
die	**Zi∣cke** (Ziege), die Zicken, zickig, zickiger, am zickigsten		die	**Zi∣tro∣ne,** die Zitronen, der Zitronenfalter, zitronengelb
im	**Zick∣zack** laufen			**zit∣tern,** du zitterst, sie zittert, sie zitterte, sie hat gezittert, zittrig
die	**Zie∣ge,** die Ziegen, der Ziegenbock, der Ziegenkäse		die	**Zit∣ze,** die Zitzen
der	**Zie∣gel,** die Ziegel, die Ziegelei, der Ziegelstein			**zi∣vil,** der Zivilist, der Zivildienst
	zie∣hen, du ziehst, er zieht, er zog, er hat gezogen, der Ziehbrunnen, die Ziehharmonika, die Ziehung		der	**Zoll,** die Zölle, das Zollamt, der Zöllner, verzollen, du verzollst, er verzollt, er verzollte, er hat verzollt, der Zollstock
das	**Ziel,** die Ziele, zielbewusst, zielen, du zielst, sie zielt, sie zielte, sie hat gezielt, ziellos, die Zielscheibe, zielsicher		der	**Zoo,** die Zoos
			der	**Zopf,** die Zöpfe
	ziem∣lich		der	**Zorn,** zornig, zorniger, am zornigsten
die	**Zier** (Zierde), sich zieren, zierlich, zierlicher, am zierlichsten			**zot∣te∣lig,** auch: zottlig, zotteliger, am zotteligsten
die	**Zif∣fer,** die Ziffern, das Ziffernblatt			**zu**
die	**Zi∣ga∣ret∣te,** die Zigaretten			**zu∣al∣ler∣erst,** zuallerletzt
die	**Zi∣gar∣re,** die Zigarren		das	**Zu∣be∣hör**
der	**Zi∣geu∣ner,** die Zigeuner, die Zigeunerin			**zu∣be∣rei∣ten,** du bereitest zu, er bereitet zu, er bereitete zu, er hat zubereitet, die Zubereitung
das	**Zim∣mer,** die Zimmer, der Zimmermann, zimmern			**züch∣ten,** du züchtest, sie züchtet, sie züchtete, sie hat gezüchtet, die Zucht, das Zuchtvieh
	zim∣per∣lich			
der	**Zimt,** die Zimtstange			**zu∣cken,** du zuckst, er zuckt, der Blitz zuckte, er hat gezuckt
das	**Zink,** das Zinkblech			
das	**Zinn,** das Zinngeschirr, der Zinnsoldat		der	**Zu∣cker,** zuckerkrank, zuckern, du zuckerst, sie zuckert, sie zuckerte, sie hat gezuckert, das Zuckerrohr, die Zuckerrübe, zuckersüß
der	**Zins,** die Zinsen			
der	**Zip∣fel,** die Zipfel, die Zipfelmütze			**zu∣de∣cken** → decken, sie deckte zu
	zir∣ka (ca), auch: circa			**zu∣dring∣lich,** zudringlicher,

Z Zu

	am zudringlichsten,
	die Zudringlichkeit
	zu|ein|an|der, zueinanderfinden,
	auch: zueinander finden,
	zueinanderhalten
	zu|erst
die	Zu|fahrt, die Zufahrten,
	die Zufahrtsstraße
der	Zu|fall, die Zufälle, zufällig
die	Zu|flucht, der Zufluchtsort
	zu|flüs|tern → flüstern,
	er flüsterte mir zu
	zu|frie|den, die Zufriedenheit
	zu|frie|ren, es friert zu,
	es fror zu, es ist zugefroren
der	Zug, die Züge, der Zugführer,
	die Zugführerin, das Zugunglück
die	Zu|ga|be, die Zugaben
der	Zü|gel, die Zügel, zügeln,
	du zügelst, sie zügelt,
	sie zügelte, sie hat gezügelt
	zu|gleich
	zu|guns|ten, auch: zu Gunsten
das	Zu|hau|se, zu Hause sein,
	auch: zuhause sein
der	Zu|hö|rer, die Zuhörer,
	die Zuhörerin, zuhören → hören
	zu|klap|pen → klappen
	zu|kle|ben → kleben
	zu|knöp|fen → knöpfen,
	zugeknöpft
die	Zu|kunft, zukünftig
	zu|las|sen → lassen, er ließ zu,
	zulässig
	zu|letzt
	zu|lie|be, dir zuliebe
	zum (zu dem), zum Beispiel (z.B.)
	zu|ma|chen → machen
	(schließen), aber: Es ist nichts zu machen.
	zu|meist
	zu|min|dest
	zu|nächst

die	Zu|nah|me, zunehmen → nehmen
der	Zu|na|me (Familienname), die Zunamen
	zün|den, du zündest, er zündet, er zündete, er hat gezündet, das Zündholz, die Zündkerze, die Zündung
die	Zu|nei|gung
die	Zunft, die Zünfte
die	Zun|ge, die Zungen
	zün|geln, du züngelst, sie züngelt, sie züngelte, sie hat gezüngelt
	zup|fen, du zupfst, er zupft, er zupfte, er hat gezupft
	zur (zu der)
	zu|recht, sich zurechtfinden
	zür|nen, du zürnst, er zürnt, er zürnte, er hat gezürnt
	zu|rück, zurückgeben, zurückkehren, zurückkommen
der	Zu|ruf, die Zurufe
	zur|zeit (gerade jetzt), aber: zur Zeit (z.Z.) Goethes
die	Zu|sa|ge, die Zusagen
	zu|sam|men, zusammen sein
	zu|sam|men|ar|bei|ten, auch: zusammen arbeiten, die Zusammenarbeit
der	Zu|sam|men|bruch, die Zusammenbrüche
	zu|sam|men|fas|sen → fassen, die Zusammenfassung
der	Zu|sam|men|hang, die Zusammenhänge, zusammenhängen → hängen
	zu|sam|men|sto|ßen → stoßen, der Zusammenstoß
	zu|sätz|lich, der Zusatz
	zu|schau|en → schauen, der Zuschauer, die Zuschauerin
die	Zu|schrift, die Zuschriften

Z Zu Zw Zw Zy

- der **Zu|stand,** die Zustände,
  zustande bringen, auch:
  zu Stande bringen, zuständig
  zu|stim|men 31, du stimmst zu,
  er stimmt zu, er stimmte zu,
  er hat zugestimmt,
  die Zustimmung
- die **Zu|tat,** die Zutaten
- das **Zu|trau|en,** zutrauen,
  du traust dir zu, er traut sich zu,
  er traute sich etwas zu, er hat
  sich etwas zugetraut, zutraulich,
  zutraulicher, am zutraulichsten
  zu|tref|fen → treffen, es traf zu
  zu|ver|läs|sig,
  die Zuverlässigkeit
- die **Zu|ver|sicht,** zuversichtlich
  zu viel, zu viele
  zu|vor, zuvorkommen
- der **Zu|wachs**
- die **Zu|wen|dung,**
  die Zuwendungen
  zu we|nig, zu wenige
  zu|wi|der
  zu|zie|hen → ziehen, er zog zu
- der **Zwang,** die Zwänge,
  sich zwängen, du zwängst dich,
  er zwängt sich, er zwängte sich,
  er hat sich gezwängt, zwanglos
  zwan|zig, die Zwanzig,
  zwanzigfach, zwanzigjährig,
  auch: 20-jährig
  zwar
- der **Zweck,** die Zwecke, zwecklos,
  zweckmäßig
  zwei, die Zwei, zweierlei,
  zweifach, zweifarbig, zweimal,
  zweiteilig
- der **Zwei|fel,** die Zweifel,
  zweifelhaft, zweifellos, zweifeln,
  du zweifelst, sie zweifelt,
  sie zweifelte, sie hat gezweifelt,
  der Zweifler
- der **Zweig,** die Zweige
- der **Zwerg,** die Zwerge,
  zwergenhaft
- die **Zwet|sche,** auch:
  die Zwetschge, die Zwetschen,
  auch: die Zwetschgen
  zwi|cken, du zwickst, es zwickt,
  es zwickte, es hat gezwickt,
  der Zwickel, die Zwickmühle
- der **Zwie|back,** die Zwiebäcke,
  auch: Zwiebacke
- die **Zwie|bel,** die Zwiebeln
- der **Zwil|ling,** die Zwillinge,
  das Zwillingspaar
  zwin|gen, du zwingst, er zwingt,
  er zwang, er hat gezwungen,
  zwingend, zwingender,
  am zwingendsten
- der **Zwin|ger,** die Zwinger
  zwin|kern, du zwinkerst,
  er zwinkert, er zwinkerte,
  er hat gezwinkert
- der **Zwirn,** die Zwirne,
  der Zwirnsfaden
  zwi|schen, zwischendurch,
  der Zwischenfall, der
  Zwischenraum, der Zwischenruf
- der **Zwist** (Streit), die Zwistigkeit
  zwit|schern, du zwitscherst,
  sie zwitschert, sie zwitscherte,
  sie hat gezwitschert
  zwölf, die Zwölf, zwölffach,
  zwölfmal, ein Zwölftel des
  Kuchens, aber: ein zwölftel Liter
- der **Zy|lin|der,** die Zylinder,
  der Zylinderhut, zylindrisch
- die **Zy|pres|se,** die Zypressen

Hinweise zur Zusammenstellung von Wörtern aus anderen Sprachen

In unserer deutschen Sprache gibt es viele Wörter, die aus fremden Sprachen stammen. Sie werden oft anders geschrieben, als man sie spricht.
Beispiel: geschrieben → E-Mail
           gesprochen   → I-Mail
Diese Fremdwörter werdet ihr deshalb im Wörterverzeichnis nicht leicht finden.

die I-Mail
(gesprochen)

In der folgenden Wörtersammlung sind die Fremdwörter nach der Aussprache des Anfangsbuchstabens geordnet und nicht nach der Schreibweise des Wortes. Du findest E-Mail also unter dem Anfangsbuchstaben I.

E   die E-Mail
(elektronische Post)
(geschrieben)

Wenn du nun die Schreibweise des Wortes kennst, kannst du im Wörterverzeichnis das Wort E-Mail unter dem Anfangsbuchstaben E finden. Dann kannst du dort weitere Erklärungen nachlesen.

Wörter aus anderen Sprachen

gesprochen	geschrieben	gesprochen	geschrieben
Ä	die Action der Actionfilm das Aids der Airbag die Aircondition der Airport	Gä	der Gag der Gameboy der Gangster die Gangway
Au	out	Grä	die Grapefruit
Bä	das Baby die Band	Hä	der Hamburger das Handy happy
Be	beige	I	die E-Mail
Dsch	der Jazz der Joystick die Jeans der Jeep der Job jobben joggen der Jogginganzug der Joker	Ka	das Chaos der Cup
		Kä	campen der Campingplatz
		Kau	der Cowboy die Couch
		Ki	das Keyboard
Fä	fair der Fan	Kl	der Clown die Clique
Fau	das Foul	Ko	der Computer der Chor

Wörter aus anderen Sprachen

gesprochen	geschrieben	gesprochen	geschrieben
Kö	die Currywurst	Roo	die Rollerblades / die Rollerskates
Ku	cool / der Cousin / die Cousine	Sä	das Sandwich / zappen / der Cent
Lei	live / die Livesendung	Sau	der Sound
Leu	die Loipe	Scha	die Jalousie / der Champignon / das Shampoo
Mä	das Make-up / das Match / der Matchball	Schä	der Sheriff
Mau	das Mountainbike	Sche	der Chef / die Chefin / das Gelee / sich genieren
Pa	das Puzzle	Schi	das Shirt
Ple	das Play-back/Playback / die Playstation	Scho	jonglieren / die Shorts / die Show
Pu	der Pool	Schp	das/der Spray
Rau	der Rowdy	Schu	der Journalist / die Journalistin
Ri	das Recycling		

Wörter aus anderen Sprachen

gesprochen	geschrieben
Schü	die Jury
Sö	surfen
Swä	das Sweatshirt
Ti	das Team das T-Shirt
To	der Toast
Tscha	der Charterflug
Tschä	checken der Champion
Tsche	das Cello das Cembalo
Tschi	der Chip
Trä	trainieren das Training
Tu	der Tourist die Touristin die Tournee
Wo	der Walkman

Regeln und Übungen für das richtige Schreiben

Wörter mit kurzem oder langem Selbstlaut

a e i o u

Merke: a, e, i, o, u sind die Selbstlaute.

Wörter: der Wal, der Teller, das Tal, das Kind, der Fisch, der Laden, die Tonne, die Regel, die Wand, der Wind, die Puppe, die Hose, der Magen, die Dose, der Pudel, die Hand, die Suppe, der Keller, die Sonne, der Kegel, der Faden, der Tisch, das Rudel, der Wagen.

Aufgabe:

1. Der 2. Buchstabe in jedem Wort ist ein Selbstlaut.
   Entscheide, ob dieser Selbstlaut kurz oder lang gesprochen wird.
   Ordne die Wörter in zwei Gruppen.
   Schreibe so: kurzer Selbstlaut – langer Selbstlaut
              der Teller   der Wal

2. Jeweils zwei Wörter reimen sich. Beispiel: der Wal – das Tal, …
   Schreibe jedes Reimpaar untereinander.
   Lass darunter immer eine Reihe frei.

3. Überlege dir zu jedem Reimpaar noch ein drittes Reimwort.
   Schreibe: Hose – Dose – Rose, …

Wörter mit kurz gesprochenem Selbstlaut

Mehrere Mitlaute folgen auf einen Selbstlaut

Merke: Wenn ein Selbstlaut kurz gesprochen wird, folgt stets eine Mitlauthäufung.

Wörter: der Knopf, das Feld, der Stift, die Sorte, die Luft, der Duft, der Lift, der Kranz, der Rand, der Topf, der Kopf, das Geld, die Torte, der Schuft, der Tanz, die Wand, die Worte, der Schwanz, das Gift, der Held, das Kind, die Hand, der Wind, das Rind.

Aufgabe:

1. Jeweils drei Wörter reimen sich.
   Schreibe die drei Reimwörter untereinander.

2. Schreibe dann die drei Reimwörter in der ABC-Folge.

3. Schreibe mit einem Wort aus jeder Reimgruppe einen Satz.
   Überprüfe deine Rechtschreibung mit dem Wörterverzeichnis.

234

Regeln und Übungen für das richtige Schreiben

Wörter mit doppelten Mitlauten

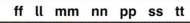

ff   ll   mm   nn   pp   ss   tt

Merke: Nach **kurz gesprochenem Selbstlaut** wird der folgende Mitlaut meistens verdoppelt. Diese Regel gilt nicht, wenn auf den kurz gesprochenen Selbstlaut mehrere verschiedene Mitlaute folgen.

Wörter mit ll nn pp tt

Wörter: satt, matt, dünn, schlapp, kaputt, die Ratte, die Quelle, die Kanne, der Schutt, fett, still, toll, nett, schrill, schnell, glatt, voll, prall, wetten, fallen, rennen, wippen, retten, knallen, kennen, klappen, kippen, schnappen, die Welle, die Wanne, die Watte, die Suppe, die Mutter, das Wetter, die Puppe, der Retter, der Stall, die Butter, die Watte, die Pappe, die Sonne, der Keller, die Tonne, der Teller, die Spinne, die Lippe, das Bett, die Rinne, die Rippe, das Kinn, die Treppe, der Gewinn, die Schleppe, knapp, das Brett.

Aufgabe:

1. Ordne die Wörter in vier Gruppen. Ordne so: Wörter mit **tt,** mit **ll,** mit **nn,** mit **pp**.
2. Unterstreiche in allen vier Gruppen die Namenwörter rot, die Tunwörter blau und die Wiewörter grün.
3. Schreibe die Wörter mit **tt**, die sich reimen, untereinander.
4. Schreibe die Wörter mit **ll,** die sich reimen, untereinander.
5. Schreibe die Wörter mit **nn,** die sich reimen, untereinander.
6. Schreibe die Wörter mit **pp,** die sich reimen, untereinander.
7. Schreibe die Wörter, in denen **all, ell, ett, inn** oder **app** vorkommt.

Wörter mit ff mm

Wörter: offen, dumm, schlimm, krumm, das Schiff, der Kamm, der Kummer, der Schwamm, die Nummer, der Pfiff, der Grimm, der Affe, der Himmel, die Waffe, der Schimmel, der Hammer, hoffen, gaffen, das Zimmer, die Klammer, schaffen, summen, der Schwimmer, brummen.

Regeln und Übungen für das richtige Schreiben

Aufgabe:

1. Ordne die Wörter in zwei Gruppen.
   Ordne so: Wörter mit **ff**, Wörter mit **mm**

2. Unterstreiche in beiden Gruppen die Namenwörter rot, die Tunwörter blau, die Wiewörter grün.

3. Schreibe die Wörter mit **mm,** die sich reimen, untereinander.

4. Schreibe die Wörter mit **ff,** die sich reimen, untereinander.

5. Schreibe alle Wörter, in denen **aff, amm, umm** vorkommt.

6. Partnerdiktat: Alle Wörter mit **mm.** Der Partner, der diktiert, spricht mit dem Wort einen Satz. Der Schreiber schreibt aber nur das Wort mit **mm.** Anschließend wird gewechselt. Der Schreiber diktiert nun die Wörter mit **ff** in einem Satz.

Wörter mit ss

Wörter: der Fluss, das Schloss, der Rüssel, die Tasse, die Gasse, die Nuss, die Gosse, die Schüssel, die Flosse, der Hass, der Kuss, der Biss, das Fass, der Riss, der Schuss, das Ross, der Guss, nass, küssen, blass, müssen, lassen, fressen, die Nessel, hassen, essen, die Fessel.

Aufgabe:

1. Ordne die Wörter in drei Gruppen.
   Ordne so: Namenwörter, Tunwörter, Wiewörter

2. Schreibe die Namenwörter in der Einzahl und in der Mehrzahl nebeneinander.
   Schreibe so: der Fluss – die Flüsse, ...
   Aufgepasst! Für ein Namenwort gibt es keine Mehrzahl.
   Kontrolliere mit dem Wörterbuch.

3. Schreibe die Namenwörter in der Mehrzahl auch getrennt.
   Schreibe so: die Flüsse – die Flüs-se, ...
   Kontrolliere mit dem Wörterbuch.

4. Schreibe die Tunwörter in der Grundform, der Er-Form und der Du-Form.
   Schreibe so: müssen – er muss – du musst, ...
   Kontrolliere mit dem Wörterbuch.

Regeln und Übungen für das richtige Schreiben

Wörter mit kurz gesprochenem Selbstlaut

ck

Merke: Der Mitlaut **k** wird nicht verdoppelt. Aus **k** wird nach einem kurz gesprochenen Selbstlaut **ck**.

Wörter: die Brücke, die Decke, der Fleck, der Sack, der Trick, der Speck, der Lack, die Mücke, die Schnecke, dick, schmecken, jucken, der Rock, lecken, der Stock, das Glück, lecker, drucken, der Wecker, rücken, die Jacke, pflücken, das Stück, die Backe.

Aufgabe:

1. Jeweils zwei Wörter reimen sich. Schreibe die Reimwörter nebeneinander. Vielleicht findest du zu einigen Reimwortpaaren noch ein drittes Reimwort. Schreibe so: die Brücke – die Mücke – die Lücke, …

2. Schreibe die Namenwörter in der Einzahl und in der Mehrzahl. Aufgepasst! Für ein Namenwort gibt es keine Mehrzahl. Kontrolliere mit dem Wörterbuch.

3. Schreibe die Mehrzahlwörter auch getrennt. Kontrolliere mit dem Wörterbuch. Schreibe so: die Brücken – die Brü-cken, …

4. Schreibe die Tunwörter in der Grundform, der Er-Form und in der Du-Form.
   Schreibe so: schmecken – er schmeckt – du schmeckst, …
   Kontrolliere mit dem Wörterbuch.

5. Schreibe mit jedem Wiewort drei Sätze.

6. Partnerdiktat: Der eine schreibt alle Wörter mit eck, der andere alle Wörter mit ick. Jedes Wort soll mit einem kurzen Satz diktiert werden. Geschrieben wird aber nur das Wort mit eck oder ick.

Wörter mit kurz gesprochenem Selbstlaut

tz

Merke: Der Mitlaut **z** wird nicht verdoppelt. Aus **z** wird nach kurz gesprochenem Selbstlaut **tz**.

Wörter: der Blitz, der Platz, die Mütze, die Hitze, der Satz, die Pfütze, der Witz, die Katze, die Spitze, die Tatze, kratzen, schwitzen, platzen, setzen, sitzen, der Schutz, verletzen, der Schmutz.

Regeln und Übungen für das richtige Schreiben

Aufgabe:

1. Jeweils zwei Wörter reimen sich. Schreibe die Reimpaare nebeneinander.
2. Vielleicht findest du zu einigen Reimpaaren noch ein drittes Reimwort.
   Schreibe es neben das Reimpaar.
   Schreibe so: der Blitz – der Witz – der Sitz, ...
3. Partnerdiktat: Der eine schreibt alle Wörter mit **itz,** der andere alle Wörter mit **atz.** Jedes Wort soll mit einem kurzen Satz diktiert werden.
   Geschrieben wird aber immer nur das Wort mit **atz** oder **itz.**
4. Schreibe die Tunwörter in der Grundform, der Er-Form und der Ich-Form.
   Schreibe so: kratzen – er kratzt – ich kratze, ...

Wörter mit lang gesprochenem Selbstlaut

ß

Merke: Man schreibt ein Wort mit ß, wenn der s-Laut hinter einem lang gesprochenen Selbstlaut steht oder auf einen Doppellaut folgt.

Wörter: der Gruß, das Maß, der Stoß, der Spaß, das Floß, der Schweiß, die Straße, süß, groß, fleißig, rußig, der Strauß, der Ruß, der Kloß, schießen, grüßen, beißen, stoßen, reißen, gießen, spaßen, fließen, süßen, der Fuß, der Fleiß.

Aufgabe:

1. Ordne die Wörter in drei Gruppen.
   Ordne so: Namenwörter, Tunwörter, Wiewörter
2. Schreibe die Namenwörter in der Einzahl und in der Mehrzahl. Aufgepasst! Für drei Namenwörter gibt es keine Mehrzahl.
3. Schreibe die Tunwörter in der Grundform, der Ich-Form und in der Er-Form.
   Schreibe so: schießen – ich schieße – er schießt, ...
   Benutze das Wörterbuch.
4. Schreibe Wörter nebeneinander, die sich reimen.
   Schreibe so: der Gruß – der Ruß – der Fuß, ...

Wörter mit lang gesprochenem Selbstlaut

h nach langem Selbstlaut

Merke: Das Zeichen für die Dehnung kann ein h sein.

Regeln und Übungen für das richtige Schreiben

Wörter mit h: die Kohle, der Lohn, der Zahn, das Rohr, die Bahn, der Mohr, die Sahne, der Schuh, die Sohle, der Kahn, die Kuh, die Zahl, hohl, die Fahne, der Kohl, nah, kahl, wahr, wohnen, bohren, zahlen, lehren, fahren, strahlen, froh, der Draht, das Reh, der Zeh, der Sohn, die Naht, die Uhr.

Aufgabe:

1. Ordne die Wörter in drei Gruppen.
   Ordne so: Namenwörter, Tunwörter, Wiewörter
2. Viele Wörter reimen sich. Schreibe möglichst viele Reimpaare.
   Schreibe so: die Kohle – die Sohle, …
3. Schreibe die Tunwörter in der Grundform, in der Du-Form und in der Er-Form.
   Schreibe so: wohnen – du wohnst – er wohnt, …
   Kontrolliere mit dem Wörterbuch.
4. Schreibe mit jedem Wiewort einen Satz.

Wörter mit lang gesprochenem Selbstlaut

aa ee oo

Merke: Das Dehnungszeichen kann auch ein doppelter Selbstlaut sein.

Wörter mit doppeltem Selbstlaut: das Haar, der See, das Meer, der Schnee, der Teer, der Klee, das Paar, der Tee, der Zoo, das Boot, die Beere, das Beet, leer, die Leere.

Aufgabe:

1. Suche dir fünf Wörter aus und schreibe mit jedem Wort einen Satz.
2. Partnerdiktat: Lass dir einen kurzen Satz diktieren, in dem eines der Wörter mit doppeltem Selbstlaut vorkommt. Schreibe aber nur das Wort. Wechsle dann mit dem Partner und diktiere ihm.
3. Schreibe die Wörter, die sich reimen, untereinander.

Wörter mit lang gesprochenem Selbstlaut

ie

Merke: Das lang gesprochene i kann auch ie geschrieben werden.

Regeln und Übungen für das richtige Schreiben

Wörter mit lang gesprochenem i: die Fliege, der Sieg, der Dieb, das Bier, der Krieg, das Sieb, die Ziege, das Spiel, die Wiege, der Hieb, das Tier, die Wiese, das Ziel, der Riese, die Biene, der Brief, die Schiene, schief, schwierig, tief, niedlich, lieb, liegen, frieren, spielen, fliegen, fließen, die Zwiebel, niedrig, wiegen, riechen.

Aufgabe:

1. Schreibe vier Sätze, in denen viele Wörter mit **ie** vorkommen.
2. Ordne die Wörter in drei Gruppen.
   Ordne so: Namenwörter, Tunwörter, Wiewörter
3. Schreibe viele Reimpaare.
   Schreibe so: die Fliege – die Ziege – die Wiege, …
4. Ordne die Wiewörter nach dem ABC. Kontrolliere mit dem Wörterbuch.
5. Schreibe die Tunwörter in der Grundform, der Du-Form und der Er-Form.
   Schreibe so: liegen – du liegst – er liegt, … Kontrolliere mit dem Wörterbuch.

Richtig schreiben nach dem Wortstamm

äu – au, eu

Merke: Wörter, die den gleichen Wortstamm haben, gehören zu einer Wortfamilie. Beispiel: lesen – der Leser – lesbar
Dieses Wissen hilft dir bei deiner Rechtschreibung.
Wenn du also ein Wort mit äu schreiben willst, muss es sich von einem Wort mit au herleiten lassen. Beispiel: Räuber – rauben

Wörter: der Traum, das Haus, der Schlauch, die Laus, der Bauch, der Baum, die Maus, die Braut, die Faust, das Kraut, der Saum, der Brauch, die Haut.

Aufgabe:

1. Schreibe die Wörter in der Einzahl und in der Mehrzahl.
2. Ordne die Wörter nach dem Alphabet. Kontrolliere mit dem Wörterbuch.
3. Schreibe die Wörter, die sich reimen, nebeneinander.

Wörter: läuten, häufig, träumen, der Verkäufer, der Räuber, das Gebäude, das Geräusch, aufräumen, schäumen, der Läufer, säubern, räuchern, bläulich, die Fäulnis, täuschen, Fräulein.

Regeln und Übungen für das richtige Schreiben

Aufgabe:

1. Schreibe alle Wörter mit **äu** und zu jedem Wort ein verwandtes Wort mit **au**. Schreibe so: läuten – der Laut, ... Kontrolliere mit dem Wörterbuch.
2. Partnerdiktat: Diktiere einen Satz mit einem Wort, das mit **äu** geschrieben wird. Der Partner schreibt aber nur das Wort. Nach jedem Wort wechseln.

Merke: Wörter werden mit eu geschrieben, wenn sie sich nicht von einem Wort mit au ableiten lassen.

Wörter: die Beule, die Freude, der Freund, das Heu, das Feuer, die Eule, die Leute, die Schleuder, leuchten, heulen, freuen, schleudern, deuten, teuer, neu, treu, die Scheune, die Beute, steuern, die Keule.

Aufgabe:

1. Ordne die Wörter in drei Gruppen.
   Ordne so: Namenwörter, Tunwörter, Wiewörter
2. Ordne die Namenwörter nach dem Alphabet. Kontrolliere mit dem Wörterbuch.
3. Partnerdiktat: Lass dir alle Wörter mit **eu** in einem Satz diktieren. Schreibe aber nur das Wort mit **eu**. Diktiere anschließend die Wörter deinem Partner.
4. Schreibe die Wörter, die sich reimen, nebeneinander.

Richtig schreiben nach dem Wortstamm

ä – a

Merke: Wörter, die mit ä geschrieben werden, lassen sich meistens von einem Wort mit a ableiten.

Wörter: die Räder, die Hände, die Gläser, die Äpfel, die Mäntel, die Bälle, die Plätze, die Gräber, die Särge, die Wände, die Bänke, die Schränke, die Gärten.

Aufgabe:

1. Schreibe jedes Wort in der Mehrzahl und in der Einzahl.
2. Ordne die Wörter nach dem ABC. Kontrolliere mit dem Wörterbuch.

Wörter: mächtig, kränklich, jährlich, täglich, schwächlich, ärmlich, ängstlich, kräftig, nähen, gefährlich, glänzen, zählen, wählen, quälen, schälen, die Hälfte, der Jäger, der Bäcker, der Gärtner, schätzen.

Regeln und Übungen für das richtige Schreiben

Aufgabe:

1. Schreibe alle Wörter mit **ä** und zu jedem Wort ein verwandtes Wort, das mit **a** geschrieben wird. Schreibe so: mächtig – die Macht, …
Kontrolliere mit dem Wörterverzeichnis.

2. Suche dir fünf Wörter aus und schreibe mit jedem Wort einen Satz.

Merke: Viele Wörter, die mit ä geschrieben werden, lassen sich von keinem Wort mit a ableiten. Diese Wörter musst du dir merken.

Wörter: der Käfig, die Säge, der Käfer, der Käse, der Bär, der Ärger, das Mädchen, das Märchen, der März, die Lärche.

Aufgabe:

1. Diese Wörter lassen sich von keinem verwandten Wort, das mit **a** geschrieben wird, ableiten. Schreibe diese Wörter nach dem ABC geordnet.

2. Schreibe mit jedem Wort einen Satz.

3. Bilde mit jedem Wort zusammengesetzte Namenwörter.
Beispiel: Vogelkäfig, Käsekuchen, …
Kontrolliere mit dem Wörterverzeichnis.

4. Partnerdiktat: Lass dir alle Wörter in einem Satz von einem Partner diktieren. Schreibe aber nur das Wort. Diktiere anschließend deinem Partner auf die gleiche Art.

Richtig schreiben nach dem Wortstamm

d – t, b – p, g – k, s – z

Merke: Bei Auslautverhärtungen musst du das Wort verlängern, damit du den Endlaut hören kannst.

Wörter mit d oder t am Wortende: das Hemd, fremd, breit, blind, gesund, das Zelt, das Kleid, die Nacht, der Wald, das Beet, laut, bunt, rund, das Rad, der Duft, der Bart, hart, das Bad.

Aufgabe:

1. Schreibe alle Namenwörter und schreibe die Mehrzahl daneben. Durch diese Verlängerung hörst du den Auslaut deutlich.

2. Verlängere alle Wiewörter. Schreibe so: das fremde Kind, …

Regeln und Übungen für das richtige Schreiben

Wörter mit g oder k am Wortende: schlank, mutig, flink, blank, schräg, klug, lang, krank, stark, jung, der Tank, der Dank, der Klang, der Gesang, der Abhang, der Gestank, der Fang.

Aufgabe:

1. Schreibe alle Namenwörter und schreibe das verwandte Tunwort daneben.
   Schreibe so: der Tank – tanken, …
   Kontrolliere mit dem Wörterbuch.

2. Schreibe alle Wiewörter und schreibe die Steigerungsformen daneben.
   Schreibe so: schlank – schlanker – am schlanksten, …
   Kontrolliere mit dem Wörterbuch.

Wörter mit b am Wortende: der Dieb, das Grab, der Korb, das Sieb, der Stab, der Hieb, der Trieb, der Leib.

Aufgabe:

1. Ordne diese Wörter nach dem Alphabet.
   Kontrolliere mit dem Wörterbuch.

2. Schreibe alle Wörter in der Einzahl und in der Mehrzahl.
   Kontrolliere mit dem Wörterbuch.

3. Schreibe mit jedem Wort einen Satz.

Wörter mit s oder z am Wortende: die Gans, der Tanz, das Glas, das Herz, der Schmerz, das Gras, der Preis, der Pilz, der Kreis, der Hals, das Holz, das Gewürz, der Beweis, stolz, der Glanz, das Eis, der Greis, kurz.

Aufgabe:

1. Schreibe alle Namenwörter in der Einzahl und in der Mehrzahl. Zwei Namenwörter haben keine Mehrzahl. Kontrolliere mit dem Wörterbuch.

2. Schreibe zu einigen Wörtern das verwandte Tunwort oder Wiewort.
   Schreibe so: der Tanz – tanzen, …
   Kontrolliere mit dem Wörterbuch.

3. Verlängere die Wiewörter. Schreibe so: ein stolzer Mann, …

Wie kann ein Wort getrennt werden?

Merke: Wenn du nicht sicher bist, wo ein Wort getrennt werden darf, schreibe das ganze Wort lieber auf die nächste Zeile und trenne es nicht.

Erste einfache Trennregel

Merke: Sprich das Wort, das du trennen willst, langsam und deutlich, damit du die Sprechsilben hören kannst. Beispiel: Ha – se, le – ben, Bie – ne, Ho – se, Schu – le, Schau – kel, Sei – fe, Räu – ber, Scheu – ne.

Aufgabe:

Trenne die folgenden Wörter: **Blume, Brause, Datum, Daumen, Faden, fragen, Gabel, Hexe, Käfer, laufen, lesen, Leute, Monat, Name, Nebel, Papier, Raupe, Säge, Schere, Taube.**
Kontrolliere die getrennten Wörter mit deinem Wörterbuch.

Zweite einfache Trennregel

Merke: Sprich das Wort, das du trennen willst, mehrmals deutlich.
Überlege, wo die erste Silbe endet. Schreibe dann das Wort getrennt.
Beispiel: **ra**ten → Die erste Silbe geht bis zum – **a**. Beim – **a** bleibt der Mund offen. Du hörst das – **a** lang und deutlich.
Die erste Silbe ist eine offene Silbe.
Beispiel: **Rat**te → Die erste Silbe geht bis zum – **t**. Beim – **a** geht der Mund rasch wieder zu. Du hörst das – **a** schnell und undeutlich. Die erste Silbe ist eine geschlossene Silbe.

Aufgabe:

1. Trenne die folgenden Wörter: **Hobby, Honig, hoppeln, Hose, Hotel, Hüfte, Hügel, Hülle, Hürde, Hütte, Grube, Gruppe, Regal, Regen, rennen, Rente, Hafen, Hagel, Halle, Hase, Tafel, Tanne, Tante, Taxi.**
Kontrolliere die getrennten Wörter mit deinem Wörterbuch.
2. Ordne nun die Wörter in zwei Gruppen. Ordne so:
Wörter, bei denen die erste Silbe mit einem Selbstlaut endet.
Beispiel: **ra** – ten
Wörter, bei denen die erste Silbe mit einem Mitlaut endet. Beispiel **Rat** – te

Dritte einfache Trennregel

Merke: Die Buchstabengruppen -**ck**-, -**ch**-, -**sch**-, -**th**-, -**ph**- gelten als ein Laut und werden nicht getrennt.
Beispiel: Brü – **ck**e, la – **ch**en, wa – **sch**en, Zi – **th**er, Stro – **ph**e.

Wie kann ein Wort getrennt werden?

Aufgabe:

1. Ordne die folgenden Wörter in zwei Gruppen nach **ch** und **sch**: Kirche, Flasche, Tasche, Becher, Tochter, Drachen, Masche, Rutsche, Kutsche, Kuchen, duschen, Knochen, kriechen, Sprache, Kirsche, waschen, kochen, mischen, klatschen, sprechen.
2. Schreibe diese Wörter nun getrennt.
   Kontrolliere die Trennung mit deinem Wörterbuch.
3. Schreibe auch die folgenden Wörter getrennt: Dackel, drucken, wecken, backen, necken, Becken, Fackel, backen, Locke, kleckern, meckern, Trecker, Decke, stricken, Nacken, schmecken, wackeln, Becken, Sockel, Hecke. Schreibe so: Glocke → Glo – cke, …
   Kontrolliere die Trennung mit deinem Wörterbuch.

Vierte einfache Trennregel

Merke: Es gibt Wörter mit ein, zwei, drei und mehr Silben.
Mehrsilbige Wörter lassen sich auch mehrmals trennen.
Beispiel: Ball, Ap – fel, Ba – na – ne, Ap – fel – si – ne

Aufgabe:

Ordne die folgenden Wörter in vier Gruppen, und zwar in Wörter mit einer Silbe, Wörter mit zwei Silben, Wörter mit drei Silben und Wörter mit mehr als drei Silben: Ampel, Aufgabe, Bauch, Bevölkerung, Birne, Bruder, Cent, Computer, Fuß, Freundin, Geld, Gemüse, Hagebutte, Himmel, Kalender, Kind, Mandarine, Marzipankugel, Minute, Nase, Schmetterling, Temperatur, Thermometer, Tipp.
Trenne die Wörter, die sich trennen lassen. Schreibe so:

Wörter mit einer Silbe	Wörter mit zwei Silben	Wörter mit drei Silben	Wörter mit mehr als drei Silben
Ast	Blu – me	De – zem – ber	Tem – pe – ra – tur

Fünfte einfache Trennregel

Merke: Die Buchstabengruppen **-pf**, **-sp**, **-st** werden getrennt.
Beispiel: klop – fen, Kas – per, Fens – ter

Aufgabe:

Ordne folgende Wörter nach den Buchstabengruppen oben und trenne die Wörter: Distel, Tropfen, Raspel, Schnupfen, Zipfel, Wespe, Apfel, Fenster, räuspern, Geschwister, Karpfen, Knospe, Schwester, Kasten, lustig, Kasper, knuspern, Kämpfe.

Lösungen

Lösungen für die Übungen zum richtigen Schreiben

Seite 234: Wörter mit kurzem oder langem Selbstlaut
1. Aufgabe: kurzer Selbstlaut – der Teller, das Kind, der Fisch, die Tonne, die Wand, der Wind, die Puppe, die Hand, die Suppe, der Keller, die Sonne, der Tisch
Langer Selbstlaut – der Wal, das Tal, der Laden, die Regel, die Hose, der Magen, die Dose, der Pudel, der Kegel, der Faden, das Rudel, der Wagen
2. Aufgabe: der Wal – das Tal, der Teller – der Keller, das Kind – der Wind, der Fisch – der Tisch, der Laden – der Faden, die Tonne – die Sonne, die Regel – der Kegel, die Wand – die Hand, die Puppe – die Suppe, der Magen – der Wagen, die Hose – die Dose, der Pudel – das Rudel

Seite 234: Wörter mit kurz gesprochenem Selbstlaut
1. Aufgabe: der Knopf – der Topf – der Kopf, das Feld – das Geld – der Held, der Stift – der Lift – das Gift, die Sorte – die Torte – die Worte, die Luft – der Duft – der Schuft, der Kranz – der Tanz – der Schwanz, der Rand – die Wand – die Hand, das Kind – der Wind – das Rind
2. Aufgabe: der Knopf – der Kopf – der Topf, das Feld – das Geld – der Held, das Gift – der Lift – der Stift, die Sorte – die Torte – die Worte, der Duft – die Luft – der Schuft, der Kranz – der Schwanz – der Tanz, die Hand – der Rand – die Wand, das Kind – das Rind – der Wind

Seite 235: Wörter mit doppelten Mitlauten (ff – ll – mm – nn – pp – ss – tt)
1. Aufgabe: Wörter mit tt – satt, kaputt, die Ratte, der Schnitt, fett, nett, glatt, retten, die Mutter, das Wetter, der Retter, die Butter, die Watte, das Bett, das Brett, der Schutt, matt, Wörter mit ll – hell, die Quelle, still, toll, schrill, schnell, voll, prall, fallen, knallen, die Welle, der Stall, der Keller, der Teller
Wörter mit nn – dünn, die Kanne, rennen, kennen, die Wanne, die Sonne, die Tonne, die Spinne, die Rinne, das Kinn, der Gewinn
Wörter mit pp – schlapp, wippen, klappen, kippen, schnappen, die Suppe, die Puppe, die Pappe, die Lippe, die Rippe, die Treppe, die Schleppe, knapp
3. Aufgabe: kaputt – der Schutt, die Ratte – die Watte, fett – nett, glatt – matt, die Mutter – die Butter, das Wetter – der Retter, das Bett – das Brett
4. Aufgabe: hell – schnell, die Quelle – die Welle, still – schrill, toll – voll, prall – der Stall, fallen – knallen, der Keller – der Teller
5. Aufgabe: die Kanne – die Wanne, rennen – kennen, die Sonne – die Tonne, die Spinne – die Rinne, das Kinn – der Gewinn
6. Aufgabe: schlapp – knapp, wippen – kippen, klappen – schnappen, die Suppe – die Puppe, die Lippe – die Rippe, die Treppe – die Schleppe
7. Aufgabe: **all:** prall, fallen, knallen, der Stall, **ell:** hell, die Quelle, schnell, die Welle, der Keller, der Teller; **ett:** fett, nett, wetten, retten, das Wetter, der Ritter, das Bett, das Brett; **inn:** die Spinne, die Rinne, das Kinn, der Gewinn; **app:** schlapp, klappen, schnappen, die Pappe, knapp.

Seite 236:
1. Aufgabe: Wörter mit ff – offen, das Schiff, der Pfiff, der Affe, die Waffe, hoffen, gaffen, schaffen

Lösungen

Wörter mit mm – dumm, schlimm, krumm, der Kamm, der Kummer, der Schwamm, die Nummer, der Grimm, der Himmel, der Schimmel, der Hammer, das Zimmer, die Klammer, summen, der Schwimmer, brummen

3. Aufgabe: dumm – krumm, schlimm – der Grimm, der Kamm – der Schwamm, der Kummer – die Nummer, der Himmel – der Schimmel, der Hammer – die Klammer, das Zimmer – der Schwimmer, summen – brummen

4. Aufgabe: offen – hoffen, das Schiff – der Pfiff, der Affe – die Waffe, gaffen – schaffen

5. Aufgabe: **aff:** der Affe, die Waffe, gaffen, schaffen; **amm:** der Kamm, der Schwamm, der Hammer, die Klammer; **umm:** dumm, krumm, der Kummer, die Nummer, summen, brummen

Seite 236:
1. Aufgabe: Namenwörter – der Fluss, das Schloss, der Rüssel, die Tasse, die Gasse, die Nuss, die Gosse, die Schüssel, die Flosse, der Hass, der Kuss, der Biss, das Fass, der Riss, der Schuss, das Ross, der Guss, die Nessel, die Fessel
Tunwörter – küssen, müssen, lassen, fressen, hassen, essen
Wiewörter – nass, blass

2. Aufgabe: der Fluss – die Flüsse, das Schloss – die Schlösser, der Rüssel – die Rüssel, die Tasse – die Tassen, die Gasse – die Gassen, die Nuss – die Nüsse, die Gosse – die Gossen, die Schüssel – die Schüsseln, die Flosse – die Flossen, der Hass –, der Kuss – die Küsse, der Biss – die Bisse, das Fass – die Fässer, der Riss – die Risse, der Schuss – die Schüsse, das Ross – die Rosse, der Guss – die Güsse, die Nessel – die Nesseln, die Fessel – die Fesseln

Seite 237: Wörter mit kurz gesprochenem Selbstlaut (ck)
1. Aufgabe: die Brücke – die Mücke, die Decke – die Schnecke, der Fleck – der Speck, der Sack – der Lack, der Trick – dick, schmecken – lecken, der Rock – der Stock, das Glück – das Stück, lecker – der Wecker, drucken – jucken, rücken – pflücken, die Jacke – die Backe

Seite 238: Wörter mit kurz gesprochenem Selbstlaut (tz)
1. Aufgabe: der Blitz – der Witz, der Platz – der Satz, die Mütze – die Pfütze, die Hitze – die Spitze, die Katze – die Tatze, kratzen – platzen, schwitzen – sitzen, setzen – verletzen, der Schutz – der Schmutz

Seite 238: Wörter mit lang gesprochenem Selbstlaut (ß)
1. Aufgabe: Namenwörter – der Gruß, das Maß, der Stoß, der Spaß, das Floß, der Schweiß, die Straße, der Strauß, der Ruß, der Kloß, der Fuß, der Fleiß
Tunwörter – schießen, grüßen, beißen, stoßen, reißen, gießen, spaßen, fließen, süßen
Wiewörter – süß, groß, fleißig, rußig

2. Aufgabe: der Gruß – die Grüße, das Maß – die Maße, der Stoß – die Stöße, der Spaß – die Späße, das Floß – die Flöße, der Schweiß –, die Straße – die Straßen, der Strauß – die Sträuße, der Ruß –, der Kloß – die Klöße, der Fuß – die Füße, der Fleiß

Seite 239: Wörter mit lang gesprochenem Selbstlaut (h)
1. Aufgabe: Namenwörter – die Kohle, der Lohn, der Zahn, das Rohr, die Bahn, der Mohr, die Sahne, der Schuh, die Sohle, der Kahn, die Kuh, die Zahl, die Fahne,

247

Lösungen

der Kohl, der Draht, das Reh, der Zeh, der Sohn, die Naht, die Uhr. Tunwörter – wohnen, bohren, zahlen, lehren, fahren, strahlen. Wiewörter – hohl, nah, kahl, wahr, froh
2. Aufgabe: die Kohle – die Sohle, der Lohn – der Sohn, der Zahn – die Bahn, das Rohr – der Mohr, die Sahne – die Fahne, der Schuh – die Kuh, der Kahn – die Bahn, die Zahl – kahl, der Kohl – hohl, zahlen – strahlen, der Draht – die Naht, das Reh – der Zeh

Seite 239: Wörter mit lang gesprochenem Selbstlaut (aa, ee, oo)
3. Aufgabe: das Haar – das Paar, der See – der Schnee – der Klee – der Tee, das Meer – der Teer – leer, die Beere – die Leere

Seite 240: Wörter mit lang gesprochenem Selbstlaut (ie)
2. Aufgabe: Namenwörter – die Fliege, der Sieg, der Dieb, das Bier, der Krieg, das Sieb, die Ziege, das Spiel, die Wiege, der Hieb, das Tier, die Wiese, das Ziel, der Riese, die Biene, der Brief, die Schiene, die Zwiebel
Tunwörter – liegen, frieren, spielen, fliegen, fließen, wiegen, riechen
Wiewörter – schief, schwierig, tief, niedlich, lieb, niedrig
3. Aufgabe: die Fliege – die Ziege – die Wiege, der Sieg – der Krieg, der Dieb – das Sieb – der Hieb, lieb, das Bier – das Tier, das Spiel – das Ziel, die Wiese – der Riese, die Biene, die Schiene, der Brief – schief – tief, schwierig – niedrig, liegen – wiegen – fliegen – wiegen

Seite 240: Rechtschreibung nach dem Wortstamm (äu – au, eu)
1. Aufgabe: der Traum – die Träume, das Haus – die Häuser, der Schlauch – die Schläuche, die Laus – die Läuse, der Bauch – die Bäuche, der Baum – die Bäume, die Maus – die Mäuse, die Braut – die Bräute, die Faust – die Fäuste, das Kraut – die Kräuter, der Saum – die Säume, der Brauch – die Bräuche, die Haut – die Häute
2. Aufgabe: der Bauch, der Baum, der Brauch, die Braut, die Faust, das Haus, die Haut, das Kraut, die Laus, die Maus, der Saum, der Schlauch, der Traum
3. Aufgabe: der Traum – der Baum – der Saum, das Haus – die Laus – die Maus, der Schlauch – der Bauch – der Brauch, die Braut – das Kraut – die Haut

Seite 241:
1. Aufgabe: verwandtes Wort mit au – läuten – der Laut, häufig – der Haufen, träumen – der Traum, der Verkäufer – verkaufen, der Räuber – rauben, das Gebäude – der Bau, das Geräusch – rauschen, aufräumen – der Raum, schäumen – der Schaum, der Läufer – laufen, säubern – sauber, räuchern – der Rauch, bläulich – blau, die Fäulnis – faulen, täuschen – der Tausch, Fräulein – die Frau

Seite 241:
1. Aufgabe: Wörter mit eu → Namenwörter – die Beule, die Freude, der Freund, das Heu, das Feuer, die Eule, die Leute, die Schleuder, die Scheune, die Beute, die Keule
Tunwörter – leuchten, heulen, freuen, schleudern, deuten, steuern
Wiewörter – teuer, neu, treu
2. Aufgabe: die Beule, die Beute, deuten, die Eule, die Freude, freuen, das Feuer, der Freund, das Heu, heulen, die Keule, leuchten, die Leute, neu, die Scheune, die Schleuder, schleudern, steuern, teuer, treu
4. Aufgabe: die Beule – die Eule – die Keule, das Heu – neu – treu, die Leute – die Beute

Lösungen

Seite 241: Rechtschreibung nach dem Wortstamm (ä – a)
1. Aufgabe: die Räder – das Rad, die Hände – die Hand, die Gläser – das Glas, die Äpfel – der Apfel, die Mäntel – der Mantel, die Bälle – der Ball, die Plätze – der Platz, die Gräber – das Grab, die Särge – der Sarg, die Wände – die Wand, die Bänke – die Bank, die Schränke – der Schrank, die Gärten – der Garten
2. Aufgabe: Äpfel, Bälle, Bänke, Gärten, Gläser, Gräber, Hände, Mäntel, Plätze, Räder, Särge, Schränke, Wände

Seite 242:
1. Aufgabe: verwandtes Wort mit a – mächtig – die Macht, kränklich – krank, jährlich – das Jahr, täglich – der Tag, schwächlich – schwach, ärmlich – arm, ängstlich – die Angst, kräftig – die Kraft, nähen – die Naht, gefährlich – die Gefahr, glänzen – der Glanz, zählen – die Zahl, wählen – die Wahl, quälen – die Qual, schälen – die Schale, die Hälfte – halb, der Jäger – jagen, der Bäcker – backen, der Gärtner – der Garten, schätzen – der Schatz

Seite 242:
1. Aufgabe: der Ärger, der Bär, der Käfer, der Käfig, der Käse, die Lärche, das Mädchen, das Märchen, der März, die Säge

Seite 242: Rechtschreibung nach dem Wortstamm (d – t, b – p, g – k, s – z)
1. Aufgabe: das Hemd – die Hemden, das Zelt – die Zelte, das Kleid – die Kleider, die Nacht – die Nächte, der Wald – die Wälder, das Beet – die Beete, das Rad – die Räder, der Duft – die Düfte, der Bart – die Bärte, das Bad – die Bäder

Lösungen: Wie kann ein Wort getrennt werden?

Seite 244:
2. Aufgabe:
offene erste Silbe → Ho – nig, Ho – se, Ho – tel, Hü – gel, Gru – be, Regal, Re – gen, Ha – fen, Ha – gel, Ha – se, Ta – fel, Ta – xi
geschlossene erste Silbe → Hob – by, hop – peln, Hüf – te, Hül – le, Hür – de, Hüt – te, Grup – pe, ren – nen, Ren – te, Hal – le, Tan – ne, Tan – te

Seite 243:
2. Aufgabe:
1 Silbe → Bauch, Cent, Fuß, Geld, Kind, Tipp;
2 Silben → Am – pel, Bir – ne, Bru – der, Freun – din, Him – mel, Na – se;
3 Silben → Auf – ga – be, Com – pu – ter, Ge – mü – se, Ka – len – der, Mi – nu – te, Schmet – ter – ling;
mehr als 3 Silben → Be – völ – ke – rung, Ha – ge – but – te, Man – da – ri – ne, Mar – zi – pan – ku – gel, Tem – pe – ra – tur, Ther – mo – me – ter;

3. Aufgabe:
Trop – fen, Schnup – fen, Zip – fel, Ap – fel, Karp – fen, Kämp – fe, Ras – pel, Wes – pe, räus – pern, Knos – pe, Kas – per, knus – pern, Dis – tel, Fens – ter, Ge – schwis – ter, Schwes – ter, Kas – ten, lus – tig.

Anredefürwörter

Wenn man zu Hause oder anderswo jemanden anspricht, den man gut kennt, sagt man **du** zu ihm.
Anders ist es, wenn man eine fremde Person oder eine wenig vertraute Person anspricht, dann sagt man **Sie** zu ihr.

Es gibt also zweierlei Anredefürwörter:

Anredefürwörter für vertraute Personen (Familie, Freunde, Nachbarn) **sind:**
du, dir, dich, dein, deines, deinem, deinen, ihr, euer, euch, eures, eurem, euren.

Anredefürwörter für wenig vertraute Personen lauten:
Sie, Ihrer, Ihnen, Ihre, Ihres, Ihrem, Ihren.

Merke: 1. Die Anredefürwörter für vertraute Personen werden immer kleingeschrieben.
2. In Briefen können die Anredefürwörter für vertraute Personen auch großgeschrieben werden.
3. Die Anredefürwörter für wenig vertraute Personen werden großgeschrieben.

Aufgaben:

1. Schreibe einen Brief an deine Eltern (einen Freund, eine Mitschülerin).

Beispiel:

Liebe Laura,   Wesel, den 1. Januar 2006

Endlich komme ich dazu **dir** (**Dir**) aus unserem Ferienort einen Brief zu schreiben. Wie **du** (**Du**) **dir** (**Dir**) denken kannst, habe ich hier schon viel erlebt. Übrigens, **deine** (**Deine**) Reitstiefel passen mir ausgezeichnet. Neulich – **du** (**Du**) glaubst es nicht – haben wir einen weiten Ausritt ins Gelände gemacht. Das war ein schönes Erlebnis, weil ich nicht vom Pferd gefallen bin.

Viele Grüße von
deiner (**Deiner**) Freundin Anke

2. Schreibe einen Brief an deine Lehrerin.

Beispiel:

Liebe Frau Lättgen,   Wesel, den 1. Januar 2006

Endlich komme ich dazu **Ihnen** aus unserem Ferienort einen Brief zu schreiben. Wie **Sie** sich denken können, habe ich hier schon viel erlebt. Neulich – **Sie** werden es kaum glauben – haben wir einen weiten Ausritt ins Gelände gemacht. Das war ein schönes Erlebnis, weil ich nicht vom Pferd gefallen bin. Ich weiß, dass **Sie** auch gern reiten. Darum werden **Sie** mich verstehen.

Mit herzlichen Grüßen
Ihre Schülerin Anke

Zeichensetzung

Redezeichen – Aussagesatz, Fragesatz, Ausrufesatz

Merke: Die Redezeichen schließen die wörtliche Rede ein. Das, was einer wirklich sagt, steht in **Anführungszeichen**. Der Aussagesatz endet mit einem **Punkt**, der Fragesatz mit einem **Fragezeichen** und der Ausrufesatz mit einem **Ausrufezeichen**.

Beispiel:
Aussagesatz: „Ich komme morgen Mittag."
Fragesatz: „Kommst du morgen Mittag?"
Ausrufesatz: „Kommt alle morgen Mittag!"

Aufgabe:

1. Schreibe die Redesätze ab. Trage die Satzzeichen mit den Redezeichen rot ein.
2. Denke dir weitere Aussagesätze aus.
3. Schreibe weitere Fragesätze.
4. Du kannst auch aus deinem Lesebuch zu jeder Satzgruppe passende Sätze abschreiben.

Der Begleitsatz steht vor der wörtlichen Rede

Merke: Wenn wir wissen wollen, wer bei der wörtlichen Rede spricht, schreiben wir einen Begleitsatz dazu. Er kann vor der wörtlichen Rede stehen.
Der Begleitsatz vor der wörtlichen Rede endet mit einem Doppelpunkt. Hinter dem Doppelpunkt schreibt man groß.

Beispiel:
Laura sagt: „Ich komme morgen Mittag."
Mutter fragt: „Kommst du morgen Mittag?"
Vater ruft: „Kommt alle morgen Mittag!"

Aufgabe:

1. Schreibe alle Sätze ab.
2. Unterstreiche die Redesätze mit einer geraden Linie.
3. Unterstreiche die Begleitsätze mit einer Wellenlinie.
4. Schreibe die Texte in den folgenden Sprechblasen als wörtliche Rede und schreibe vor die wörtliche Rede einen Begleitsatz. Die Bilder zeigen dir, wer da spricht.

Zeichensetzung

Schreibe so: Laura sagt: „Heute gehen wir schwimmen."

Merke: Hier ist die wörtliche Rede ein **Aussagesatz**.

5. Schreibe die Texte in den folgenden Sprechblasen als wörtliche Rede und schreibe vor die wörtliche Rede einen Begleitsatz. Die Bilder zeigen dir, wer da fragt.

Schreibe so: Anja fragt: „Wann fährt dein Zug ab?"

Merke: Hier ist die wörtliche Rede ein **Fragesatz**.

6. Schreibe die Texte in den folgenden Sprechblasen als wörtliche Rede und schreibe vor die wörtliche Rede einen Begleitsatz. Die Bilder zeigen dir, wer da ruft oder bittet.

Schreibe so: Vater ruft: „Ruhe, hört endlich mit dem Zanken auf!"

Merke: Hier ist die wörtliche Rede ein **Ausrufesatz**.

Zeichensetzung

Der Begleitsatz steht hinter der wörtlichen Rede

Merke: Der Begleitsatz kann auch hinter der wörtlichen Rede stehen. Dann steht vor dem Begleitsatz ein Komma. Hinter dem Komma wird kleingeschrieben. Der Begleitsatz endet mit einem Punkt.

In den drei Beispielsätzen steht der Begleitsatz hinter der wörtlichen Rede.

„Ich komme morgen zum Mittagessen nach Hause", sagt Vater.
Die wörtliche Rede ist ein Aussagesatz. **Der Punkt hinter dem Aussagesatz fällt weg.**

„Kommst du morgen zum Mittagessen nach Hause?", fragt Mutter.
Die wörtliche Rede ist ein Fragesatz. Hinter dem Fragesatz steht ein Fragezeichen.

„Komm doch bitte zum Mittagessen nach Hause!", ruft Mutter.
Die wörtliche Rede ist ein Ausrufesatz. Hinter dem Ausrufesatz steht ein Ausrufezeichen.

Aufgabe:
1. Schreibe die Sätze ab.
2. Unterstreiche die Redesätze mit einer geraden Linie.
3. Unterstreiche die Begleitsätze mit einer Wellenlinie.
4. Schreibe die Texte in den folgenden Sprechblasen als wörtliche Rede. Schreibe den Begleitsatz hinter die wörtliche Rede. Aus der Zeichnung kannst du sehen, wer etwas sagt. Die wörtliche Rede ist ein Aussagesatz.

Schreibe so: „Laura kann gut schwimmen", meint Lorenz.

5. Schreibe den Text in den folgenden Sprechblasen als wörtliche Rede und schreibe den Begleitsatz hinter die wörtliche Rede. Aus der Zeichnung kannst du sehen, wer etwas fragt. Die wörtliche Rede ist ein Fragesatz.

Schreibe so: „Kannst du Rad fahren?", fragt Hannes.

Zeichensetzung

6. Schreibe die Texte in den folgenden Sprechblasen als wörtliche Rede und schreibe den Begleitsatz hinter die wörtliche Rede. Aus der Zeichnung kannst du sehen, wer etwas bittet, ruft oder fordert. Die wörtliche Rede ist ein Ausrufesatz.

Schreibe so: „Komm uns bald mal wieder besuchen!", bittet Mutter.

Der Begleitsatz steht vor oder hinter der wörtlichen Rede

Merke: Der Begleitsatz kann vor oder auch hinter der wörtlichen Rede stehen.

Beispiel:
Ute sagt: „Ich hätte nie gedacht, dass Lorenz so mutig ist."

„Ich hätte nie gedacht, dass Lorenz so mutig ist", sagt Ute.

Aufgabe:

1. Schreibe die Texte in den folgenden Sprechblasen als wörtliche Rede und schreibe den Begleitsatz zuerst vor die wörtliche Rede und dann hinter die wörtliche Rede. Aus der Zeichnung kannst du sehen, wer etwas sagt, fragt oder ruft.

2. Unterstreiche die Redesätze mit einer geraden Linie und die Begleitsätze mit einer Wellenlinie.

3. Beachte die Satzzeichen bei der wörtlichen Rede. Entscheide, ob es sich um einen **Aussagesatz** oder einen **Fragesatz** oder einen **Ausrufesatz** handelt.
   Schreibe die Satzzeichen und die Redezeichen rot.

Zeichensetzung

Schreibe so: Mutter ruft: „Komm heute Abend nicht so spät nach Hause!"

„Komm heute Abend nicht so spät nach Hause!", ruft Mutter

Aufgepasst: Achte auf das Komma vor dem Begleitsatz, wenn er hinter der wörtlichen Rede steht.

Hinweise zu den Wortfamilien

Was sind Wortfamilien?

Beispiel:
stürmen
der **Sturm**
die **Stürm**e
der **Stürm**er
die **Sturm**flut
stürmisch

Wörter, die den **gleichen Wortstamm** haben, gehören zu einer **Wortfamilie**. Diese Wörter sind miteinander verwandt. Du findest im Wörterverzeichnis viele Wortfamilien.
Sie haben aber nur einen geringen Umfang.
Auf den folgenden Seiten dagegen sind umfangreichere Wortfamilien zusammengestellt.
Beispiel: Wenn du die Wortfamilie „ackern" im Wörterverzeichnis anschaust, findest du dort nur wenige Wörter von dieser Wortfamilie.
Aber hinter dem Wort „ackern" steht die Zahl 1 in einem Kästchen. Sie weist dich auf die Sammlung von Wörtern zu dieser Wortfamilie hin.
Wenn du deinen Wortschatz erweitern willst, suche also die Zahl 1 im fünften Teil des Wörterbuches.
Außerdem wirst du sicherer in deiner Rechtschreibung werden, wenn du dir die Schreibweise des Wortstammes merkst.

Wortfamilien

1 **ackern**
den Boden be**acker**n
der **Acker** wird
gepflügt
die **Äcker** sind
bestellt
Ackerbau betreiben
das **Acker**land
der **Acker**rain
die **Acker**winde

2 **bau**en
das Land be**bau**en
bausparen
Kartoffeln an**bau**en
sich etwas ver**bau**en
baufällig
das Ge**bäu**de
der **Bau** des Fuchses
der Acker**bau**
der Straßen**bau**
der **Bau**er
der Alt**bau**
die Neu**bau**wohnung

3 **bind**en
ver**bind**en
an**bind**en
Der Vertrag
ist ver**bind**lich.
die **Bind**e
die **Bind**ung
der **Bind**estrich
der **Bind**faden
die Ver**bind**ung
der Ver**band**
das bunte **Band**
die Räuber**band**e
die Augen**bind**e
die Ent**bind**ung (Geburt)

4 **brech**en
ein**brech**en
sich er**brech**en
zer**brech**en
einen Stab **brech**en
eine Rede
unter**brech**en
Das Land liegt **brach.**
Alte Leute
sind ge**brech**lich.
der **Bruch**
der Wort**bruch**
der Wolken**bruch**
der Schiff**bruch**
die Schiff**brüch**igen
schwere **Brech**er auf See
der Ver**brech**er
die Ge**brech**en alter Leute
die **Bruch**stelle
die **Brech**stange
das Ver**brech**en

5 **fahr**en
an**fahr**en
vorbei**fahr**en
weg**fahr**en
fahrbereit
fahrlässig
Der Weg ist be**fahr**bar.
fahrtüchtig
die **Fahr**bahn
die **Fähr**e
der **Fahr**er
der **Fahr**plan
das **Fahr**rad
die **Fahr**t
das **Fahr**zeug
die **Fahr**karte
die **Fahr**spur
der **Fahr**stuhl
die **Fahr**trichtung

Wortfamilien

die Vor**fahr**t
die **Fähr**te im Sand
der **Fuhr**mann
die **Fuhr**e
das **Fuhr**werk
die Müllab**fuhr**
das **Fahr**gestell

6   **fallen**
auf**fall**en
das Theaterstück **fäll**t durch
ver**fall**en
zu**fäll**ig
auf**fäll**ig
Die Miete ist **fäll**ig.
Er ist mir ge**fäll**ig.
eben**fall**s
der Ab**fall**
der **Fall**schirm
der **Fall**
der Un**fall**
der Zu**fall**
das Ge**fäll**e
der Holz**fäll**er
die Mause**fall**e
Er tut mir einen Ge**fall**en.
der Durch**fall**

7   **fliegen**
vorbei**flieg**en
das Dorf über**flieg**en
die **Flieg**e
der **Flieg**er
der Papier**flieg**er
der **Flug**
das **Flug**zeug
die **Flieg**erei
der **Flug**platz
der **Flug**lehrer

der Sturz**flug**
der Gleit**flug**

8   **kaufen**
ver**kauf**en
ein**kauf**en
käuflich
kauflustig
der **Käuf**er
der Ver**käuf**er
die Ver**käuf**erin
der **Kauf**laden
der **Kauf**mann
die **Kauf**leute
der **Kauf**
die **Kauf**frau
der **Kauf**preis
das **Kauf**haus
der Schlussver**kauf**
der Ausver**kauf**
die Ein**kauf**tasche

9   **lehren**
be**lehr**en
lehrreich
ge**lehr**ig
die **Lehr**e
der **Lehr**ling
der **Lehr**meister
der **Lehr**er
die **Lehr**erin
das **Lehr**amt
der Ge**lehr**te
das **Lehr**mädchen
der **Lehr**vertrag
die **Lehr**werkstatt
ein **Lehr**geld zahlen
das **Lehr**buch

10 **lesen**
vor**les**en

Wortfamilien

    leserlich schreiben
beim **Les**en
der **Les**er
die **Les**erin
das **Les**ebuch
die **Les**eratte
der **Les**esaal

11   **lieg**en
liegen lassen
herum**lieg**en
die **Lieg**ewiese
die **Lieg**e
der **Lieg**estuhl

12   **nehm**en
ab**nehm**en
zu**nehm**en
etwas übel**nehm**en
sich zusammen**nehm**en
an etwas teil**nehm**en
etwas an**nehm**en
etwas unter**nehm**en
etwas weg**nehm**en
Geld ein**nehm**en
aus**nahm**sweise
der Unter**nehm**er
eine Aus**nahm**e machen
die An**nahm**e

13   **sag**en
an**sag**en
aus**sag**en
nach**sag**en
vor**sag**en
sagenhaft
die **Sag**e
die An**sag**e
der An**sag**er
die An**sag**erin
die Ab**sag**e

14   **schlaf**en
schlafwandeln
ein**schlaf**en
ver**schlaf**en
aus**schlaf**en
schlaflos
schläfrig
schlaftrunken
der **Schlaf**
der **Schläf**er
das **Schlaf**zimmer
die **Schlaf**mütze
der **Schlaf**sack
der Winter**schlaf**
die **Schlaf**losigkeit
das **Schlaf**mittel
der Sieben**schläf**er

15   **schreib**en
ab**schreib**en
an**schreib**en
ver**schreib**en
vor**schreib**en
be**schrift**en
schriftlich
die **Schreib**schrift
das **Schreib**heft
der **Schreib**tisch
die Be**schreib**ung
die **Schrift**
die An**schrift**
die Vor**schrift**
die Unter**schrift**

16   **setz**en
sich auf einen
Stuhl **setz**en
einen Motor
in Gang **setz**en
mit der
Fähre über**setz**en
einen Platz be**setz**en

Wortfamilien

versetzen
besetzt
entsetzlich
unersetzlich
die Versetzung
der Setzer
die Setzerei
der Setzling
(junge Pflanze)
das Gesetz
ein Satz im Buch
der Aufsatz

[17] spielen
vorspielen
fair spielen
falsch spielen
Ball spielen
spielerisch
verspielt
der Spielverderber
das Spiel
der Spieler
die Spieldose
der Spielplatz
das Theaterspiel
das Fußballspiel
das Nachspiel

[18] sprechen
frei sprechen (Redner)
und freisprechen (Gericht)
miteinander sprechen
etwas besprechen
widersprechen
ansprechen
versprechen
sprachlos
sprachlich
anspruchslos
anspruchsvoll
der Sprecher
die Sprechstunde

das Gespräch
die Sprache
der Spruch
die Ansprache
die Aussprache
das Sprichwort
der Freispruch
große Ansprüche stellen

[19] Wasser
etwas wässern
wasserdicht
wasserscheu
wässrig, auch
wässerig
das Gewässer
das Abwasser
der Wasserfall
die Wasserkraft
das Wasserrohr
die Wasserwaage
der Wassertropfen
der Wasserdampf
das Hochwasser
das Niedrigwasser
das Regenwasser
das Trinkwasser

[20] zählen
erzählen
verzählen
nachzählen
zahllos
zahlreich
die Erzählung
der Erzähler
der Zähler
die Zählmaschine
die Zählung
die Zahl
der Zählerstand
das Zahlwort

Hinweise zu den Wortfeldern

Was sind Wortfelder?

Beispiel:
Wortfeld Krach
- Geräusch
- Gepolter
- Geschrei
- Unruhe
- Lärm
- Radau

Wörter, die **etwas Ähnliches bedeuten**, gehören zu einem **Wortfeld**.
Wortfelder findest du im Wörterverzeichnis nicht. Dort sind die einzelnen Wörter nach dem ABC eingeordnet. Du musst also jedes Wort eines Wortfeldes einzeln nachschlagen. Auf den nachfolgenden Seiten aber findest du eine Zusammenstellung von mehreren Wortfeldern.
Damit du die Bedeutung der einzelnen Wörter eines Wortfeldes besser herausfinden kannst, ist jedes Wort in einen Satz eingebunden.
Die Wortfelder können dir beim Schreiben eigener Texte helfen, damit du leichter ein Wort findest für das, was du ausdrücken möchtest.
Außerdem hilft dir die Zusammenstellung eines Wortfeldes, wenn du Wiederholungen von Wörtern in deinem Text vermeiden möchtest.
Das Wortfeld „sagen" zum Beispiel hilft dir bei der wörtlichen Rede, indem du hier Wörter findest, die du statt des Wortes „sagen" auch schreiben kannst.

Wortfelder

Tunwörter

21 ablehnen

ablehnen	– Der Antrag wird **abgelehnt.**
abschlagen	– Vater **schlägt** dem Kind den Wunsch **ab.**
untersagen	– Der Lehrer **untersagt** den Schülern in der Pause im Klassenzimmer zu bleiben.
verneinen	– Der Redner **verneint** die Frage.
verweigern	– Der Angeklagte **verweigert** die Auskunft.
zurückweisen	– Der Beschuldigte **weist** den Vorwurf **zurück.**

22 arbeiten

arbeiten	– Vater **arbeitet** acht Stunden in seiner Firma.
sich **beschäftigen**	– Am Abend **beschäftigt** sich Vater mit Malen.
sich **anstrengen**	– Hans **strengt** sich beim Turnen **an.**
sich **quälen**	– Der Radfahrer **quält** sich den Berg hinauf.
schuften	– Der Arbeiter **schuftet** im Steinbruch.
schaffen	– Der Bildhauer **schafft** ein Kunstwerk.
basteln	– Vater **bastelt** einen Drachen.
werken	– Das Kind **werkt** mit Holz.
Hausaufgaben machen	– Der Schüler **macht** eine Stunde **Hausaufgaben.**
graben	– Vater **gräbt** den Garten um.
fischen	– Der Fischer **fischt** auf hoher See.

23 essen, trinken

essen	– Wir **essen** die Suppe mit dem Esslöffel.
fressen	– Mein Hund und meine Katze **fressen** aus einem Napf.
futtern	– Beim Picknick **futtern** die Kinder ihr Butterbrot.
knabbern	– Der Hamster **knabbert** an den Holzstäben.
kosten	– Der Koch **kostet** den Obstsalat.
schmausen	– Bei der Hochzeit **schmausen** alle aufs Beste.
speisen	– Heute **speisen** wir im Restaurant.
frühstücken	– Wir **frühstücken** morgens gemeinsam.
probieren	– Mutter **probiert** das Gemüse, ob es gar ist.
löffeln	– Das Kind **löffelt** seine Suppe ohne zu kleckern.
verzehren	– Wir **verzehren** unser Frühstück ohne Hast.
trinken	– Mutter **trinkt** gern ein Glas Apfelsaft.
schlürfen	– Das Kind **schlürft** die Suppe.
naschen	– Vater **nascht** vom Obstsalat.

Wortfelder

nippen	– Mutter **nippt** am heißen Kakao.
saufen	– Die Kuh **säuft** einen Eimer Wasser leer.
schlabbern	– Der Hund **schlabbert** den Fressnapf leer.
schlecken	– Die Katze **schleckt** die Milch auf.
schlingen	– Die Schlange **schlingt** die Maus hinunter.
schmecken	– Die Mutter **schmeckt** die Soße ab.

24 **gehen**

gehen	– Die Kinder **gehen** in die Schule.
eilen	– Vater **eilt** zur Bushaltestelle.
bummeln	– Wir **bummeln** durch die Stadt und betrachten Schaufensterauslagen.
flitzen	– Die Autos **flitzen** über die Autobahn.
flüchten	– Das Reh **flüchtet** ins Dickicht.
laufen	– Wir **laufen** Schlittschuh.
hinken	– Der verletzte Fußballspieler **hinkt** vom Platz.
marschieren	– Die Soldaten **marschieren** im Gleichschritt.
rennen	– So schnell sie kann, **rennt** sie zum Telefon.
schlendern	– Wir **schlendern** durch den Park.
spazieren gehen	– Wir **gehen** im Park **spazieren**.
springen	– Die Katze **springt** vom Dach.
stapfen	– Wir **stapfen** durch den hohen Schnee.
schreiten	– Das Brautpaar **schreitet** zum Altar.
schleichen	– Der Räuber **schleicht** um das Haus.
huschen	– Die Maus **huscht** ins Loch.
waten	– Wir **waten** durch den Bach.
hüpfen	– Der Frosch **hüpft** in den Teich.

25 **lachen**

lachen	– Über diese Witze kann man nicht **lachen**.
grinsen	– „Ich habe die Luft aus dem Reifen gelassen", **grinst** Tom.
jauchzen	– Er **jauchzt** vor Freude.
jubeln	– „Wir haben gesiegt!", **jubeln** die Fußballspieler.
kichern	– Die Mädchen **kichern** leise bei der Arbeit.
lächeln	– Ruth **lächelt** heimlich ihrem Freund zu.
scherzen	– Die Gäste **scherzen** miteinander.
schmunzeln	– Opa **schmunzelt** über den Scherz.
strahlen	– Die Kinder **strahlen** vor Freude über die Geschenke.

Wortfelder

26

	sagen
sagen	– Klaus **sagt** die Wahrheit.
sprechen	– Die Ansagerin **spricht** sehr deutlich.
reden	– Lass ihn doch **reden.**
rufen	– Der Kuckuck **ruft** aus dem Wald.
erwähnen	– Im Gespräch **erwähnt** Klaus seine Eltern.
plappern	– Das Kind **plappert** vor sich hin.
unterhalten	– Wir **unterhalten** uns über den Film.
meinen	– Klaus **meint**: „Das lassen wir uns nicht gefallen."
erzählen	– Oma **erzählt** uns ein Märchen.
antworten	– „Ich werde dich wieder anrufen", **antwortet** Mutter.
befehlen	– „Hört auf zu streiten!", **befiehlt** Mutter.
bemerken	– „Das ist ein schönes Gedicht", **bemerkt** die Lehrerin.
berichten	– Der Augenzeuge **berichtet** dem Polizisten vom Unfall.
fragen	– „Was kostet das Buch?", **fragt** das Kind.
beschreiben	– Der Schüler **beschreibt** die schöne Blume.
erwidern	– Er **erwidert** den Gruß.
jammern	– Das Kind **jammert** über Schmerzen.
schwatzen	– Die Kinder **schwatzen** in der Pause.
murren	– Die Arbeiter **murren** über den geringen Lohn.
flüstern	– Mutter **flüstert** beruhigend: „Habt keine Angst!"

27

	sehen
sehen	– Opa kann ohne Brille noch gut **sehen**.
anstarren	– Die Kinder **starren** den Zauberkünstler **an**.
beobachten	– Der Jäger **beobachtet** durch das Fernglas ein Reh.
betrachten	– Anke **betrachtet** sich im Spiegel.
entdecken	– Klaus **entdeckt** im Blumenkasten ein Vogelnest.
bemerken	– Die Kinder **bemerken** den Lehrer nicht.
besichtigen	– Die Klasse 3a **besichtigt** den Dom.
blinzeln	– Sie **blinzelt** in die Sonne.
gucken	– Anke **guckt** durch das Schlüsselloch.
schauen	– Vater **schaut** dem Fußballspiel zu.
gaffen	– Viele Leute **gaffen** an der Unfallstelle.
erblicken	– Beim Spaziergang **erblickt** Hans am Waldrand ein Reh.

Wortfelder

erkennen	– Das kranke Kind **erkennt** seine Mutter nicht.
28	**streiten**
streiten	– Auf dem Schulhof **streiten** sich zwei Schüler.
aneinander geraten	– Zwei Fußballspieler **geraten** beim Turnier **aneinander**.
sich in die Wolle geraten	– Die Geschwister **geraten sich** beim Spiel **in die Wolle**.
sich kabbeln	– Die Freunde **kabbeln sich** während der Busfahrt.
auseinandersetzen	– In dem Streitgespräch sollen sich die Parteien **auseinandersetzen**.
auch:	– „Ich werde euch **auseinander setzen**, wenn ihr weiterhin miteinander schwätzt", sagt der Lehrer.
sich trennen	– Hier **trennen sich** die Meinungen.
sich überwerfen	– Die Nachbarn haben **sich** wegen ihrer Kinder **überworfen**.
sich verfeinden	– Die Klassenkameraden haben **sich verfeindet**.
sich verkrachen	– Warum müsst ihr **euch** wegen dieser Kleinigkeit **verkrachen?**
zanken	– Die beiden Geschwister **zanken** sich nur selten.
zürnen	– Mutter kann ihrem Kind nicht **zürnen**.
29	**weinen**
weinen	– Uwe **weint**, weil er traurig ist.
schluchzen	– Ute **schluchzt** vor Kummer.
heulen	– Die Wölfe **heulen** in der Nacht.
jammern	– Das Kind **jammert** vor Schmerzen.
jaulen	– Der Hund **jault** vor seiner Hütte.
klagen	– Die Trauernden **klagen** über den Toten.
kreischen	– Die Kinder **kreischen**, wenn sie wütend sind.
schreien	– Die Leute **schreien** vor Zorn.
wimmern	– Der Kranke **wimmert**, weil er Schmerzen hat.
30	**zerstören**
zerstören	– Der Sturm **zerstört** die Telefonleitung.
kaputtmachen	– Du sollst mein Buch nicht **kaputtmachen**.
zerschmettern	– Der Stein **zerschmettert** die Frontscheibe des Autos.
abreißen	– Das alte Haus soll **abgerissen** werden.

Wortfelder

zertreten	– Das Kind **zertritt** beim Spielen aus Versehen die Blumen.
zerreißen	– Mutter **zerreißt** den Brief.
vernichten	– Das Feuer **vernichtet** die Wohnung.
zerbrechen	– Die Freundschaft **zerbricht** leider.
zerplatzen	– Der Luftballon **zerplatzt** in großer Höhe.

31	**zustimmen**
zustimmen	– Die Schüler **stimmen** dem Vorschlag des Lehrers **zu**.
befürworten	– Der Rektor **befürwortet** den Antrag.
bejahen	– Der Lehrer **bejaht** die Frage.
bekräftigen	– Mutter **bekräftigt** die Meinung des Vaters.
einverstanden sein	– Vater **ist** mit dem Ferienvorschlag **einverstanden**.
unterstützen	– Der Klassenlehrer **unterstützt** den Wunsch seiner Schüler.

Wiewörter

32	**komisch**
komisch	– Er erzählte die Geschichte sehr **komisch**.
eigenartig	– Er hatte einen **eigenartigen** Gesichtsausdruck.
eigentümlich	– Mir war ganz **eigentümlich** zu Mute.
lächerlich	– Er machte sich **lächerlich**.
lachhaft	– Die Geschichte ist doch wirklich **lachhaft**.
lustig	– Auf dem Fest ging es **lustig** zu.
merkwürdig	– Du hast **merkwürdige** Angewohnheiten.
seltsam	– Das war ein **seltsamer** Anblick.

33	**laut, leise**
leise	– Sprich bitte nicht so **leise**.
gedämpft	– Aus dem Haus klang **gedämpfte** Musik.
still	– Es war ganz **still** in der Klasse, weil alle gespannt zuhörten.
schwach	– Der Kranke sprach mit **schwacher** Stimme.
lautlos	– Die Katze schlich **lautlos** durch das Gras.
geräuschvoll	– Er putzte sich **geräuschvoll** die Nase.
schallend	– Alle brachen in **schallendes** Gelächter aus.

Wortfelder

gellend	– Mitten in der Nacht hörten wir einen **gellenden** Schrei.
schrill	– Ihre Stimme klang **schrill** vor Erregung.
krachend	– Die Tür fiel **krachend** ins Schloss.
ohrenbetäubend	– Die Maschine macht einen **ohrenbetäubenden** Lärm.

34 schnell, langsam

schnell	– In Ortschaften darf nicht **schnell** gefahren werden.
hastig	– Das Kind spricht sehr **hastig.**
flink	– Mutter und Vater decken **flink** den Tisch.
blitzschnell	– Er duckte sich **blitzschnell,** um dem Fausthieb auszuweichen.
geschwind	– Das Eichhörnchen verschwand **geschwind** in seinem Kobel.
rasch	– Er fasste einen **raschen** Entschluss.
flott	– In diesem Geschäft wird man **flott** bedient.
langsam	– Der Zug setzt sich **langsam** in Bewegung.
bedächtig	– Opa raucht **bedächtig** seine Pfeife.
sacht	– Mutter streichelt **sacht** ihr Kind.
gemächlich	– Wir gingen **gemächlich** zur Kirche.
träge	– Bei der großen Hitze bewegen wir uns nur **träge**.
schwerfällig	– Die Ente watschelt **schwerfällig** zum Wasser.

35 schwer, leicht

schwer	– Der Kartoffelsack ist **schwer.**
gewichtig	– Er hat ein **gewichtiges** Wort mitzureden.
mühevoll	– Der Weg war steinig und **mühevoll.**
schwierig	– Die Mathematikaufgabe war **schwierig.**
unerträglich	– Heute ist eine **unerträgliche** Hitze.
leicht	– Der Brief ist **leicht.**
einfach	– Die Aufgabe ist **einfach** zu lösen.
erträglich	– Die Reise war **erträglich.**
federleicht	– Der Wollpullover ist **federleicht.**
mühelos	– Er stieg **mühelos** den Berg hinauf.
sonderbar	– Es war ein **sonderbarer** Zufall.
ulkig	– Er hat **ulkige** Einfälle.

Wortfelder

Satzanfänge

36

plötzlich	**plötzlich**
plötzlich	– **Plötzlich** ging ihm ein Licht auf.
nun	– **Nun** wollen wir den Streit beenden.
auf einmal	– **Auf einmal** ging das Licht aus.
in diesem Augenblick	– **In diesem Augenblick** sprang die Ampel auf Rot.
jetzt	– **Jetzt** ist der Spaß vorbei.
unversehens	– **Unversehens** änderte sich seine Laune.

37

	sofort
sofort	– **Sofort** kam er angerannt.
auf der Stelle	– **Auf der Stelle** machte er kehrt.
augenblicklich	– **Augenblicklich** schaltete er das Licht an.
gleich	– **Gleich** kam das Kaninchen an den Futternapf.
im Moment	– **Im Moment** lässt sich da nichts ändern.
im Nu	– **Im Nu** war der Koffer gepackt.
sogleich	– **Sogleich** ließ er das Seil los.

Hinweise für die Wörtersammlungen zu sachkundlichen Themen

Wetterbericht

Man braucht verschiedene Wörter, wenn man das Wetter beschreiben will.

Beispiel:
heiter bis wolkig, warm und trocken
oder:
nebelig, trüb und für die …

Treffende Ausdrücke für das Schreiben eigener Texte findest du auch bei den **sachkundlichen Themen.**
Wenn du für Sachkunde selbstständig Texte verfassen willst, kannst du hier nachschlagen und findest Anregungen für die treffende Wortwahl.
Wenn du zum Beispiel das Wetter beschreiben willst, kannst du aus der Wortsammlung zum Thema Wetter deine Auswahl für passende Ausdrücke treffen. Auf diese Weise erweiterst du auch deinen Wortschatz.
Außerdem hilft dir die Sammlung von „Spezialwörtern" bei Rechtschreibschwierigkeiten, denn du brauchst nun nicht jedes Wort einzeln im Wörterbuch nachzuschlagen.

Wörter zu sachkundlichen Themen

38 **Arbeit**
- Arbeit, Beschäftigung, Ausbildung, Beruf, Dienst, Arbeitsplatz
- Feierabend, Arbeitspause, Freizeit, Urlaub, Erholung
- Lehrling, Meister, Geselle, Chef, Angestellter, Mitarbeiter, Arbeiter, Hilfsarbeiter
- Kollege, Kollegin, Arbeitnehmer, Arbeitgeber, Arbeitslose, Kurzarbeiter
- Arbeitsamt, Streik, Gewerkschaft, Aussperrung
- Arbeitsgerät, Maschine, Handwerkszeug, Material, Fertigware, Erzeugnis, Rohstoff
- Lohn, Gehalt, Stundenlohn, Verdienst, Einkommen, Steuer, Rente, Pension
- arbeiten, schaffen, sich beschäftigen, werken, Hand anlegen, vollbringen, sich quälen, schuften, sich anstrengen
- faulenzen, trödeln, bummeln, ausruhen, herumlungern, streiken
- fleißig, emsig, geschäftig, tätig
- faul, lässig, nachlässig, unlustig, arbeitsscheu, gleichgültig
- arbeitslos, stellungslos
- gründlich, sorgfältig, ordentlich, zuverlässig, flüchtig, gedankenlos, gleichgültig, liederlich, oberflächlich, schlampig, ausdauernd

Wörter zu sachkundlichen Themen

[39] **Familie**
- Eltern, Vater, Mutter, Bruder, Schwester, Kind, Geschwister, Sohn, Tochter, Stiefeltern, Opa, Oma, Großmutter, Urgroßmutter, Ahnen, Verwandte, Tante, Onkel, Nichte, Neffe, Vetter, Base, Schwager, Schwägerin, Schwiegermutter, Schwiegervater, Enkel, Großvater, Urgroßvater
- Verlobung, Trauung, Vermählung, Hochzeit, Ehe, Scheidung, Brautleute, Brautpaar, Braut, Bräutigam, Mann, Ehemann, Frau, Ehefrau, Witwe, Witwer, Waise
- Geburt, Taufe, Konfirmation, Kommunion, Tod, Beerdigung, Bestattung, Geburtstag
- Jugend, Alter, Baby, Säugling, Kleinkind, Schulkind, Jugendlicher, Erwachsener, Senior, Erbe
- verloben, heiraten, vermählen, sich scheiden lassen, erben, vererben, streiten, zanken, sich ärgern, lieben, verzeihen, vertrauen, feiern, trösten, schenken, jemanden pflegen, spielen
- verwandt, verschwägert, verliebt, verlobt, verheiratet, geschieden, verwitwet, ledig

Wörter zu sachkundlichen Themen

40 Fußgänger, Fahrradfahrer
- Verkehrsteilnehmer, Verkehrspartner, Fahrrad, Fahrradfahrer, Schülerlotse
- Straße, Gehweg, Bürgersteig, Schulweg, Fußgängerüberweg, Überweg, Zebrastreifen, Unterführung, Überführung, Radfahrweg, Landstraße, Kreuzung, Rinnstein, Bordstein, Verkehrsinsel, Haltestelle, Engpass
- Ampel, Fußgängerampel, Lichtzeichenanlage, Druckampel, Zeichen, Signal
- Beleuchtung, Scheinwerfer, Dynamo, Bremse, Handbremse, Gangschaltung, Kette, Klingel, Glocke, Lenkung, Gepäckträger, Tretstrahler, Rückstrahler, Rücklicht, Reifen, Schutzblech, Sattel, Ventil, Luftpumpe
- Handzeichen, Blickkontakt, Aufmerksamkeit, Fahrverhalten, Radfahrtraining, Radfahrprüfung, Rad fahren
- beobachten, überholen, heranfahren, abbiegen, anfahren, anhalten, bremsen, einordnen
- verkehrsgerecht, rücksichtsvoll, verkehrstüchtig, verkehrssicher, zügig, unsicher, leichtsinnig, aufmerksam

Wörter zu sachkundlichen Themen

41 Kleidung
- Hose, Hemd, Jacke, Rock, Kleid, Arbeitsanzug, Badeanzug, Badehose, Ballkleid, Schuhe, Gummistiefel, Hausschuhe, Hut, Mütze, Handschuhe, Mantel, Pullover, Schal, Schürze, Strümpfe
- anziehen, zubinden, wärmen, anprobieren, schützen
- angenehm, angezogen, barfuß, elegant, liederlich, sauber, schmutzig, ordentlich, leicht, schwer, nützlich, warm, sportlich, unpassend, passend
- draußen, drinnen, innen, außen, oben, unten

Wörter zu sachkundlichen Themen

42 Körper
- Kopf, Hinterkopf, Stirn, Schläfe, Hals, Gesicht, Auge, Ohr, Nase, Mund, Kinn, Wange
- Rumpf, Leib, Schulter, Achsel, Brust, Bauch, Rücken, Popo, Gesäß, Bauchnabel, After
- Arm, Unterarm, Oberarm, Ellbogen, Hand, Finger, Daumen
- Bein, Oberschenkel, Unterschenkel, Gelenk, Knie, Ferse, Knöchel, Fuß, Zeh(e)
- Skelett, Knochen, Wirbelsäule, Wirbel, Rippe, Schienbein, Wade, Schlüsselbein
- Magen, Darm, Herz, Lunge, Niere, Leber, Galle, Blase, Urin, Kot
- Blut, Ader, Arterie, Vene, Fleisch, Fett, Muskeln, Sehne, Nerv, Drüse, Haut, Haar, Fingernagel, Zehennagel
- Lippe, Gebiss, Zunge, Gaumen, Zahn, Speichel, Spucke, Speiseröhre, Luftröhre
- atmen, essen, trinken, hören, riechen, schmecken, fühlen, sehen, gehen, sitzen, stehen, liegen, schlafen, schwitzen, weinen, lachen, frieren, zittern
- klein, groß, dick, dünn, stark, schwach, gesund, krank, müde, munter, schön, hässlich, zart, muskulös

Wörter zu sachkundlichen Themen

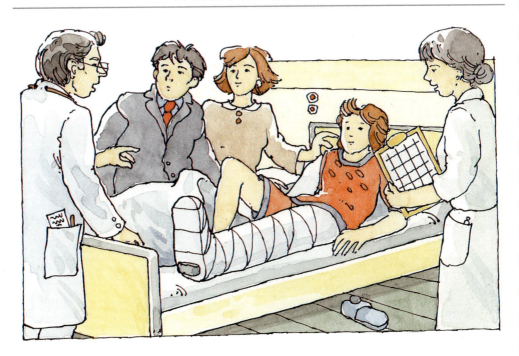

43 Krankenhaus
- Arzt, Ärztin, Krankenschwester, Pfleger, Patient
- Krankenzimmer, Krankenhaus, Bett, Nachttisch, Spielzimmer, Operationsraum
- Bruch, Operation, Fieberthermometer, Heftpflaster, Salbe, Schlinge, Narkose, Schmerz, Spritze, Verband, Tablette, Wasserglas
- besuchen, eingipsen, erschrecken, liegen, schmerzen, trösten, weinen, lachen, verbinden, weh tun, auch: wehtun, operieren, untersuchen, gesund werden, hoffen, erschrecken, fiebern
- blass, ängstlich, traurig, heiter, fröhlich, mutig, zuversichtlich

Wörter zu sachkundlichen Themen

44 **Medien**
- Zeitung, Flugblatt, Fernseher, Radio, Zeitschrift, Film, Illustrierte, Buch, Bilderbuch, Schulbuch, Tageszeitung, Information, Videorekorder, Videotext, Tonband, Kassettenrekorder, Schallplatte, Display, Lautsprecher, Postwurfsendung, Computer, Internet, Telefon, E-Mail, Fax
- Sport, Politik, Wirtschaft, Reklame, Kultur, Theater, Film, Konzert, Schule, Fußball, Tennis, Schwimmen, Leichtathletik, Umweltschutz, Mode, Interview
- Redaktion, Redakteur, Moderator, Ansager, Sprecher, Lokalredakteur, Sänger, Schauspieler, Schlagersänger, Chor, Band, Musikgruppe, Kabarett, Tänzer, Ballett, Reporter, Interviewer, Berichterstatter, Gesprächspartner, Showmaster
- lesen, schreiben, sprechen, setzen, illustrieren, bebildern, singen, tanzen, ansagen, moderieren, diskutieren, meinen, unterhalten, fragen, beantworten, zeigen, glauben, hinweisen, annehmen, behaupten, beweisen, entdecken, ausfindig machen, nachforschen, spielen, malen
- laut, leise, groß, klein, viel, wenig, umfangreich, scharf, begründet, unbegründet, flexibel, spontan, eigenwillig, neu, alt, modern, aufrichtig, falsch, richtig, bunt, schnell, gestern, heute, morgen, beliebt, interessant, abwechslungsreich, kritisch, treffend

Wörter zu sachkundlichen Themen

45 **Müll**
- Müll, Müllberg, Müllbehälter, Mülleimer, Autofriedhof, Abfälle, Müllauto, Sperrmüll, Kompost, Mülldeponie, Müllverbrennungsanlage, Kompost, Wiederverwertung, Müllcontainer, Abfalleimer, Umweltverschmutzung, Umweltschutz, Recycling, Schuttabladeplatz, Mülltonne, Müllsack
- sammeln, verbrennen, wieder verwerten, kompostieren, ordnen, wegwerfen, vernichten, lagern, sortieren, beseitigen, abladen
- bewusst, unbewusst, ordentlich, unordentlich, lebend, gefährlich, bedrohlich, schmutzig, dreckig, gesund, verbrannt, verseucht, umweltbewusst, umweltfreundlich, umweltfeindlich, verschmiert, sauber, gelb, braun, blau
- Autowracks, Bauschutt, Haushaltsabfälle, Einwegflaschen, Gläser, Dosen, Schachteln, Altpapier, Plastiktüten, Papiertüten, Packpapier, Tuben, Getränketüten, Batterien, Medikamente, Farben, Büchsen, Verpackungen, Kunststoff, Styropor, Lacke, Rückgabeflasche, Sondermüll

Wörter zu sachkundlichen Themen

46 **Nahrung**
- **Milcherzeugnisse, Milchwaren:** Milch, Käse, Butter, Quark, Joghurt (Jogurt), Sahne, Kakaogetränk
- **Getreideprodukte:** Mehl, Brot, Brötchen, Kuchen, Torte, Nudeln, Graupen, Grieß, Haferflocken
- **Getreide:** Reis, Mais, Roggen, Weizen, Hafer, Gerste, Grünkern
- **Gemüse:** Bohnen, Kohl, Mohrrübe, Erbsen, Kartoffeln, Gurken, Kohlrabi
- **Salat:** Feldsalat, Endiviensalat, Eisbergsalat, Kopfsalat
- **Obst:** Früchte, Apfel, Birne, Pflaume, Pfirsich, Kirsche, Beere, Banane, Zitrone, Apfelsine
- **Fleischwaren:** Kotelett, Wurst, Braten, Schinken, Geflügel
- **Fisch:** Bratfisch, Kochfisch, Ölsardine, Räucherfisch, Makrele, Aal, Forelle, Lachs, Hering, Rotbarsch
- **Gewürz:** Salz, Zucker, Pfeffer, Senf, Zimt
- **Kräuter:** Basilikum, Zwiebel, Petersilie, Schnittlauch
- **Fett:** Margarine, Öl, Butter, Speck, Schmalz
- **Süßwaren:** Konfekt, Praline, Schokolade, Bonbon, Marmelade, Gelee, Honig
- **Getränk:** Milch, Saft, Tee, Kaffee, Kakao, Mineralwasser, Bier, Wein, Limonade
- **Geschmack:** schmackhaft, lecker, gesund, ungesund, frisch, würzig, herzhaft, süß, sauer, salzig, bitter, kalt, warm, heiß

Wörter zu sachkundlichen Themen

|47| **Post**
- Brief, Briefpapier, Adresse, Absender, Antwort, Briefbogen, Briefmarke, Briefkasten, Briefumschlag, Briefträger, Empfänger
- Paket, Päckchen, Eilbrief
- Post, Posthorn, Postkutsche, Postleitzahl, Postgeheimnis, Postbus
- Telekom, Telefon, Telefonhörer, Telefonzelle, Telefonbuch, Telefonnummer, Telegramm
- Faxgerät, Telefongebühren, Internet, Telefonkarte
- Postbank, Postsparbuch, Zinsen, Einzahlung, Auszahlung, Überweisung
- abschicken, absenden, austragen, sortieren, transportieren, antworten, öffnen, zustellen, schließen, schreiben, einwerfen, empfangen, senden, zukleben, grüßen, wiegen, telefonieren, verbinden
- schwer, leicht, leserlich, unleserlich, eilig, vertraulich, zustellbar, verschlossen, offen, öffentlich

Wörter zu sachkundlichen Themen

48 Schule
- Schüler, Schülerin, Klassenkamerad, Mitschüler, Lehrer, Lehrerin, Schulleiter, Rektor, Rektorin, Konrektor, Konrektorin, Sekretärin, Hausmeister, Putzfrau, Freund, Freundin, Klassensprecher
- Klassenraum, Leseecke, Flur, Schulhof, Toilette, Lehrerzimmer, Turnhalle, Aula, Werkraum
- Unterrichtszeit, Stundenplan, Pause, Aufsicht, Schulschluss, Ferien
- Buch, Tafel, Kreide, Tinte, Füller, Bleistift, Buntstift, Filzstift, Radiergummi, Anspitzer, Lineal, Etui, Schultasche, Tornister
- Unterricht, Stillarbeit, Freiarbeit, Partnerarbeit, Hausaufgaben, Klassenarbeit, Diktat, Zeugnis, Zensur, Berichtigung, Klassenfeier
- Lob, Strafe, Anerkennung, Tadel, Belohnung, Ablehnung
- lesen, schreiben, rechnen, malen, zeichnen, singen, turnen, forschen, musizieren, beten, basteln, werken, schwimmen, tanzen, stricken
- lernen, lehren, schwatzen, aufpassen, zuhören, mitarbeiten, Rücksicht nehmen, sitzen, stehen, abschreiben, loben, schimpfen, tadeln, fragen, antworten, reden, vertrauen, schreien, gehorchen
- fleißig, faul, fröhlich, lustig, traurig, ungerecht, gerecht, interessant, spannend, gehorsam, frech, lieb, pünktlich, beliebt, streng

Wörter zu sachkundlichen Themen

[49] **Straße**
- Auto, Fahrzeug, Personenkraftwagen, Lastkraftwagen, Krankenwagen, Polizeiauto, Tankwagen, Taxi, Autobus, Bus
- Panne, Unfall, Blechschaden, Zusammenstoß, Polizei, Bußgeld, Verwarnung, Fahrer, Beifahrer, Insassen
- Verkehrsregeln, Vorfahrt, Bundesstraße, Landstraße, Autostraße, Autobahn, Fahrbahn, Kreuzung, Kurve, Ortsschild, Straßenkarte
- Ampel, Haltelinie, Verkehrsschild, Stoppschild, Einbahnstraße, Geschwindigkeit, Tempo, Vorfahrt, Fracht, Ladung, Last
- starten, anlassen, schalten, fahren, rasen, rollen, schleudern, lenken, wenden, überholen, einordnen, abbiegen, bremsen, halten, parken, rasten, verladen, transportieren
- schnell, flott, gemächlich, langsam, vorsichtig, aufmerksam, rücksichtsvoll

Wörter zu sachkundlichen Themen

50 Wasser
- Fluss, Strom, Bach, Rinnsal, Quelle, Mündung, Kanal, Graben
- Wasser, Regen, Überschwemmung, Gewässer, Hochwasser, Tau, Schnee, Hagel, Reif, Nässe, Nebel
- Teich, See, Stausee, Meer, Pfütze, Tropfen, Tümpel, Talsperre
- ablaufen, bewässern, fließen, planschen, plantschen, plätschern, regnen, schwimmen, spritzen, sprühen, strömen, tröpfeln, tropfen, überfluten, überschwemmen, austrocknen
- wässrig, auch: wässerig, nass, verschmutzt, sauber, klar, rein, vereist, warm, kalt, lauwarm, bewegt, stürmisch, regnerisch, trüb, ruhig

Wörter zu sachkundlichen Themen

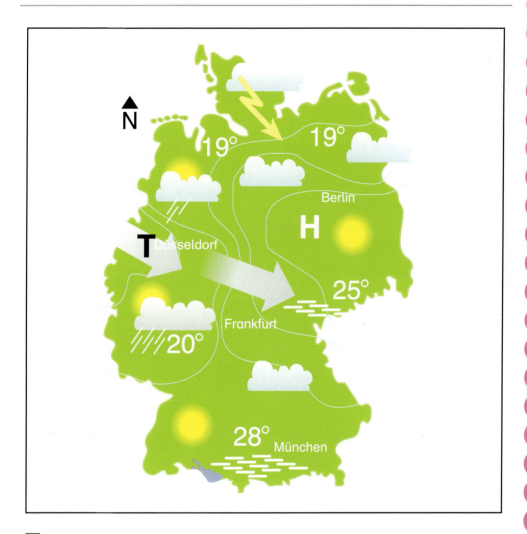

[51] **Wetter**
- Wetterkarte, Wettervorhersage, Wetterstation, Wetterbericht
- **Windbewegung:** Wind, Windböen, Sturm, Orkan, Wirbelsturm, Hauch, Lüftchen, Westwind, Windstille
- wehen, stürmen, bewegen, blasen, hauchen, fauchen, sausen, toben, brausen, pfeifen, heulen
- windig, stürmisch, böig, zugig
  Temperatur: Wärme, Frost, Hitze, Kälte, Schwüle
- wärmen, kühlen, erhitzen, erkalten, vereisen, erfrieren
- mild, warm, heiß, schwül, drückend, kühl, kalt, frostig
  Unwetter: Gewitter, Blitz, Donner, Donnerrollen, Einschlag, Hochwasser

Wörter zu sachkundlichen Themen

- blitzen, donnern, rollen, wetterleuchten, grollen, krachen, einschlagen, überschwemmen
  Bewölkung: Sonne, Sonnenschein, Schatten, Sonnenstrahl,
- Wolken, Bewölkung, Wolkenwand, Federwolken, Haufenwolken, Schäfchenwolken, Gewitterwolken, Regenwolken
- wolkig, bewölkt, heiter, sonnig, bedeckt, wolkenlos
  Niederschlag: Regen, Nebel, Dunst, Tau, Regenschauer, Wolkenbruch, Landregen, Hagel, Graupel, Reif, Regenbogen, Nieselregen
- regnen, gießen, strömen, hageln, nieseln, schütten
- regnerisch, trüb, diesig, neblig, nass, feucht, trocken
- Schnee, Schneeflocke, Schneeschauer, Schneesturm, Schneewehe, Lawine, Eis, Glatteis, Eiszapfen, Tauwetter, Frost
- schneien, tauen, frieren, vereisen
- winterlich, vereist, frostig

Wörter zu sachkundlichen Themen

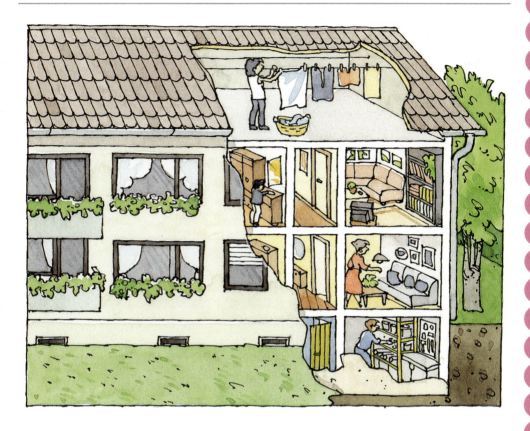

[52] **wohnen**
- Einfamilienhaus, Mietwohnung, Reihenhaus, Hochhaus, Hütte, Villa, Bungalow, Eigentumswohnung, Baracke, Wohnwagen, Mehrfamilienhaus
- Miete, Mietvertrag, Kündigung, Hausordnung, Mieter, Vermieter, Hausmeister, Nachbar, Nachbarschaft
- Zimmer, Raum, Stube, Kammer, Küche, Diele, Bad, Keller, Dachboden, Speicher, Toilette, Besenkammer, Balkon, Terrasse, Garage
- Möbel, Schrank, Tisch, Stuhl, Regal, Spiegel, Sessel, Sofa, Lampe, Bett, Teppich, Gardine, Schreibtisch, Klavier, Radio, Fernseher, Heizung, Waschmaschine, Herd
- wohnen, einziehen, ausziehen, lesen, sich unterhalten, plaudern, fernsehen, musizieren, spielen, schlafen, essen, feiern, kochen, backen, waschen, abtrocknen, Staub saugen, auch: staubsaugen, aufräumen, putzen, fegen, bügeln
- wohnlich, heimelig, gemütlich, warm, kalt, kahl, geschmackvoll

Hinweise für die Sammlung von Wörtern mit zwei Bedeutungen

Wörter mit zwei Bedeutungen

der Kamm

Es gibt in unserer Sprache viele Wörter, die mehrere Bedeutungen haben. Den Wortsinn kannst du dann nur aus dem Satz entnehmen, in dem das Wort gebraucht wird.

Einige dieser Wörter sind auf den folgenden Seiten bildlich dargestellt, damit du die unterschiedlichen Bedeutungen besser verstehen kannst.

Du kennst sicher das Ratespiel „Teekesselchen". Bei diesem Spiel wird immer ein Wort mit zwei Bedeutungen gesucht. Ein Beispiel siehst du im Kasten links.

Die Sammlung von Wörtern unter der Überschrift „Wortbedeutungen unterscheiden" hilft dir auch deinen Wortschatz zu erweitern.

53 Wortbedeutungen unterscheiden

53 Wortbedeutungen unterscheiden

288

53 Wortbedeutungen unterscheiden

53 **Wortbedeutungen unterscheiden**

Besondere Rechtschreibschwierigkeiten

Groß- und Kleinschreibung

Dienstag

Dienstag wird **großgeschrieben**, wenn ein Wort darauf hinweist: an einem Dienstag, nächsten Dienstag, eines Dienstagabends, jeden Dienstagabend.
Dienstag wird **kleingeschrieben**, wenn etwas immer am Dienstag stattfindet. Dann wird an das Wort ein ⓢ angehängt: Wir wollen uns immer dienstags treffen. Wir spielen immer dienstagabends Tischtennis.
Diese Regel gilt für alle Wochentagsnamen.

Groß- und Kleinschreibung

Morgen

Morgen wird **großgeschrieben**, wenn die Wörter gestern, heute, vorgestern davor stehen: Ich fühle mich heute Morgen krank. Wir haben uns gestern Morgen auf dem Schulweg getroffen.
Morgen wird **kleingeschrieben**, wenn der Zeitpunkt immer morgens liegt. Dann wird ein ⓢ angehängt: Das Training findet immer morgens statt.
Diese Regeln gelten für alle Tageszeiten.

Groß- und Kleinschreibung

rot

Rot wird **großgeschrieben**, wenn es als Namenwort (Substantiv) gebraucht wird: die Farbe Rot, Rot steht ihr gut. Rot (Spielkarte) ist Trumpf. Du musst bei Rot (Ampel) halten!
Rot wird **kleingeschrieben**, wenn es als **Eigenschaftswort** (Adjektiv) verwendet wird: Vom Weinen bekam er rote Augen. Der rote Pulli steht ihr besonders gut.
Diese Regeln gelten für alle Farben.

Groß- und Kleinschreibung – Getrennt- oder Zusammenschreibung

Mal

Mal wird **großgeschrieben**, wenn es als Namenwort (Substantiv) gebraucht wird: das erste Mal, das zweite Mal, kein einziges Mal, zum ersten Mal, das nächste Mal, ein paar Mal, dieses Mal, manches Mal, mehrere Male, viele Male.
Mal wird in Zusammensetzungen **kleingeschrieben**: einmal, zweimal, dreimal, hundertmal …, diesmal, keinmal, manchmal, erstmals, mehrmals, vielmals, ein paarmal.

Besondere Rechtschreibschwierigkeiten

Groß- und Kleinschreibung

Anredefürwörter

Die **Anredefürwörter** (Pronomen) und die **besitzanzeigenden Fürwörter** schreibt man **klein**: **du, dir, dich, ihr, euch, euer, eures, eurem, euren, dein, deines, deinem, deinen**.

Beispiele: Würdest **du** mir bitte helfen?
Fahrt **ihr** auch bei schönem Wetter in den Zoo?

In **Briefen** können die **Fürwörter** auch **großgeschrieben** werden.

Beispiel: Mit großer Freude schreibe ich **dir/Dir** diesen Brief und schicke **dir/Dir eure/Eure** Bilder von unserem gemeinsamen Urlaub zu.

Groß- und Kleinschreibung

Anredefürwörter

Die **Fürwörter** (Pronomen) der **höflichen Anrede** und der **besitzanzeigenden Fürwörter** schreibt man **groß**: **Sie, Ihr, Ihre, Ihres, Ihrem, Ihren, Ihnen**.

Beispiele: Bitte kommen **Sie** doch zu meinem Geburtstag!
Für **Ihren** lieben Brief bedanke ich mich ganz herzlich.
Der Arzt sagt zur Mutter: Geben **Sie Ihrem** Sohn täglich bitte 10 Tropfen von dieser Medizin.

Das **Fürwort** (Pronomen) **sich** wird immer **kleingeschrieben**.

Beispiel: Für Ihre Rettung können Sie **sich** bei dem aufmerksamen Schüler bedanken.

Groß- und Kleinschreibung

erste

Erste wird **großgeschrieben**, wenn es als Namenwort (Substantiv) gebraucht wird: Sie war als Erste im Ziel. Er wollte immer der Erste sein. Sie war die Erste, die mich besuchte.

Erste wird **kleingeschrieben**, wenn es als Eigenschaftswort (Adjektiv) gebraucht wird: das erste Mal, das erste Fahrzeug in der Kolonne, erste Hilfe leisten, die beiden ersten Häuser in der Straße.

Diese Regeln gelten für alle Ordnungszahlen.

Besondere Rechtschreibschwierigkeiten

Getrennt- oder Zusammenschreibung
gleich

Gleich wird mit dem nachfolgenden Eigenschaftswort (Adjektiv) **zusammengeschrieben**, da es nicht erweitert oder gesteigert werden kann: gleichzeitig, gleichmäßig, gleichgültig, gleichartig, gleichbedeutend, gleichberechtigt, gleichaltrig, gleichfalls.

Gleich wird vom nachfolgenden Eigenschaftswort (Adjektiv) **getrennt** geschrieben, wenn der Vergleich gemeint ist: gleich groß, gleich stark, gleich schnell, gleich alt, gleich breit, gleich schwer.

Gleich kann auch als Namenwort (Substantiv) verwendet werden. Es wird dann **großgeschrieben**: das Gleiche tun, auf das Gleiche hinauskommen, es ist das Gleiche, Gleiches mit Gleichem vergelten.

Getrennt- oder Zusammenschreibung
selbst

Selbst wird mit dem nachfolgenden Eigenschaftswort (Adjektiv) **zusammengeschrieben**: selbstsicher, selbstgefällig, selbstgenügsam, selbstgerecht, selbstherrlich, selbstsüchtig.

Selbst wird **getrennt** geschrieben, wenn ein Mittelwort (Partizip) folgt: selbst erbaut, selbst gebacken, selbst geflochten, selbst gemacht, selbst ernannt, selbst gestrickt.

Groß- und Kleinschreibung
neu

Neu wird **kleingeschrieben**, wenn es als Eigenschaftswort (Adjektiv) gebraucht wird: das neue Haus, im neuen Jahr, seit neuestem, von neuem.

Neu wird **großgeschrieben**, wenn es als Namenwort (Substantiv) verwendet wird. Man kann den **Begleiter** (Artikel) oder **etwas, manches, nichts, viel** davor schreiben: das Neue löst das Alte ab, aufs Neue, etwas Neues, manches Neue, nichts Neues, was gibt es Neues?

Auch in **Eigennamen** wird **neu großgeschrieben**: das Neue Testament, die Neue Welt, Neuer Markt.

Diese Regeln gelten für alle Eigenschaftswörter.

Grundformen und Bewegungsabläufe der Druckschrift

Verbundene Schriften

Lateinische Ausgangsschrift

a b c d e f g h i j
k l m n o p qu r s
ß t u v w x y z
ä ö ü (. , ; : „ " - ! ?)

A B C D E F G H I J
K L M N O P Qu R
S T U V W X Y Z
Ä Ö Ü

1 2 3 4 5 6 7 8 9 0

Verbundene Schrift

Vereinfachte Ausgangsschrift

a b c d e f g h i j
k l m n o p qu r s s
t u v w x y z
ä ö ü (.,;„"-!?) ß

A B C D E F G H I J
K L M N O P Qu R
S T U V W X Y Z
Ä Ö Ü

1 2 3 4 5 6 7 8 9 0

Verbundene Schriften

Schulausgangsschrift

Elfter Teil des Wörterbuches

Wir sind Kinder Europas

Wir leben in Deutschland. Deutschland ist ein Land in Europa. England und Frankreich sind auch Länder, die zu Europa gehören. Dort sprechen die Menschen eine andere Sprache.

Auch werden die Wörter anders gesprochen als sie geschrieben werden. Eure Lehrerin oder euer Lehrer können diese Wörter richtig lesen und verstehen. Sie helfen euch, so dass ihr schon bald kleine Sätze in Englisch und Französisch sprechen könnt.

Auf den folgenden Seiten findet ihr Übungen, die euch helfen, Englisch und Französisch kennen zu lernen. Viele Wörter gleichen den Wörtern in unserer Sprache. Die Übungen schreibt ihr am besten in euer Heft.

Deutsch – Englisch

Unsere Familie   our family

eine Tante   an aunt
ein Junge   a boy
ein Bruder   a brother
eine Tochter   a daughter
ein Mädchen   a girl
ein Vater   a father
eine Mutter   a mother
eine Großmutter   a grandmother
ein Großvater   a grandfather
eine Schwester   a sister
ein Sohn   a son
ein Onkel   an uncle

Ich habe einen _____.   I have an _____.

Ich habe eine _____.   I have a _____.

Deutsch – Englisch

Unser Körper
our body

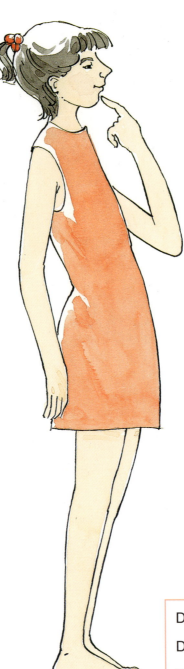

| mein Nacken / my neck |
| meine Schulter / my shoulder |
| mein Rücken / my back |
| mein Ellbogen / my elbow |
| meine Hand / my hand |
| mein Arm / my arm |
| mein Knie / my knee |
| mein Bein / my leg |
| mein Fuß / my foot |

| mein Haar / my hair |
| mein Kopf / my head |
| mein Gesicht / my face |
| mein Auge / my eye |
| mein Ohr / my ear |
| meine Nase / my nose |
| mein Mund / my mouth |
| mein Finger / my finger |

Das ist mein _____.

Das ist meine _____.

This is my _____.

300

Deutsch – Englisch

Unsere Kleidung our clothing

Deutsch – Englisch

Spielsachen toys

meine Puppe
my doll

meine Schlittschuhe
my skates

mein Malkasten
my paintbox

meine Inliner
my inline skates

mein Fußball
my football

mein Computer-Spiel
my computer game

Ich mag mein _____.   I like my _____.

Ich mag meine _____.

Ich mag meinen _____.

Deutsch – Englisch

Fahrzeuge vehicles

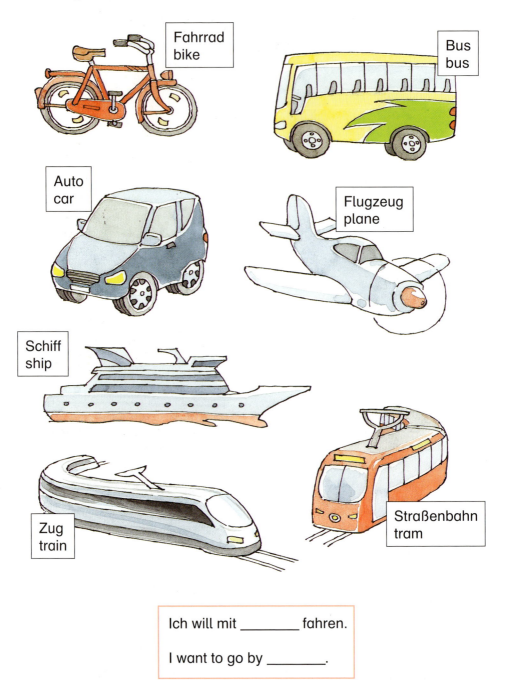

Ich will mit _____ fahren.

I want to go by _____ .

Deutsch – Englisch

Sprechen Sie deutsch?
Do you speak English?

Gehst du mit uns?	Are you going with us?
Tschüss	bye-bye
Guten Morgen	good morning
Guten Tag	good afternoon
Guten Abend	good evening
Gute Nacht	good night
Bis bald!	see you later
Auf Wiedersehen!	good-bye
danke	thank you
bitte	please
Herr	Mr., sir
Frau	Mrs., madam
Fräulein	Miss
Glückwunsch zum Geburtstag!	happy birthday!
Alles Gute zum neuen Jahr!	happy new year!

Deutsch – Englisch

Malkasten paintbox

schwarz	black
blau	blue
braun	brown
grün	green
grau	grey
orange	orange
rosa	pink
rot	red
weiß	white
gelb	yellow

Mein Ball ist _____. My ball is _____.

Deutsch – Englisch

Monate und Jahreszeiten　　months and seasons

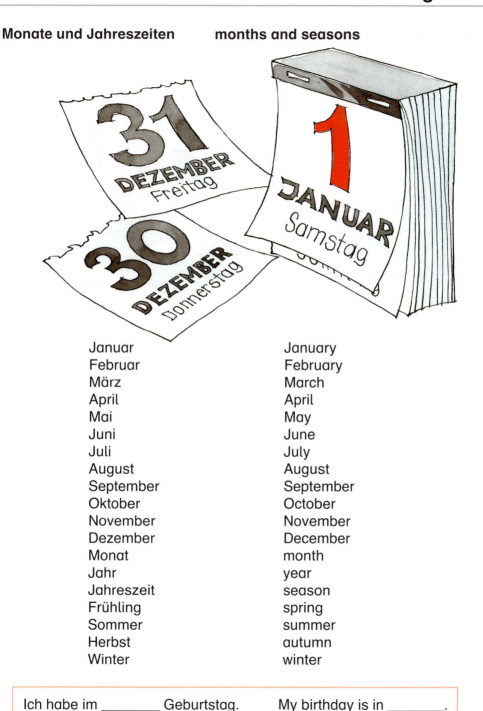

Januar	January
Februar	February
März	March
April	April
Mai	May
Juni	June
Juli	July
August	August
September	September
Oktober	October
November	November
Dezember	December
Monat	month
Jahr	year
Jahreszeit	season
Frühling	spring
Sommer	summer
Herbst	autumn
Winter	winter

Ich habe im _____ Geburtstag.　　My birthday is in _____.

307

Deutsch – Englisch

Getränke   drinks

Getränk	drink
Apfelsaft	apple juice
Bananensaft	banana juice
Kakao	cocoa
Kaffee	coffee
Tee	tea
Mineralwasser	mineral water
Limonade	lemonade
Milch	milk
Orangensaft	orange juice
Wasser	water

Ich möchte bitte _____.   I would like _____ please.

Deutsch – Englisch

Zahlen   numbers

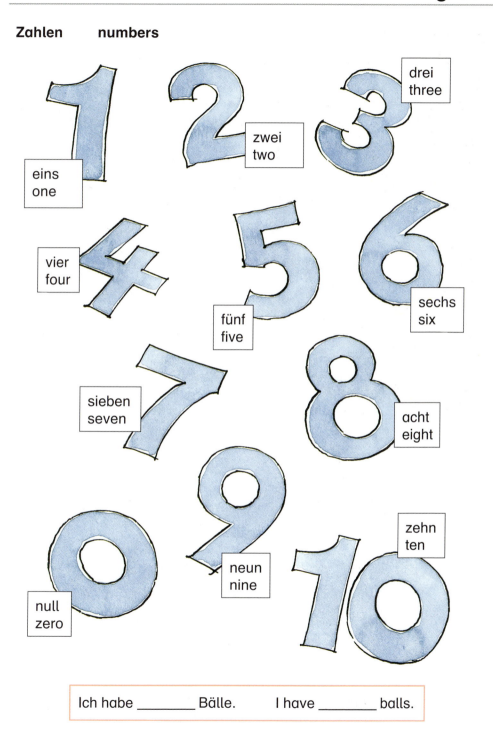

Ich habe _____ Bälle.   I have _____ balls.

Deutsch – Englisch

Wochentage	Wetterbericht
weekdays	meteorological report

Montag		Monday
windig	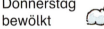	windy
Dienstag		Tuesday
regnerisch		rainy
Mittwoch		Wednesday
frostig		frosty
Donnerstag		Thursday
bewölkt		cloudy
Freitag		Friday
nebelig		foggy
Samstag		Saturday
schneit es		snowing
Sonntag		Sunday
sonnig		sunny
Tag		day
Woche		week
Wochenende		weekend
Wetter		weather

Am Montag ist es _____.   Monday it is _____.

Deutsch – Englisch

Kinder essen gern:
Children like to eat:

ein Hamburger / a hamburger
ein heißes Würstchen / a hot dog
Pommes / chips
Eis / ice-cream
Ketschup / ketchup
Schokolade / chocolate
ein Hähnchen / a cock
Nudeln / macaroni
eine Scheibe Brot / a slice of bread
der Käse / the cheese
Pudding / pudding

Gib mir bitte _____.   Please, give me _____.

Deutsch – Englisch

Mein Hobby   my hobby

Rad fahren
riding a bike

reiten
riding a horse

schwimmen
swimming

Fußball spielen
playing football

malen
drawing a picture

Susan
Ann
Edward
Marc
Ben
Charles

Gitarre spielen
playing guitar

Mein Hobby ist _____.   My hobby is _____.

Susannas Hobby ist _____.   Susan's hobby is _____.

Deutsch – Französisch

unsere Familie   **notre famille**

eine Tante	une tante
ein Junge	un garçon
ein Bruder	un frère
eine Tochter	une fille
ein Mädchen	une fille
ein Vater	un père
eine Mutter	une mère
eine Großmutter	une grand-mère
ein Großvater	un grand-père
eine Schwester	une sœur
ein Sohn	un fils
ein Onkel	un oncle

Ich habe einen _____.   J'ai un _____.

Ich habe eine _____.   J'ai une _____.

Deutsch – Französisch

unser Körper

notre corps

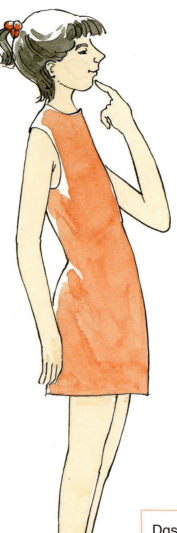

meine Haare
mes cheveux

mein Kopf
ma tête

mein Gesicht
mon visage

mein Auge
mon œil

mein Ohr
mon oreille

meine Nase
mon nez

mein Mund
ma bouche

mein Finger
mon doigt

mein Nacken
ma nuque

meine Schulter
mon épaule

mein Rücken
mon dos

mein Ellbogen
mon coude

meine Hand
ma main

mein Arm
mon bras

mein Knie
mon genou

mein Bein
ma jambe

mein Fuß
mon pied

Das ist mein _____.

Das ist meine _____.

Das sind meine _____.

C'est mon _____.

C'est ma _____.

Ce sont mes _____.

Deutsch – Französisch

Deutsch – Französisch

die Spielsachen   les jouets

meine Puppe
ma poupée

meine Schlittschuhe
mes patins

meine Inliner
mes patins à roulettes

mein Malkasten
ma boîte de couleurs

mein Fußball
mon ballon de football

mein Computer-Spiel
mon jeu vidéo

Ich mag meine Puppe.   J'aime ma _____.

Ich mag meine Schlittschuhe.   J'aime mes _____.

Ich mag meinen Fußball.   J'aime mon _____.

Deutsch – Französisch

die Fahrzeuge   les véhicules

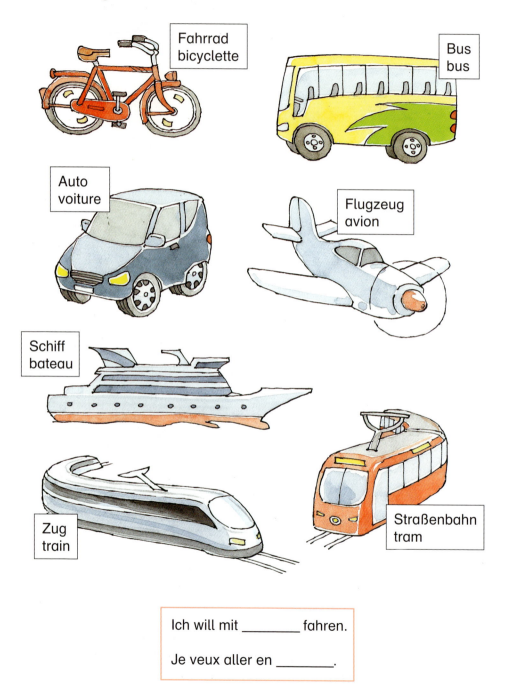

Deutsch – Französisch

Sprechen Sie deutsch?
Parlez – vous français?

Gehst du mit uns?	Viens – tu avec nous?
Tschüss	salut
Guten Morgen	bonjour
Guten Tag	bonjour
Guten Abend	bonsoir
Gute Nacht	bonne nuit
Bis bald!	à bientôt
Auf Wiedersehen!	au revoir
danke	merci
bitte	s'il vous plaît
Herr	Monsieur
Frau	Madame
Fräulein	Mademoiselle
Glückwunsch zum Geburtstag!	bon anniversaire!
Alles Gute zum neuen Jahr!	bonne année!

Deutsch – Französisch

der Malkasten   la boîte de couleurs

schwarz	noir
blau	bleu
braun	marron
grün	vert
grau	gris
orange	orange
rosa	rose
rot	rouge
weiß	blanc
gelb	jaune

Mein Ball ist _____.   Mon ballon est _____.

Deutsch – Französisch

die Monate und die Jahreszeiten   **les mois et les saisons**

Januar	en janvier
Februar	en février
März	en mars
April	en avril
Mai	en mai
Juni	en juin
Juli	en juillet
August	en août
September	en septembre
Oktober	en octobre
November	en novembre
Dezember	en décembre
Frühling	au printemps
Sommer	en été
Herbst	en automne
Winter	en hiver
der Monat	le mois
das Jahr	l'année
die Jahreszeit	la saison

Mein Geburtstag ist im _____.   Mon anniversaire est en _____.

Deutsch – Französisch

die Getränke   **les boissons**

ein Getränk	une boisson
Apfelsaft	du jus de pomme
Bananensaft	du jus de banane
Kakao	du chocolat
Kaffee	du café
Tee	du thé
Mineralwasser	de l'eau minérale
Limonade	de la limonade
Milch	du lait
Orangensaft	du jus d'orange
Wasser	de l'eau

Ich möchte bitte _____.   Je voudrais _____, s'il vous plaît.

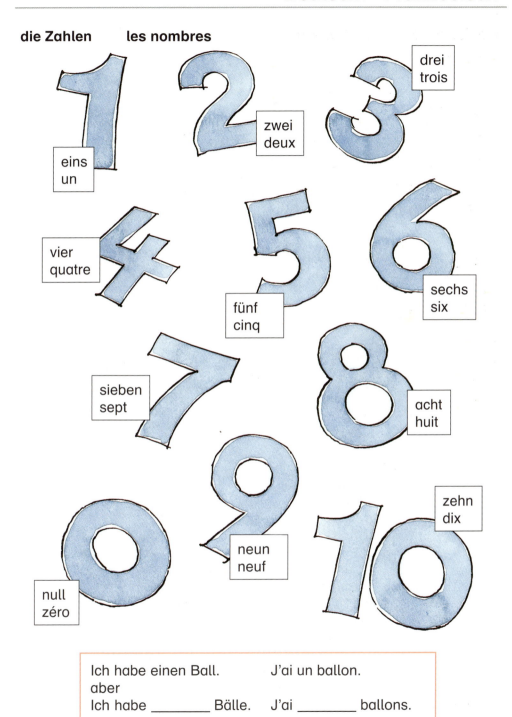

Deutsch – Französisch

die Wochentage **der Wetterbericht**
les jours de semaine **le bulletin météorologique**

Montag		lundi
windig		il y a du vent
Dienstag		mardi
regnerisch		il pleut
Mittwoch		mercredi
frostig		il gèle
Donnerstag		jeudi
bewölkt		est couvert
Freitag		vendredi
nebelig		il y a du brouillard
Samstag		samedi
schneit es		il neige
Sonntag		dimanche
sonnig		il y a du soleil
der Tag		le jour
die Woche		la semaine
das Wochenende		le week-end
das Wetter		le temps

Am Montag ist es _____.   Lundi, il _____.

Deutsch – Französisch

Die Kinder essen gern:
Les enfants aiment manger:

ein Hamburger
un hamburger

eine Bratwurst
une saucisse

Pommes
des frites

ein Eis
une glace

Ketschup
du ketchup

Schokolade
du chocolat

Hähnchen
du poulet

Nudeln
des pâtes

eine Scheibe Brot
une tranche de pain

Käse
du fromage

Pudding
du flan

Gib mir bitte _____. Donne – moi _____, s'il te plaît.

Deutsch – Französisch

Das Euro-Geld für Deutschland

Die Abkürzung für Euro ist €.
Die Abkürzung für Cent ist ct.

100 ct = 1 €

Die Münzen sind ca. 20% verkleinert und die Scheine sind ca. 50% verkleinert abgebildet.

Das Euro-Geld für Deutschland